国家教师资格考试丛书

扫描右侧二维码，
免费获取图书配套课程

幼儿园
综合素质

（最新修订版）

《幼儿园综合素质》编写组◎主编

高清大屏课程
考点系统讲解
云端移动学习

中国人民大学出版社
·北京·

前言 Foreword

随着国家教育战略的一系列改革，教育行业作为朝阳行业越来越受到人们的重视，一方面国家、社会与家庭持续增加教育的投入，另一方面社会各界也对教育的提供方，尤其是教师职业的入门及发展越来越重视。

2015 年教育部宣布，我国全面推行教师资格全国统考，提高教师入职门槛，同时打破教师资格终身制，实行定期注册制度；2018 年 8 月发布的《教育部办公厅关于切实做好校外培训机构专项治理整改工作的通知》明确要求，“经过教师资格考试未能取得教师资格的，培训机构不得继续聘用其从事学科类培训工作”。这就明确指出只要想成为一名公办学校或私立学校（机构）的教师，就必须拥有教师资格证书，因而教师资格考试作为通往教师职业的门槛、必经之路，其含金量越来越高。

据教育部新闻办微信公众号“微言教育”发布的数据看，2019 年下半年中小学教师资格考试（笔试），共计 28 个省（自治区、直辖市）的考生参加全国统考，考试报名人数高达 590 万，比 2018 年同期考生人数增加约 32%，创下历史新高。教师资格考试报名人数的急剧上升，一方面体现出教师区别于其他职业的特殊优势，另一方面也反映出市场对于教师人才的极大渴求。与此同时教师资格的考试难度也在逐年提高，建议广大考生及早准备，争取早日通关。

我们一直致力于帮助广大考生实现自身伟大的教师梦，通过近十年的教师资格考试专项研究，基于历年全国教师资格考试真题的大数据分析，严格按照考试大纲及最新的考试标准，编写了本书，供各位考生使用。总的来说，本书具有如下特点：

一是体系的权威性。本书严格按照教师资格考试大纲及最新考试标准编写。

二是内容的规律性。本书基于历年考试真题，精准把握出题规律，把握最新的考试命题动向，全面系统地梳理、归纳、讲解各个考点。

三是学习方法针对性强。本书采用专项密集训练的方法，各位考生在学习过程中可以单拿出任何一个考点作为专项知识复习。建议先仔细阅读每章节知识点，然后抽出每章内的大标题，形成章节知识体系，将书中具体的知识点系统化、体系化，通过知识逻辑记忆而非机械记忆。

真诚感谢人大芸窗王海明老师对本书构架的中肯意见以及对本书的鼓励支持；感谢中国人民大学出版社的各位编辑老师，他们的辛勤劳动使本书精益求精；更要感谢全国各地的考生，是你们的进取精神与鼎力支持鞭策着我们最终完成这本书。但因水平有限，书中难免存在不足和错漏，真心希望广大读者能对此不吝赐教。

最后希望这本书能最有效地帮助你，让我们一起，开启你的教师之旅。

李胜双

2019 年 12 月

目录 Contents

模块一 教师职业理念

模块二 教育法律法规

模块五 教师基本能力

模块一
教师职业理念

模块分析

考纲呈现

1. 教育观

理解国家实施素质教育的基本要求。

掌握在幼儿教育中实施素质教育的途径和方法。

理解幼儿教育作为人生发展的奠基教育的重要性及特点，能够以正确的教育价值观分析和评判教育现象。

2. 儿童观

理解“人的全面发展”的思想。

理解“育人为本”的含义，爱幼儿，尊重幼儿，相信每一个幼儿都具有发展潜力，维护每一个幼儿的人格与权利。

运用“育人为本”的幼儿观，在保教实践中公正地对待每一个幼儿，不因性别、民族、地域、经济状况、家庭背景和身心缺陷等歧视幼儿。

设计或选择丰富多样、适当的保教活动方式，因材施教，以促进幼儿的个性发展。

3. 教师观

了解教师专业发展的要求。

具备终身学习的意识。

理解教师职业的责任与价值，具有从事幼儿教育工作的热情与决心。

备考策略

本模块主要考查教育观、儿童观、教师观（重点为素质教育的基本内涵、新课程改革背景下的现代教师观、“育人为本”的儿童观、教育公平与全面发展、新课改下教师行为的转变）的主要内容。

本模块多以单项选择题与材料分析题的形式出现在考试卷面中，单选题侧重常识积累，理解学生特点、新课改理念即可答题，而材料分析题通常情况下是从教育观、儿童观和教师观中择一进行考查，如要求学生对目前社会中各类教育现象予以肯定或批评，即考查知识点在实际工作和生活中的应用，进而有效检查考生对于知识能否灵活运用。有些情况下比较特殊，如材料分析题要从职业理念的角度评析该行为/现象，则考生作答时应该将教育观、儿童观与教师观三部分的核心内容都纳入。

知识逻辑思维导图

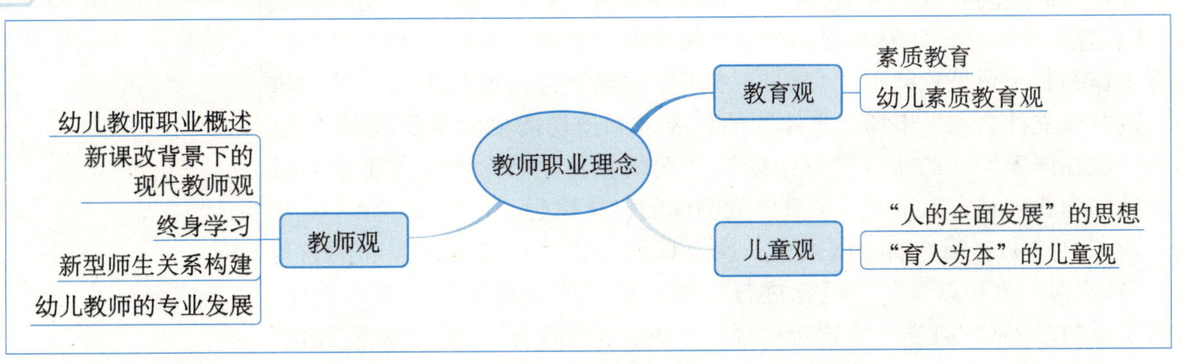

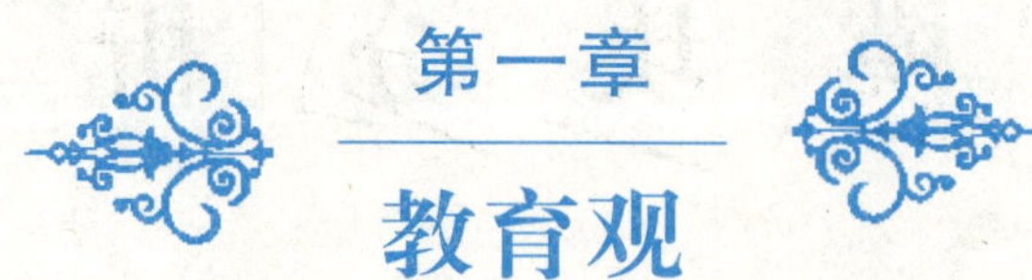

第一章 教育观

考点详解

教育观是人们对教育所持有的看法，它既受社会政治、经济制度的制约，又受人们对教育要素不同观点的影响。具体地说，就是人们对教育者、教育对象、教育内容、教育方法等教育要素及其属性和相互关系的认识，还有人们对教育与其他事物相互关系的看法，以及由此派生出的对教育的作用、功能、目的等各方面的看法。教育观的核心是“教育为了什么”，即教育目的。由于教育目的不同，教育者实施的教育活动也不同，从而区分了不同社会、不同时期的教育活动，也产生了不同的教育结果。

一、素质教育的发展

（一）素质教育的政策沿革

1. 素质教育产生的时代背景

早在20世纪80年代，我国许多优秀的知识分子就提出了中小学教育要以基础知识和基本技能教育为主（即我们常说的“双基”），目的是使学生全面发展。当时，应试教育是主流，偏离了我国教育方针本身的目的，不利于培养社会进步与发展所需的综合性人才。反观国外，从“学会学习”到“学会关心”早已成为全球性的教育观点。

2. 素质教育的价值导向与初步尝试阶段

中共中央、国务院于1993年2月颁布了《中国教育改革和发展纲要》，强调“中小学要由‘应试教育’转向全面提高国民素质的轨道，面向全体学生，全面提高学生的思想道德、文化科学、劳动技能和身体心理素质”；“基础教育是提高民族素质的奠基工程，必须大力加强”。

第二次全国教育工作会议于1994年6月在北京召开，李岚清副总理指出：“基础教育必须从‘应试教育’转到素质教育的轨道上来，全面贯彻教育方针，全面提高教育质量。”这是国家领导人首次在正式会议上明确提到“素质教育”的概念。1994年8月，《中共中央关于进一步加强和改进学校德育工作的若干意见》颁布，《意见》指出：“增强适应时代发展、社会进步，以及建立社会主义市场经济体制的新要求和迫切需要的素质教育。”这是第一次在国家层面的正式文件中使用“素质教育”概念，标志着素质教育开始成为我国教育政策的一个重要的明确的指导思想。

1995年3月，第八届全国人大三次会议通过了《中华人民共和国教育法》，首次对“素质教育”的概念进行了界定：素质教育包括“政治素质、道德素质的培养”“科学文化素质教育”“身体素质教育”“心理素质教育”

考点1：
素质教育

内容提要：素质教育是面向全体学生的教育，是促进学生全面发展的教育，是促进学生个性发展的教育，是以培养创新精神和实践能力为重点的教育。国家实施素质教育的基本要求：面向全体；促进学生全面发展；促进学生创新精神和实践能力的培养；促进学生生动活泼地、主动地发展；着眼于学生的终身可持续发展。

四个方面。

3. 素质教育的全面推进阶段

1999 年 1 月 13 日国务院批转教育部发布的《面向 21 世纪教育振兴行动计划》，提出“实施跨世纪素质教育工程”。2001 年 5 月《国务院关于基础教育改革与发展的决定》发布，标志着素质教育已经形成了系统的思想。

2006 年 6 月 29 日第十届全国人民代表大会常务委员会第二十二次会议修订的《中华人民共和国义务教育法》明确规定：“义务教育必须贯彻国家的教育发展，实施素质教育。”这标志着素质教育已经上升到法律层面，成为国家意志。

《国家中长期教育改革和发展规划纲要（2010—2020 年）》指出：“坚持以人为本、全面实施素质教育是教育改革发展的战略主题，是贯彻党的教育方针的时代要求，其核心是解决好培养什么人、怎么培养人的重大问题，重点是面向全体学生、促进学生全面发展，着力提高学生服务国家服务人民的社会责任感、勇于探索的创新精神和善于解决问题的实践能力。”

（二）素质教育的概念

素质教育是全面贯彻党的教育方针，以提高国民素质为根本宗旨，以培养学生的创新精神和实践能力为重点，造就“有理想、有道德、有文化、有纪律”的德、智、体、美等全面发展的社会主义事业建设者和接班人。

二、素质教育的基本内涵

（一）素质教育以提高国民素质为根本宗旨

我国目前正处在经济大发展时期，对于国民素质有着很高的要求。素质教育是实现民族伟大复兴的关键，提高国民素质是实施素质教育的根本宗旨和总目标。

（二）素质教育是面向全体学生的教育

素质教育以提高国民素质为根本宗旨，强调在教育中使每一个学生都得到全面的发展，而不是其中的一部分学生，更不是少数学生的发展。国家以法律保障适龄儿童和青少年学习的权利，尊重学生的身心发展规律与教育规律，使学生在积极、健康、主动、安全的环境中得到充分发展。

（三）素质教育是促进学生全面发展的教育

我国现代社会主义的发展需要的不仅仅是专业人才，更是综合型人才。素质教育就是推动个体的全面发展，促使学生德、智、体、美、劳都得到充分的发展，一方面满足社会发展的需要，另一方面也满足学生个体的发展需求。这就要求学校在教育活动中，不仅仅要抓好智育，还要抓好德育、体育、美育、劳动教育以及学生的身心健康教育。

（四）素质教育是促进学生个性发展的教育

素质教育要求教育以人为本，就是要对每一位学生的个体需求予以满足，针对学生的个性特点展开个性化教育，以促进学生的个性化发展。

（五）素质教育是以培养学生的创新精神和实践能力为重点的教育

素质教育与传统的教育有着不同的教育理念，素质教育强调培养学生的创新精神和实践能力，充分开发学生潜能，以满足学生全面发展的需要。

单选题

1. 素质教育是以（　　）为重点的教育。

A. 面向全体学生　　B. 培养创新精神和实践能力
C. 促进学生全面发展　　D. 促进学生的个性发展

【答案】B

【解析】培养学生的创新精神和实践能力作为素质教育的重点，反映了时代的要求，具有鲜明的现实针对性，故选B。

【命题分析】“素质教育”作为考试的热门考点，出现的频率非常高，并且出题的形式也多种多样，但只要考生充分掌握其概念和特点就能很好地作答。

2. 素质教育的总目标是（　　）。

A. 提高教育质量　　B. 全面提高国民素质
C. 培养学生的创新能力　　D. 促进学生全面发展

【答案】B

【解析】《中国教育改革和发展纲要》中提出中小学要由“应试教育”转向全面提高国民素质的轨道。“全面提高国民素质”是素质教育的总目标。

【命题分析】关于素质教育的目标，除了总目标外，还有可能围绕“总目标下的各具体目标”这个考点来命题。

3. 在教学活动中，教师既要重视学生的知识学习，又要注重学生的品德养成与能力发展，这说明教育具有（　　）。

A. 全面性　　B. 阶段性
C. 独立性　　D. 片面性

【答案】A

【解析】素质教育具有全体性、全面性、基础性、主体性、发展性、合作性、未来性等特点。全面性是指素质教育既要实现功能性目标，又要体现形成性的要求，通过实现全面发展教育，促进学生个体的最优发展。故选A。

考点详解

一、幼儿素质教育的内涵

《幼儿园教育指导纲要（试行）》总则中明确指出：“幼儿教育是基础教育的有机组成部分，是我国学校教育和终身教育的奠基阶段。”人的素质要从小开始培养，所以幼儿教育阶段必须实施素质教育，幼儿园必须从幼儿的年龄特点出发，具体地讲，它不仅指幼儿早期智力的启蒙与开发，也包括其身体素质的提高、品德的培养与性格的陶冶。通过幼儿素质教育，我们能够发掘幼儿潜在的身体素质、智力素质与个性素质，为其日后打下基础。

幼儿教育的巨大意义不仅表现在个体的发展上，在个体发展的同时，由个体组成的社会必然受益，因此，幼儿教育也必然显现出巨大的社会效益。幼儿教育的意义主要体现在以下几方面：

（1）促进幼儿生长发育，提高身体素质。

一方面，幼儿的身体正在迅速发育，幼儿感受到自己身体的力量，并在不断的活动中显现这种力量；另一方面，他们的身体还极不成熟，动作发展还不协调，自我保护能力还很差，易受疾病、事故的伤害。

（2）幼儿时期是智力开发的最佳时期。

研究表明，幼儿期是大脑发育最快的时期。大脑与智力密切相关，因此，在儿童大脑迅速发展的时期，早期教育对智力的影响特别大。在这一时期内，若对幼儿用正确的方法施以适当的早期教育，其智力水平能得到

考点2：
幼儿素质教育观

内容提要：幼儿素质教育观就是要培养幼儿的综合素质。幼儿教育具有生活化、游戏化、活动性和潜在性的特点。幼儿教育中开展素质教育的方法有树立正确的素质教育理念，将素质教育落实到教学之中，提高幼儿教师队伍的水平，幼儿园、家庭和社会相互配合及在日常生活中逐渐培养幼儿的素质等。改应试教育为素质教育是一场深刻的教育革命，涉及教育观、教育目标、教育内容、教育环境、教育活动过程和教材教法所有领域。

明显提高。

(3) 幼儿时期是人格健全的关键期。

在幼儿时期，儿童的个性品质开始萌芽并逐渐形成。这时他们的可塑性强，自我评价尚未建立，往往以家长、老师的评价来评价自己。因此，幼儿教育对幼儿个性品质的形成具有重要作用。

(4) 幼儿时期是性教育的关键期。

3 岁左右的儿童，开始产生性别意识，这是一个特殊的性心理发育阶段，心理学上称为“性蕾期”。如果幼儿能够正确将自己的性别与社会要求的性别角色对应起来，他们的心理就能够正常发展。

(5) 培育美感，促进创造力和想象力的发展。

幼儿喜欢用形象、声音、色彩、身体动作等来思考和表达，从这一特点出发，幼儿教育以美熏陶、感染幼儿，满足其爱美的天性，激发其美感和审美情趣，以及他们表现美、创造美的欲望，发展他们的艺术想象力、创造力，从而促进其健全人格的形成。

二、幼儿教育的特点

(一) 生活化

幼儿的年龄特点和身心发展需要，决定了幼儿园教育目标和内容的广泛性，也决定了保教合一的教育教学原则。对于幼儿来讲，除了认识周围世界、启迪其心智的学习内容以外，一些基本的生活和“做人”所需要的基本态度和能力，如卫生习惯、生活自理能力、交往能力等，都需要学习。但是这样广泛的学习内容不可能仅仅依靠教师设计、组织的教育教学活动来完成，也不可能全部通过口耳相传的方式来实现，儿童必须在生活中学习生活，在交往中学习交往。即使是认知方面的学习，也要紧密结合幼儿的生活经验，才能被幼儿理解和接受。因此，幼儿园课程具有浓厚的生活化的特征——课程的内容来自幼儿的生活，课程实施贯穿于幼儿的每日生活。

(二) 游戏化

游戏符合幼儿的年龄特征，能够满足幼儿的各种身心需要，是幼儿园的基本活动，也是幼儿教育的基本原则之一。游戏从本质上来看，是幼儿自身的一种自由自发的主体性活动，对幼儿的发展有着多方面的价值。游戏是幼儿的基本活动形式，也是幼儿基本的学习方式。所以，游戏在幼儿园课程当中居于非常重要的位置。

(三) 活动性和直接经验性

幼儿主要通过各种感官来认识世界。只有在获得丰富的感性经验的基础上，幼儿才能理解事物，才能对事物形成相对比较抽象的认识。幼儿的这种具有行动性和形象性的认知方式和认知特点，使得幼儿园课程必须以幼儿主动参与的教育性活动为其基本的存在形式和构成成分。对幼儿来讲，只有在活动中的学习才是有意义的学习，只有在直接经验基础上的学习才是理解性的学习。

(四) 潜在性

从本质上讲，幼儿园教育是有目的、有计划的教育过程，幼儿园课程有明确的课程目标和基本的学习领域。但幼儿身心发展和学习的特殊性，使得幼儿园课程不是体现在课表、教材、课堂中，而是体现在生活、游戏和其他幼儿喜闻乐见的活动形式中。虽然怎样创设环境、怎样支持幼儿的探索学习，都是教师根据幼儿园课程的目的、内容要求精心设计的，但这些内容、目的和要求仅仅存在于教师的意识和行动中，幼儿并不能清楚地认识到。幼儿感受到的更多的是环境、活动、材料和教师的行为，而不是教师的教育目的和期望。也就是说，幼儿园课程蕴含在环境、材料、活动和教师的行为中，这些潜移默化地对幼儿起作用。

三、幼儿素质教育的特点

人在18岁之前的各年龄段素质特征不同，因而素质教育也具有年龄特点与阶段特点。了解和掌握幼儿群体的素质特征，有助于幼儿园教育者更好地为幼儿服务。

（1）基础性：幼儿阶段是为人生打基础的关键时期。

（2）发展性：素质教育的内容和任务是促使每一个教育对象在原有的基础上得到发展。

（3）自主性：受教育者主动发展，教育者进行引导。

四、幼儿素质教育的内容

《中共中央、国务院关于深化教育改革全面推进素质教育的决定》提出："实施素质教育，必须把德育、智育、体育、美育等有机地统一在教育活动的各个环节中，学校教育不仅要抓好智育，更要重视德育，还要加强体育、美育、劳动技术教育和社会实践，使诸方面教育相互渗透、协调发展，促进学生的全面发展和健康成长。"当前我国幼儿素质教育主要包括思想道德素质的教育、科学文化素质的教育、身体及心理素质的教育、审美素质的教育、劳动技能素质的教育。

五、幼儿素质教育的原则

（一）保教结合的原则

保育即精心照管幼儿，使其好好成长，主要是为幼儿的生存、发展创设有利的环境和提供物质条件，给予幼儿精心的照顾和养育，帮助其身体和机能良好地发育，促进其身心健康地发展。

保育和教育不是分别孤立地进行的，而是在统一的教育目标指引下，在同一教育过程中实现的。有些保育员在护理幼儿生活时，随机地、有意识地实施教育，结果影响了幼儿的发展。这可能助长幼儿的依赖思想，也使他们失去自信，失去了锻炼自己能力的实践机会。《幼儿园工作规程》和《幼儿园管理条例》反复强调保教结合的原则，明确指出："幼儿园应该贯彻保育和教育相结合的原则，创设与幼儿的教育和发展相适应的和谐环境"，"促进幼儿身心和谐发展"。这就进一步将保教结合确定为幼儿园教育工作的根本原则。幼儿园教育工作者和管理工作者必须深刻领会保教结合的原则，并将这一原则贯彻到实际工作中，这是做好保教管理工作的关键。

（二）以游戏为基本活动的原则

游戏是儿童活动的基本形式之一，它通过虚拟情境再现成人的社会经验与人际关系，从而达到使儿童认识周围世界的目的。因此，游戏体现了儿童与现实的一种特殊关系，它通过某种虚拟的情境把某一类实物的特征转移到另一类实物之上。幼儿是具有独立人格的社会的人，是不同于成人的正在成长发展中的人。就像成年人需要工作一样，幼儿也需要游戏，哪里有幼儿，哪里就有游戏。游戏在儿童世界中的存在非常普遍，对儿童尤具吸引力。游戏符合幼儿身心发展的特点，最能满足幼儿的需要，能有效地促进幼儿发展，具有其他活动所不能替代的教育价值。

（三）教育的活动性和活动的多样性原则

教师应从幼儿身心发展的特点出发，以活动为基础展开教育过程。与此同时，活动形式应该多样化，激发幼儿的活动兴趣，促进其发展。

（四）发挥一日活动整体教育功能的原则

幼儿园一日活动是指幼儿园每天进行的所有保育、教育活动。它包括由教师组织的活动和幼儿的自主自由活动。要充分发挥一日活动的整体功能，需要注意以下两个方面：

1. 一日活动中的各种活动不可偏废

无论是幼儿吃喝拉撒睡之类的生活活动，还是作业课、参观访问等教学活动；无论是有组织的活动还是幼儿自主自由的活动，都各具重要的教育作用，对幼儿的发展都是不可缺少的。因此不能

顾此失彼，随意削弱或取消任何一种活动。在幼儿教育实践中，较多地存在重教学活动轻生活活动、重有组织的活动轻幼儿的自由活动的倾向，因此有必要强调生活活动和幼儿自由活动的重要性。

2. 各种活动必须有机统一为一个整体

每种活动不是分离地、孤立地对幼儿发挥影响力的。一日活动必须统一在共同的教育目标下，形成合力，才能发挥整体教育功能。因此，如何把教育目标渗透到各种活动中，每个活动怎样围绕目标来展开，就成为实践中应当特别关注的问题。

总之，幼儿园要充分认识和利用一日生活中各种活动的教育价值，通过合理组织、科学安排，让一日活动发挥一致的、连贯的、整体的教育功能，寓教育于一日活动之中。

六、幼儿素质教育实施的基本要求

《中共中央、国务院关于深化教育改革全面推进素质教育的决定》指出：全面推进素质教育，要坚持面向全体学生，为学生的全面发展创造相应的条件，依法保障适龄儿童和青少年学生的基本权利，尊重学生身心发展特点和教育规律，使学生生动活泼、积极主动地得到发展。实施素质教育应当贯穿于幼儿教育、中小学教育、职业教育、成人教育和高等教育等各级各类教育，应当贯穿于学校教育、家庭教育和社会教育等各个方面。同时也指出：必须把德育、智育、体育、美育等有机地统一在教育活动的各个环节中。由此可看出素质教育是全方位、全过程的。需求如下：

（1）面向全体；

（2）促进幼儿全面发展；

（3）促进幼儿创新精神和实践能力的培养；

（4）促进幼儿生动、活泼、主动地发展；

（5）着眼于幼儿的终身可持续发展；

（6）促进幼儿身心全面健康和谐发展，为适应学校生活做准备。

幼儿教育是以促进幼儿身心全面健康和谐发展为目的的素质教育，而不是偏重某个方面诸如智力的发展的片面教育。

理论与实践经验表明，真正能够帮助幼儿适应学校生活的并不是在学前期所习得的读写算等学业知识技能，而是与人交往、相处的社会性交往技能及良好的学习兴趣与习惯。社会性发展和良好的学习兴趣与习惯的培养不是一朝一夕能完成的，而是贯穿于整个学前期。因此，幼儿教育应当在促进幼儿身心全面健康发展的基础上，为幼儿入小学做好准备，而不是仅仅局限于读写算等知识技能的训练。

七、幼儿教育中开展素质教育的途径和方法

（一）树立正确的素质教育理念

在新课改的大背景下，幼儿教师必须改变传统的教育认知与观念，树立素质教育的新观念。教师要面向全体幼儿，确立正确的培养目标，但在提高群体素质的同时，也不能忽视个体的素质，应该针对幼儿的差异因材施教。

（二）提高幼儿教师队伍的水平

教育者的综合素质将直接影响教育质量，也就是说，素质教育的成败，相当程度上取决于教师。要提高综合素质，教师不仅要更新教育观念、提高知识水平，还要具有高度的事业心与责任感，有开拓意识和创造精神等优良品质，有高尚的思想道德、崇高的精神境界，有高度的敬业、爱岗精神，严于律己、以身作则、为人师表。

（三）将素质教育落实到教学之中

如果不将素质教育落实到教学之中，那么素质教育只能是一个抽象的概念。幼儿素质教育可通

过开展多种活动和游戏来进行：可以采用色彩鲜艳、形象生动的直观教具，可以创设和谐的氛围和优美的教学环境，可以引导幼儿观察，可以与幼儿一起玩耍。同时在教学中注意多给幼儿提供动口、动手、动脑、动眼的机会。

（四）在日常生活中逐渐培养幼儿的素质

幼儿素质的提高，并不是一朝一夕的事，需要潜移默化、循循善诱、循序渐进，对幼儿的品德教育要贯穿在教师的言行中，无论大小事，教师都要用自身良好的信念、道德品质、言行举止去影响幼儿，做幼儿的楷模。

（五）幼儿园、家庭和社会相互配合

在对幼儿进行素质教育的过程中，还需要家庭和社会的配合。只有将三方面的力量结合起来，才能形成合力，保证幼儿健康茁壮地成长。

例题精讲

单选题

1.【真题】铭铭问吴老师："天上哪颗星星最亮？"吴老师说："老师也不知道，回家后我们都去想办法找答案，好不好？"这说明吴老师能做到（　　）。

A. 尊重个体差异　　B. 公平对待幼儿　　C. 面向全体幼儿　　D. 引导幼儿探索

【答案】D

【解析】依据素质教育的要求，教师要注重学生的全面发展与个性发展。题干中的吴老师并没有直接给出问题的答案，而是引导幼儿自主去探寻答案，这有助于锻炼幼儿的思维能力，是正确的做法。

2. 某幼儿教师在从教过程中，摈弃了填鸭式教学，采取幼儿乐于接受的分区活动教学，这体现的是幼儿素质教育中（　　）的转变。

A. 教育观点　　B. 工作方法　　C. 评价方式　　D. 教育环境

【答案】B

【解析】该题是对我国幼儿素质教育的考查，只需要记得几个基本点就可以。

3. 为了培养幼儿的想象力，老师让幼儿画蝴蝶，下列做法恰当的是（　　）。

A. 老师画好左半边蝴蝶，幼儿模仿完成右半边

B. 老师在黑板上逐笔示范，让幼儿跟着画

C. 幼儿先观察蝴蝶，然后让幼儿自己画

D. 老师先画蝴蝶，然后让幼儿照着画

【答案】C

【解析】老师先让学生进行观察，然后再进行画画，这样不仅能够发挥孩子的想象力和创造力，还能促进孩子思维能力的进一步提升与发展。

4. 某幼儿园将识字和算术作为基本活动，得到了家长的支持，该幼儿园的做法（　　）。

A. 不正确，幼儿园应以游戏为基本活动　　B. 不正确，幼儿园应以体育为基本活动

C. 正确，有助于培养幼儿的阅读能力　　D. 正确，有助于办出幼儿园的特色

【答案】A

【解析】幼儿园应该根据幼儿身心发展特点，采取适当的教学内容。识字和算术属于小学的教学内容，幼儿园的教学过多加入小学教学内容，这样不利于幼儿的成长与发展。

材料分析题

白老师班上的小楷是农民工的孩子，小楷担心自己说话有口音，不愿意开口说话，非常腼腆。白老师对小楷予以耐心细致的关怀，夸赞他说话的声音好听，逐步引导小楷说话。慢慢地，小楷愿意多说话了。白老师还找到小楷的家长，建议家长多鼓励小楷说话，让小楷多和同龄人玩耍。小楷

越来越愿意和他人交流，性格开朗多了。

问题：从教育观的角度，评价白老师的行为。

【参考答案】

白老师的做法是正确的，符合新课改背景下所倡导的培养适合儿童教育的幼儿教育观。

首先，素质教育要求面向全体学生。

素质教育不是只关注某个人或者一部分人，而是促进每一位学生的发展。材料中，白老师没有因为小楷腼腆、不爱说话就忽视对他的培养，而是积极关注小楷的成长，并夸赞小楷说话的声音很好听，关注班级内每一位学生的成长。

其次，素质教育观是促进学生个性发展的教育。

素质教育要求承认学生与学生之间存在差异性。材料中，白老师针对小楷说话声音好听的特点，鼓励小楷多进行表达，做到了因材施教，使小楷得到了充分的发展。

最后，素质教育是促进学生全面发展的教育。

素质教育要求促进学生各方面的发展。材料中，白老师关注小楷各个方面的发展，并且关心小楷的情绪生活和情感体验，关注小楷的道德生活和人格养成，更加反映出素质教育的相关要求。

总之，白老师的做法是正确的，完全践行了新课改背景下的幼儿教育观，值得我们每一位老师学习。

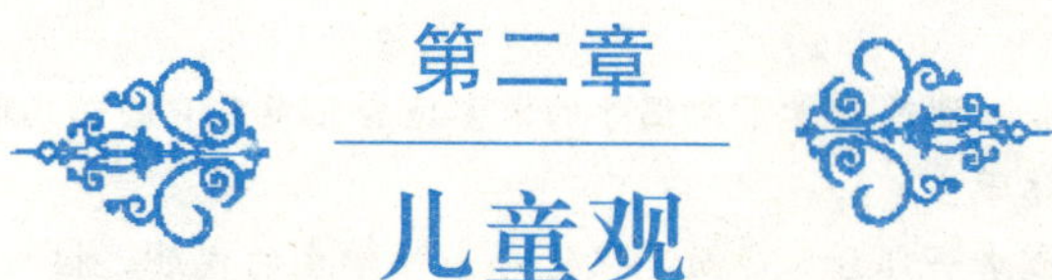

第二章 儿童观

考点详解

一、“人的全面发展”的思想的发展

古希腊哲学家亚里士多德曾经明确地指出，德育、智育和体育是人发展过程中不可缺少的三个部分，人是由德、智、体诸多要素共同构成的有机统一体。我国古代所推崇的“六艺”，即射、御、礼、乐、书、数，是对人全面发展的一种诠释。马克思对人的全面发展思想的论证，其核心就是把人作为社会历史发展的核心，认为全面发展的人是指精神和身体、个体性和社会性得到普遍、充分而自由发展的人。党的十七大提出了科学发展观，在具体内容阐述中明确地提出了以人为本的全面发展观，要求以促进“人的全面发展”为根本要求。

二、人的全面发展思想的内涵

人的全面发展最根本的是指人的劳动能力的全面发展，即人的智力和体力的充分、统一的发展；同时也包括人的才能、志趣和道德品质的多方面发展。随着经济、科技的飞速发展和世界一体化、经济全球化趋势日渐彰显，精神文明建设、可持续发展和人力资源开发已日益成为人的全面发展的重要课题，从而赋予人的全面发展以新的时代内涵。

马克思关于人的全面发展的学说是我国确立教育目的的理论依据和基础。

三、全面发展教育

（一）我国全面发展教育的构成

德育、智育、体育、美育、劳动技术教育是全面发展教育的基本组成部分。

德育是培养学生正确的人生观、世界观、价值观，使学生具有良好的道德品质和正确的政治观念，形成正确的思想方法的教育。

智育是传授给学生系统的科学文化知识、技能，发展他们的智力和与学习有关的非认知因素的教育。

体育是授予学生健康的知识、技能，加强他们的体力，增强他们的自我保健意识和体质，培养他们参加体育活动的需要和习惯，增强其意志力的教育。

美育是培养学生健康的审美观，发展他们感受美、鉴赏美、创造美的

考点1：“人的全面发展”的思想

内容提要：人的全面发展是指人的劳动能力（即人的体力和智力）的全面、和谐、充分的发展，还包括人的道德的发展。学生是独立的个体，具有发展的潜能，每一个学生都具有自身的特点，教师要充分发挥其主观能动性。

能力，培养他们高尚的情操与文明素养的教育。

劳动技术教育是引导学生掌握劳动技术知识和技能，形成正确的劳动观点和习惯的教育。

（二）全面发展教育各组成部分之间的关系

1.“五育”在全面发展中的地位存在不平衡性

人的发展应是全面、和谐、具有鲜明个性的。在实际生活中，青少年德、智、体、美、劳诸方面的发展往往是不平衡的，有时需要针对某个带有倾向性的问题强调某一方面。学校教育也常会因某一时期任务的不同，在某一方面有所侧重。

2.“五育”各有其相对独立性

“五育”中的每一组成部分都有其相对独立性，有其特定的任务、内容和功能，对其他各育起着影响、促进的作用，各育不能相互代替。德育、智育、体育、美育、劳动技术教育紧密相连，它们互为条件，互相促进，相辅相成，构成一个统一的整体。它们的关系具有在活动中相互渗透的特征。

四、人的全面发展思想与素质教育的关系

人的全面发展思想与素质教育二者之间有着密切的联系。总体来说，人的全面发展是素质教育的目的；素质教育是实现人的全面发展的重要途径。

（一）人的全面发展是素质教育的目的

素质教育不仅坚持对学生进行应用知识的传授，而且注重对学生能力的培养，注重开发学生的智慧和潜能，要求学生德、智、体、美、劳等方面并重，要求全面发展学生的生理素质、心理素质和文化素质，重视培养学生的自我发展能力、分析和解决问题的能力。尤其是素质教育重视全体学生，是真正的“全面发展”。所以说，人的全面发展是素质教育的目的。

（二）素质教育是实现人的全面发展的重要途径

要使受教育者获得全面发展，就必须不断提高受教育者的综合素质，而无论是个人还是整个民族综合素质的提高，都离不开教育。良好的教育是提高个人和社会整体素养的重要手段。要实现人的全面发展，就必须实施多方面的教育，促进个人在德、智、体、美、劳等诸方面的发展。所以说，素质教育是实现人的全面发展的重要途径。

（三）素质教育体现了人的全面发展和个性化的统一

人类的社会发展以人的自由全面发展为最终归宿。因此，教育的方针和目的最终也要转变到以“人”为中心、为“人的全面发展”服务上来。素质教育不但要促进人的全面发展，而且要在此基础上针对受教育者的个性特征展开教育，使人的全面发展与其兴趣爱好结合起来，促进个人的特长得到最大程度的发展，从而实现人人都能尽其才的目的。

五、幼儿全面发展教育

幼儿园全面发展教育是指以幼儿身心发展的现实与可能为前提，以促进幼儿在体、智、德、美诸方面和谐发展为宗旨，并以适合幼儿身心发展特点的方式、方法、手段加以实施的、着眼于培养幼儿基本素质的教育。全面发展并不意味着个体在各方面齐头并进地、平均地发展，可以允许幼儿个体在某方面突出一些。

幼儿德育是道德教育的起始阶段，是根据幼儿身心发展的特点和实际情况，对幼儿实施的品德教育。

幼儿智育是按照幼儿认知发展的特点，有目的、有计划地增进幼儿对周围环境的认知，获得粗

浅的知识与技能，发展智力，并培养其认识活动的兴趣和良好的学习习惯的教育过程。

幼儿体育指在幼儿园进行的、遵循幼儿身体生长发育的规律，运用科学的方法，以增强幼儿的体质、保证幼儿健康为目的的一系列教育活动。体育的基本任务是保护幼儿的生命与健康，促进身体正常生长发育和机能的协调发展。

幼儿美育就是根据幼儿身心发展的特点，利用美的事物，通过组织幼儿的审美活动来培育幼儿感受美、欣赏美、表现美、创造美的情趣和能力的教育活动。

例题精讲

单选题

1. **【真题】**刚进园时，小朋友们试图用旋转的方法打开水龙头，不出水就大声叫老师。这时蒋老师没有立刻出手帮助，而是鼓励他们自己去试。很快小朋友们发现，提起开关，水就流出来；按下去，水就关上了。小朋友们高兴得不得了。这体现了蒋老师注重（　　）。

A. 教师的主体作用　　B. 游戏的促进作用

C. 幼儿的亲身体验　　D. 环境的积极影响

【答案】C

【解析】蒋老师让幼儿亲身体验水龙头的使用，能够帮助其更好地发展。儿童观中明确提出幼儿是学习和生活的主体，教师应该做教育的引导者与促进者。

2. 人获得全面发展的根本保证是（　　）。

A. 先进的社会制度　　B. 理论与实践相结合

C. 脑力劳动与体力劳动相结合　　D. 教育和生产劳动相结合

【答案】A

【解析】高度发展的生产力是人的全面发展的物质基础和条件；先进的社会制度是人获得全面发展的根本保证；教育与生产劳动相结合是实现人的全面发展的根本途径和唯一方法。

3. 乒乒动作比较迟缓，小朋友们都不喜欢跟他玩，因此乒乒变得越来越孤僻。对此，乒乒的老师应该（　　）。

A. 尊重其他幼儿的交往选择　　B. 引导其他幼儿多与乒乒交往

C. 责怪其他幼儿不应该冷落乒乒　　D. 责令家长对乒乒加强动作训练

【答案】B

【解析】幼儿园老师应该促进所有幼儿的交往能力的发展，对其他小朋友的行为和乒乒的表现，教师应该引导其他小朋友和乒乒主动交往。幼儿教师应关心每个幼儿的发展，故选B。

4. 马克思主义观点认为，培养全面发展的人的唯一方法是（　　）。

A. 脑力劳动与体力劳动相结合　　B. 城市与农村相结合

C. 知识分子与工人农民相结合　　D. 教育与生产劳动相结合

【答案】D

【解析】教育与生产劳动相结合是马克思和恩格斯教育思想的重要内容之一，被视为培养全面发展的人的唯一途径。

5. 马克思主义的最高价值理想是（　　）。

A. 人的智力和体力的划分　　B. 人的才能和道德充分发展

C. 人的全面发展思想　　D. 人类整体的全面发展

【答案】C

【解析】人的全面发展思想来源于马克思的人的全面发展理论，是马克思主义的最高价值理想，是未来社会的价值目标，也是实现人的发展的最高理想境界。

考点详解

《国家中长期教育改革和发展规划纲要（2010—2020年）》强调：“育人为本、德育为先”是实施教育的主导思想。

一、儿童观

儿童观是人们对儿童的根本看法和态度。儿童观是教育观的基础，也是影响教师观的重要因素。在人类社会漫长的发展过程中，人们对幼儿的认识不尽相同，如把幼儿看作“小大人”“白板”“花草树木”“私有财产”“未来的资源”“有能力的主体”等。这些儿童观既有时代的烙印，又并存于一个时代，既有非理性、不科学的一面，也有较为合理、科学的因素。我们对之应当实事求是地进行分析，批判地加以继承与借鉴，从而正确地认识幼儿。

考点2：“育人为本”的儿童观

内容提要：“育人为本”的儿童观要求以幼儿全面发展为本、建立平等的师幼关系、理解和宽容幼儿、公平对待每一名幼儿和因材施教。其中，公平对待每一名幼儿要求教师一视同仁，正视差异；在保教实践中做到体谅和宽容。

二、育人为本

育人为本是以培养人才作为学校的根本任务，以幼儿为主体，促进幼儿的全面发展，培养社会主义建设所需要的合格的建设者和接班人。育人为本是教育的生命和灵魂，是教育的本质要求和价值诉求。育人为本的教育思想，要求教育不仅要关注人的当前发展，还要关注人的长远发展，更要关注人的全面发展；不仅要关注被育之人、育人之人，还要关注所服务之对象——国家和人民，为国家服务、为人民服务，不断满足国家和人民群众的需要。

第一，育人为本要坚持德育为先，把立德树人作为教育的根本任务。德是做人的根本，只有树立崇高理想和远大志向，从小打牢思想道德基础，学习才有动力，前进才有方向，成才才有保障。

第二，育人为本重点要面向全体幼儿，促进幼儿全面发展，着力提高幼儿服务国家服务人民的社会责任感、勇于探索的创新精神和善于解决问题的实践能力。

第三，育人为本就是要大幅提高教育培养创新人才的能力和水平。在教育的各个阶段都要重视打牢创新基础，倡导创新精神，激发创新活力。

第四，育人为本就是要以幼儿为主体，以教师为主导，充分发挥幼儿的主动性。以幼儿为主体，要求遵循教育规律和幼儿身心发展规律，把促进幼儿健康成长作为一切工作的出发点和落脚点。

三、“育人为本”的儿童观

（一）幼儿是发展中的人，要用发展的观点认识幼儿

人们经常用僵化的眼光来看待幼儿。现代科学研究的成果与教育的价值追求，要求人们用发展的眼光来认识和看待幼儿。幼儿不同于成人，正处于发展之中，他们有自己独特的认知方式、成长特点，有巨大的发展潜能和被塑造与自我塑造的潜力。

1. 幼儿的身心发展是有规律的

学前儿童的发展是指学前儿童在成长过程中生理和心理有规律地进行量变与质变的过程，也是学前儿童生理成熟与个性心理品质形成与变化的

复杂过程。生理成熟是指儿童个体作为一个生物体，其生理结构和生理机能的发展是纯粹的生物性演变过程；个性心理品质的形成和变化过程，是以个体的生理成熟为基础，并与其生理机能的发展混为一体、互为表里的过程。

2. 幼儿具有巨大的发展潜能

幼儿的发展潜能极大。在胎儿期，孩子就有了听觉、触觉、记忆力和情感等方面的反应能力。出生后几个小时就有了视觉偏爱，能分辨声音和气味，还可以形成条件反射。在0～6岁，儿童基本上能掌握本民族的口头语言，具有时间和空间的辨别能力，其知觉、思维、想象、记忆、注意力的有意性开始萌发，并初步具有基本的生活自理能力和社交能力。

3. 幼儿是处于发展初期的幼稚个体

幼儿身心的发展速度极快，变化很大，因而具有未定型性。幼儿身心的各方面都是可以改变的。幼儿教师不能以静止的观点看待幼儿现有的身心特点和水平，而要以发展的眼光看待孩子。

幼儿的身心发展尽管很快，但他们毕竟还处在人生发展的初期，因此具有幼稚性。幼儿身心的各个方面都非常不完善，极易受到伤害。因此，幼儿教师应努力地呵护、照料和关心他们。

4. 幼儿的发展是全面的发展

幼儿机体的各个部分相互联系、不可分割，幼儿心理的各个方面也相互影响、相互制约，幼儿的生理和心理是完整和谐地发展的。因此，幼儿教师必须高度重视其在身体、认知、品德、情感、个性等方面的全面发展。

（二）幼儿是独特的人

1. 幼儿是一个完整的人

幼儿是一个完整的人，不是单纯的抽象的学习者，而是有着丰富个性的人。在教育活动中，作为完整的人而存在的幼儿，不仅具备智慧和人格力量，而且体验着全部的教育生活。要把幼儿作为完整的人来对待，就必须反对那种割裂人的完整性的做法，还幼儿完整的生活世界，丰富幼儿的精神生活，给予幼儿全面发展个性力量的时间与空间。

2. 幼儿是独一无二的人

受遗传、环境、教育等方面的影响，每个幼儿身心发展的速度都不相同，其身心素质的组合特征也不同。每个幼儿与外界相互作用的方式、风格等都不同，都有其优势领域和劣势领域，智力特点受到文化和家庭的影响。教师应当将幼儿看成独特的个体，因材施教，促进幼儿的全面发展。

（三）幼儿是学习的主体，是具有能动性的教育对象

幼儿是受教育的对象，但幼儿在受教育过程中并不是对教师的完全盲从，而是在教育活动中具有主观能动性和自我教育的可能性。现代教育观强调幼儿既是教育的客体，也是实施教育的对象，同时还是教育的主体。幼儿的学习和发展是一个幼儿主动建构的过程。

（四）幼儿是权利的主体

1. 幼儿和成人一样，彼此平等，具有相同的价值

幼儿是权利主体，意味着把幼儿看作与成人人格平等、具有相同的社会地位、享有基本人权的积极主动的、人格独立的人，是拥有权利并能行使自己权利的自由主体。

2. 幼儿作为权利主体拥有权利

按照《儿童权利公约》的精神，幼儿享有的基本权利有生存权、受保护权、发展权和参与权。幼儿的权利反映了幼儿在社会关系中的地位，是幼儿作为主体的一种资格，是被社会意识或社会规范视为正当的行为自由。

3. 幼儿作为权利主体的特殊性

幼儿和成人一样平等地拥有法律保护的权利。但是，幼儿毕竟是发展中的人，身心处于发育成熟的过程中，与成人相比，在体力、心理上都处于弱势，这决定了幼儿作为权利主体的特殊性：

(1) 幼儿权利的行使需要社会的教育和保护；(2) 幼儿作为权利主体拥有权利，但不连带与成人一样的责任和义务。

四、“育人为本”儿童观在实际中的运用

(一) 以幼儿的全面发展为根本，用全面的眼光看待幼儿的发展

以幼儿的全面发展为本，包含以幼儿的个性为本，以及在以幼儿为本的基础上，给予幼儿充分的指导，有目的、有计划、有组织地培养幼儿，遵循幼儿的个性发展。

用全面的眼光看待幼儿的发展，就不能孤立地、片面地只强调某方面的发展，忽视人的整体和谐发展，而是体现幼儿的主体地位，善于发现每个幼儿的特点。在教育实践中，要杜绝只重智力而忽视德育、体育的片面做法。充分尊重幼儿的主体地位，要求教育教学活动的组织者尊重幼儿的感受，调动幼儿学习的积极性和能动性，鼓励幼儿的创造性。

(二) 公平、公正对待每一位幼儿

教育机会均等应当包括两个方面：一个是入学机会均等，另一个是教育过程中机会均等。入学机会均等就是无论学生的性别、民族、地域、经济状况、家庭背景和身心发展状况如何，都享有同样的入学机会。在确保入学机会均等的情况下，教育过程中的教育机会均等更加重要。

(三) 因材施教，设计丰富多样的保教活动，促进幼儿的个性发展

因材施教是指教师要从学生的实际情况出发，使教学的深度、广度、进度既适合大多数学生的知识水平和接受能力，同时又照顾到学生的个性特点和个性差异，使每个学生都能扬长避短，获得最佳发展。因材施教是实施素质教育、促进学生全面发展的最基本要求。

因材施教并不是要（也不可能）减少学生的差异。实际上，在有效的因材施教策略影响下，学生学习水平的发展差异可能会更大，因为能否更充分地得益于受教育条件，这本身就是潜能高低的一个表现。

(四) 理解关心幼儿，构建平等的师幼关系

幼儿是成长中的人，不像成人那样成熟，在他们身上会有这样或那样的缺点和错误，需要教师引导、帮助、教育。教师一定要理解和宽容幼儿，给予他们更多的关注，谨言慎行。同时，幼儿的人格和教师的人格是平等的，教师必须尊重幼儿的人格，这样才能建立一种平等的师幼关系。

(五) 构建终身学习理念，不断提高自身修养

做一名终身学习型教师，就是要坚持思考和学习，要不断转变教育观念，更新知识储备，摸索教学方法，尤其要加强学习并熟练运用现代化教学技术和手段。教师要想真正地成为学生成长的引领者，成为学生潜能的唤醒者，必须树立终身学习的观念，努力提高自身修养。

(六) 树立全心全意为幼儿服务的意识

“育人为本”的儿童观强调教育以服务于幼儿为前提，为每个人的全面发展服务，为发掘每个人的潜能和创造力服务。为此，教育应该了解幼儿的心理变化和认知特点，为幼儿的终生成长提供最好的、最优质的条件。主要有四个方面：一是服务于幼儿的身心，提高他们的身心素质。二是服务于幼儿的学习。三是服务于幼儿的生活。四是服务于幼儿的终身发展，使教育成为促进幼儿可持续发展的手段，增强幼儿面向未来的适应能力。

单选题

1. 午餐时，有些幼儿边吃边玩，为了让幼儿专心就餐，李老师的正确说法是（　　）。

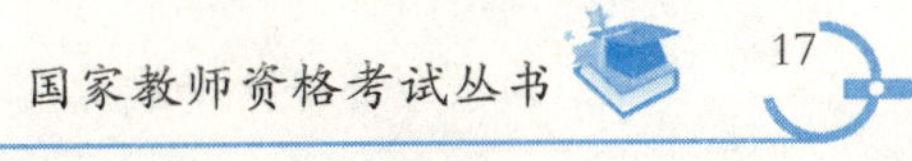

A. 没吃完的不许睡觉　　B. 比比谁吃得最快
C. 我看看谁吃得最香　　D. 看看谁还在那儿磨蹭

【答案】C

2. 东东经常欺负别的同学，有一天他又把琪琪弄哭了。张老师很生气，对东东说：“如果你是我的儿子，我恨不得打死你。”张老师的行为（　　）。

A. 可以理解，因为有些孩子的行为确实令人生气
B. 可以理解，因为批评也是一种教育
C. 不恰当，应该先了解孩子问题发生的原因
D. 不恰当，因为东东毕竟不是他的儿子

【答案】C

【解析】教师要有“育人为本”的儿童观，公平对待幼儿。题干中张老师不能因为东东经常欺负别的同学而不问原因，一味地进行指责。

3. 从“育儿为本”的教育理念看，教师不正确的做法是（　　）。

A. 尊重幼儿人格　　B. 为幼儿提供适合教育
C. 调动幼儿的主动性　　D. 让幼儿主动选择课程

【答案】D

【解析】根据《幼儿园教师专业标准（试行）》中的幼儿为本的要求，尊重幼儿权益，以幼儿为主体，充分调动和发挥幼儿的主动性；遵循幼儿身心发展特点和保教活动规律，提供适合的教育，保障幼儿快乐健康成长。

4. **【真题】**绘画活动中，菲菲在纸上画了个黑色的太阳，此刻吴老师恰当的做法是（　　）。

A. 批评菲菲的画不合理　　B. 耐心问问菲菲的想法
C. 帮助菲菲将太阳画成红色　　D. 要求菲菲画出红色的太阳

【答案】B

【解析】教师在教育教学活动中应该坚持正确的教学理念，做到以学生为主体，尊重学生的意见，帮助学生表达自己的意见与想法。

材料分析题

【真题】班上的一些小朋友不喜欢洗手，有些小朋友虽然洗手，却也只是简单地冲冲水就算了。户外活动后，韩老师把小朋友分成两组：一组念着儿歌认真地洗手，另一组暂时不洗手。韩老师拿出两块柚子皮，一组一块，让小朋友分别摸柚子皮内层，红红突然叫起来：“黑了，黑了!”果然，没洗手那组的小朋友摸过的柚子皮内层已经黑乎乎了。韩老师趁机提问：“柚子皮为什么会变黑呀?”孩子们抢着说：“他们没洗手，手很脏。”“手上有土，把柚子皮弄脏了。”韩老师连忙引导：“这是我们能看见的，还有我们看不见的呢?”“细菌！病毒!”孩子们大声说。韩老师趁热打铁：“如果我们不洗手就拿东西吃，手上的脏东西会沾到食物上，脏东西进入我们的肚子，身体会怎么样？我们应该怎样做呢?”孩子们叽叽喳喳地讨论开来，最后得出了“一定要认真洗手，做健康的小主人”的结论。活动结束后，没洗手的小朋友立刻跑到洗手池边洗手，洗得格外认真；洗了手的小朋友中，有人感觉自己没洗干净，就认真地又洗了一遍。

自此，小朋友们大都能自觉地去洗手，如果某个小朋友忘记洗手，其他的小朋友也会提醒他。

问题：请结合材料，从儿童观的角度，评析韩老师的教育行为。

【参考答案】韩老师的行为是正确的，符合“育人为本”儿童观的具体内容。

(1) 儿童是发展中的人，儿童的身心发展是有规律的，儿童具有巨大的发展潜能，儿童是处于发展过程中的人，儿童的发展应是全面的发展。材料中韩老师针对儿童在洗手方面存在的问题，通过分组摸柚子皮内层，一步一步引导启发，让幼儿明白认真洗手的重要性，最终孩子们养成了自觉洗手的好习惯，促进了幼儿的全面发展。

(2) 儿童是独特的人，是完整的人，每个儿童都有自身的独特性，儿童个体之间存在差异性，儿童和成人之间有巨大的差异。材料中韩老师能从儿童的角度来看待儿童自身的问题，并设置恰当的教学活动以帮助儿童改正生活

习惯上的不足；针对幼儿在洗手方面的不同情况，韩老师能够采取有针对性的方法去引导儿童，尊重了儿童之间的差异性。

（3）儿童是具有独立意义的人，每个儿童都是独立存在的，不以教师的意志为转移，儿童是学习的主体，是具有能动性的教育对象。材料中韩老师在对儿童进行教育的过程中，能充分调动幼儿的积极性和主动性，注重让幼儿去直接感知、主动观察、独立思考，通过引导幼儿讨论，让幼儿自己探索从而得出结论，发挥了幼儿的主观能动性。

第三章

教师观

考点详解

一、教师职业的性质

教师是履行教育教学职责的专业人员，承担教书育人、培养社会主义事业建设者和接班人、提高民族素质的使命。

（一）教师职业是一种专业性职业，教师是专业人员

1966 年，联合国教科文组织在《关于教师地位的建议》中提出，应该把教师工作视为专门职业，认为它是一种要求教师具有经过严格训练而持续不断的研究才能获得并维持的专业知识及专门技能的公共业务。

1993 年 10 月，我国颁布《中华人民共和国教师法》，明确将教师界定为“履行教育教学职责的专业人员”。

（二）教师是教育者，教师职业是促进个体社会化的职业

教师是教育者，承担了培养合格的社会人员、延续人类社会发展的重要职责。个体从自然人发展成为社会人，是在学习、接受人类经验与消化、吸收人类文化的过程中逐渐实现的，这一过程是社会教化的结果。个体只有通过社会教化，才能适应社会生活，实现个体的社会化。

二、教师职业的发展历史

（一）非职业化阶段

较为明确的教师职业出现在学校出现之后。原始社会末期出现了学校教育的萌芽——“庠”，那时以长者为师、能者为师。我国奴隶社会时期，教育的一个重要特点是“学在官府”“以吏为师”，所以夏商时期的庠、序、校等都是官办的“国学”，教师都由官吏兼任，官师一体。西方社会的教师大多由僧侣兼任。

（二）职业化阶段

独立的教师职业伴随着私学的出现而产生。

（三）专门化阶段

教师职业的专门化以培养教师的教育机构的出现为标志。世界上最早的师范教育机构诞生于法国。1681 年，法国“基督教兄弟会”的神父拉萨尔在兰斯创立了世界上第一所师资训练学校，这是世界上独立的师范教育的开始。

我国最早的师范教育产生于清末。师范教育的产生，使教师的培养走

考点 1：
幼儿教师职业概述

内容提要：教师已经成为一种专门性职业，以教书育人为职责，不断实现着自身价值。

上专门化的道路。

（四）专业化阶段

1966 年 10 月，国际劳工组织和联合国教科文组织在巴黎会议上通过的《关于教师地位的建议》中提出：教师工作应被视为一种专业。后来，“师范教育”概念逐渐被扩充为“教师教育”。

教师的专业技术人员身份在 1993 年颁布的《中华人民共和国教师法》中得到确认。1995 年，国务院颁布《教师资格条例》，进一步明确了教师应该具备的专业素质。

三、教师的社会地位及作用

（一）教师是人类文化和民族文化的继承者与传递者

教师是社会发展的“中介人”，联系着人类的过去、现在和未来。教师继承、传递人类社会和民族创造、积淀的社会文明，对人类科学文化知识、社会意识的继承与发展起着桥梁的作用。教师的劳动对于人类社会的延续与发展具有承前启后的作用。

（二）教师是社会物质财富和精神财富的间接或直接的创造者

教师通过向个体传授一定的生产知识和科学技术，使个体进入社会生产领域，成为物质财富的创造者。教师的劳动成为个体进行物质生产劳动、创造物质财富的前提和基础，教师在这个过程中实际上是物质财富的间接创造者。教师通过对学生进行科学文化的教育，培养学生良好的思想品质，把学生培养成思想家、理论家、文学家、艺术家、科学家、教育家等。教师在教育活动过程中教育知识、教育手段和教育方法的创新，是教师创造精神财富的表现。因此，教师也是精神财富的创造者。

（三）教师是人类灵魂的工程师，对青少年一代健康、全面成长起着关键性的作用

教师担负着培养一代新人的重任，在学生的发展中发挥着主导作用。教师是学生知识和能力的培养者，是学生美好心灵的塑造者。教师不仅传授学生知识，还培养学生的智力和能力，陶冶他们的情操，指导他们的学习和全面发展。教师全身心地培育学生，教师的人格本身就是一种特殊的教育手段，教师对儿童的人格起着感染、熏陶的作用。

四、教师职业角色的多样性

教师职业最大的特点就是职业角色的多样化。一般来说，教师职业角色主要有：

（一）传道者

教师具有传递社会传统道德、正统价值观念的使命。进入现代社会后，虽然道德观、价值观呈现出多元化的特点，但教师的道德观、价值观总是代表着居社会主导地位的道德观、价值观，并且用这种观念引导年轻一代。

（二）授业解惑者

唐代韩愈在《师说》里说：“师者，所以传道、受（授）业、解惑也。”教师是各行各业建设人才的培养者，在掌握了人类经过长期的社会实践所获得的知识经验、技能的基础上，对之精心加工整理，然后以便于学习掌握的方式传授给学生，帮助他们在很短的时间内掌握人类千百年积累的知识，形成自己的知识结构和技能技巧。

（三）管理者

教师对教育教学活动的管理包括确定目标，建立班集体，制定和贯彻规章制度，维持班级纪律，组织班级活动，协调人际关系，对教育教学活动进行控制、检查和评价。

（四）示范者

教师的言行是学生学习和模仿的榜样。夸美纽斯曾很好地解释了这种角色的特点，他说，教师

的职务是用自己的榜样力量教育学生。学生具有向师性的特点，教师的言论、行动和为人处世的态度，对学生具有耳濡目染、潜移默化的作用。

（五）父母与朋友

教师往往被学生视为自己的父母或朋友。低年级的学生倾向于把教师看作是父母的化身，对教师的态度类似于对父母的态度；高年级的学生则往往视教师为朋友，希望得到教师在学习、人生等多方面的指导，同时又希望教师分担自己的快乐与痛苦、幸福与忧愁。

（六）研究者

教师工作的对象是充满生命力的、千差万别的活的个体，传授的内容是不断发展变化的科学知识和人文知识，教育过程又是一个复杂的动态变化过程。这就决定了教师不能以千篇一律的态度对待自己的工作，而是要以一种变化发展的观点、研究的态度对待自己的工作对象、工作内容和各种教育活动，不断学习新知识、新理论，不断反思自己的实践，不断发现新的特点和问题，以使自己的工作适应不断变化的形势，并且有所创新。

五、教师劳动的特点

教师职业是一种以培养人为目的的特殊的职业，是一种人与人之间相互施加影响的过程，教师劳动是一项复杂而艰苦的脑力劳动。教师劳动的特点主要体现在以下几个方面：

（一）复杂性

一方面，教师劳动的对象具有复杂性。学生在性别、家庭环境、文化背景、生活方式上的差异，包括性格、个性方面的特点，都决定了教师劳动的复杂性。另一方面，教师劳动的任务和内容是复杂的。教师既要教书，又要育人；既要传授知识，又要发展学生的智力；既要培养学生生存和发展的技能，又要培养他们适应社会、改造社会及正确处理各种社会关系和人际关系的能力。

（二）示范性

教师劳动的示范性是指教师要给学生作出示范，以自己的形象影响和感化学生。教师只有首先把教材中的智慧和情感内化为自己的一部分，才能在教学中感染学生。教师在学生获取知识和发展能力的道路上发挥了主导作用，教师在学生心目中往往具有神圣的地位。教师的言论、道德品行和为人处世的态度，不仅是学生学习的内容，而且是学生学习和模仿的直接榜样。

（三）创造性

教育必须根据学生的具体情况来进行，教师必须灵活地运用教育原则，创造性地设计教育方法，对不同的学生因材施教。教学内容方面，教师要根据所教学生的实际情况进行加工改造，变成学生可以接受的知识体系，准确、通俗地教给学生。这种创造性还体现在教师的教育机智上，这是一种教师处理教育教学过程中突发或偶发事件的特殊能力，特别是教师面对突发的意外情况，快速做出反应、及时采取恰当措施的能力。

（四）长期性

“十年树木，百年树人。”由于人的成长是自然发育和社会化的统一过程，受教育者的身心发展需要经历一个长期、反复的过程。知识的掌握需要长期积累，技能、技巧也需反复练习才能形成，思想品德、行为习惯的形成和培养更是一个长期的过程。因此，教育这种培养人的活动周期长、见效慢，教师的教育影响不可能马上就显现出来。教师劳动的效果只能在学生的未来发展上体现出来，教育的成效最终要在学生参加独立的社会实践后才能得到检验。

（五）群体和个体的统一性

教师的劳动在一定的时间和空间上，在一定的目标上，都具有很强的个体性特点。每一位教师

都要以自己的知识、才能、品德、智慧去影响学生，完成自己的教育教学任务，即教师的劳动从劳动手段角度讲，主要是以个体劳动的形式进行的。同时，教师的劳动成果又是集体劳动和多方面影响的结果。任何一个学生的身心发展，都不仅仅是不同科目、不同年龄阶段许多教师共同影响的结果，也是学校、家庭、社会和学生本人长期共同努力的结果。教师的个体劳动最终都要融汇于教师的集体劳动之中，教育工作需要教师的群体劳动。教师劳动的群体和个体统一性，要求教师协调好影响学生身心发展的综合环境，特别是处理好自身与教师群体的关系，又要不断提高自身的思想修养和业务水平。

例题精讲

单选题

1. 王老师在给孩子们讲故事，讲到“大象用鼻子把球卷起来”时，用手做出“卷”的动作；说到“大象把球扔到河里去了”，又用手做出“扔”的动作。孩子们跟着做动作，脸上洋溢着笑容。这体现出教师劳动的什么特点？（　　）

A. 复杂性　　　　B. 示范性

C. 长期性　　　　D. 创造性

【答案】 B

【解析】 在学前教育中，身教重于言传，幼儿教师的自身活动和言行是重要的教育手段。

2. 教师职业在《中华人民共和国教师法》中被界定为（　　）。

A. 半专业人员　　　　B. 公务员

C. 专业人员　　　　D. 普通从业者

【答案】 C

【解析】 我国 1993 年 10 月颁布《中华人民共和国教师法》，把教师界定为“履行教育教学职责的专业人员”。

考点详解

新课改背景下的现代教师观

（一）教师职业角色的转变

1. 从教师与学生的关系看，新课改要求教师是学生学习的**促进者**

教师是促进者，指教师从过去仅作为知识传授者这一核心角色中解放出来，促进以学习为重心的学生整体个性的和谐、健康发展。教师作为学生学习的促进者是教师最明显、最直接、最富时代性的角色特征，是教师角色中的核心特征。其内涵主要包括两个方面：（1）教师是学生学习能力的培养者；（2）教师是学生人生的引路人。

2. 从教学与研究的关系看，新课改要求教师是教育教学的**研究者**

传统的教学活动和研究活动是彼此分离的，教师的任务只是教学，很少有从事教学研究的机会，而且即使有机会参与，也只是处在辅助的地位。新课改要求教师应该是一个研究者，这意味着教师在教学过程中要以研究者的心态置身于教学情境之中，以研究者的眼光审视和分析教学理论与教学实践中的各种问题，对自身的行为进行反思，对出现的问题进行探究，

考点 2：新课改背景下的现代教师观

内容提要：新课程改革背景下，教师的职业角色发生了转变：教师是学生学习的促进者，是教育教学的研究者，是课程的建设和开发者，是社区型的开放的老师；同时，教师的教学行为也发生了转变：要求尊重、赞赏、帮助、引导学生，并时常反思自己，学会合作。

对积累的经验进行总结，并形成规律性的认识。

3. 从教学与课程的关系看，新课改要求教师是课程的**建设者和开发者**

在传统教学中，教学与课程是彼此分离的。教师被排斥于课程之外，教师的任务只是教学，是按照教科书、教学参考资料、考试试卷和标准答案去教，教师只是教育行政部门各项规定的机械执行者，是各种教学参考资料的简单照搬者。新课改倡导民主、开放、科学的课程理念，同时确立了国家课程、地方课程、校本课程三级课程管理政策，这就要求课程必须与教学相互整合，教师必须在课程改革中发挥主体性作用，教师不能只成为课程实施中的执行者，更应成为课程的建设者和开发者。

4. 从学校与社区的关系看，新课改要求教师是社区型的**开放**的教师

随着社会发展，学校教育与社区生活正在走向终身教育要求的“一体化”，学校教育社区化，社区生活教育化。新课改特别强调学校与社区的互动，重视挖掘社区的教育资源。在这种情况下，教师的角色也要求变革。教师的教育工作不能再仅仅局限于学校和课堂，教师不仅是学校的一员，而且是整个社区的一员，是整个社区教育、文化事业建设的共建者。

（二）教师教学行为的转变

1. 在对待师生关系上，新课改强调**尊重、赞赏**

“为了每一位学生的发展”是新课改的核心理念。为了实现这一理念，教师必须尊重每一位学生做人的尊严和价值，尤其要尊重以下六种学生：（1）智力发育迟缓的学生；（2）学业成绩不良的学生；（3）被孤立和拒绝的学生；（4）有过错的学生；（5）有严重缺点和缺陷的学生；（6）和自己意见不一致的学生。

尊重学生同时意味着不伤害学生的自尊心，因此教师要做到以下几点：（1）不体罚学生；（2）不辱骂学生；（3）不大声训斥学生；（4）不冷落学生；（5）不羞辱、嘲笑学生；（6）不随意当众批评学生。

教师不仅要尊重每一位学生，还要学会赞赏每一位学生：（1）赞赏学生的独特性、兴趣、爱好、专长；（2）赞赏学生所取得的哪怕是极其微小的成绩；（3）赞赏学生所付出的努力和表现出来的善意；（4）赞赏学生对教科书的质疑和对自己的超越。

2. 在对待教学上，新课改强调**帮助、引导**

教的本质在于引导，引导的特点是含而不露，指而不明，开而不达，引而不发；引导的内容不仅包括方法和思维，同时也包括价值和做人。

教师的职责在于：（1）帮助学生检视和反思自我，明白自己想要学习什么和获得什么，确立能够达成的目标；（2）帮助学生寻找、搜集和利用学习资源；（3）帮助学生设计恰当的学习活动和形成有效的学习方法；（4）帮助学生发现他们所学知识的个人意义和社会价值；（5）帮助学生营造和维持学习过程中积极的心理氛围；（6）帮助学生对学习过程和结果进行评价，并促进评价的内化；（7）帮助学生发现自己的潜能。

3. 在对待自我上，新课改强调**反思**

教学反思被认为是“教师专业发展和自我成长的核心因素”。新课改非常强调教师的教学反思，按教学的进程，教学反思分为教学前、教学中、教学后三个阶段。教学反思会促使教师形成自我反思的意识和自我监控的能力。

4. 在对待与其他教育者的关系上，新课改强调**合作**

课程的综合化趋势特别需要教师之间的合作，不同年级、不同学科的教师要相互配合、齐心协力地培养学生。每个教师不仅要教好自己的学科，还要主动关心和积极配合其他教师的教学，从而使各学科、各年级的教学有机融合、相互促进。另外，教师还必须处理好与家长的关系，加强与家长的联系与合作，共同促进学生的健康成长。

单选题

1. 郑老师搜集矿泉水瓶、报纸、纸箱、塑料绳等材料，改造成适合幼儿的教学材料。郑老师的行为是（　　）。

A. 环境创设的能力　　B. 随机教育的能力

C. 教学反思的能力　　D. 教学生成的能力

【答案】A

【解析】教师变废为宝的过程体现了环境创设的能力。

2. 每次在与幼儿交流过程中，吴老师都会全神贯注地看着幼儿，有时候她也点头、微笑、询问和鼓励，这反映了吴老师与幼儿相处所遵循的原则是（　　）。

A. 个体性原则　　B. 适时性原则

C. 公平原则　　D. 尊重原则

【答案】D

【解析】吴老师在与学生沟通交流时，她的言语举止能够体现出对幼儿的尊重。

3. 吃橘子时，岚岚说："老师，你给我剥皮。"王老师大声说："咱们来帮小橘子脱衣服吧，看谁做得又快又好。"小朋友们争着说："好，我来！"大家争相动起手来。岚岚在模仿中学会了剥橘子皮。王老师的行为体现在善于（　　）。

A. 综合组织各领域教学内容

B. 创设与教育相适应的物质环境

C. 维护每一个幼儿的人格与权利

D. 培养幼儿的初步生活自理适应力

【答案】D

【解析】王老师善于培养学生初步的生活自理能力，而不是包办代替。

考点3：终身学习

内容提要：终身学习的理念和保罗·朗格朗提出的"终身教育"的概念一脉相承，是现代社会发展和教师职业的必然要求；教师必须从师德修养、教研能力、反思能力等方面实现突破和提升。

一、终身学习的内涵

联合国教科文组织成人教育局局长、法国的保罗·朗格朗于1965年在联合国教科文组织主持召开的成人教育促进国际会议期间正式提出"终身教育"这一术语，并在1970年出版的《终身教育引论》一书中系统地阐述了终身教育的思想。终身学习是指社会每个成员为适应社会发展和实现个体发展的需要，贯穿于人的一生的，持续的学习过程。即我们所常说的"活到老学到老"或者"学无止境"。在特殊的社会、教育和生活背景下，终身学习理念得以产生，它具有终身性、全民性、广泛性等热点。终身教育和终身学习的理念提出后，各国普遍重视并积极实践。终身学习启示我们树立终身教育思想，使学生学会学习，更重要的是培养学生养成主动的、不断探索的、自我更新的、学以致用的和优化知识的良好习惯。

二、终身学习的途径

（一）在教学工作中进行终身学习

教师作为教学活动的主体，是整个教学活动的主导者。在这个过程中，教师必须树立终身学习的意识，进而通过教育来影响学生的终身学习理念。教师与学生的终身学习理念的养成不是单纯地通过教与学才能实现，而更多的是需要教师和学生不断通过实践来实现，只有这样才能跟得上知识经济时代发展的客观要求。

（二）在教学反思中进行终身学习

终身学习和持续反思是教师自我发展、优化生命的两种重要途径。广泛的反思性教学实际上就是要求教师对教学不断反思、对业务不断提高、对自我不断发展，以促进教师发展朝终身化方向发展。反思将强化教师的创造性，激励个人成长愿望，有益于传授主要知识和培养课堂技能，养成教师的专业气质。以高标准进行反思性教学的教师将逐渐形成敏锐的专业判断力，更加专业化。这就要求教师改变一次性学习的观念，树立终身学习的理念，将每一堂课的教学都作为反思和提高的机会。

例题精讲

单选题

1. 终身教育概念的首创者是（　　）。

A. 埃德加·富尔　　B. 雅克·德洛尔

C. 保罗·弗莱雷　　D. 保罗·朗格朗

【答案】 D

【解析】 1965年，法国教育理论家保罗·朗格朗在联合国教科文组织于巴黎召开的成人教育促进国际会议上，提出“终身教育”的概念。

2. 从人的出生到死亡整个一生中都应进行持续的教育，其教育目的和形式根据个人发展不同阶段的需要而确定，从而使教育成为人们生活中不可缺少的一部分。这句话说明教师应当（　　）。

A. 职前培养　　B. 反思和研究

C. 观摩学习　　D. 终身学习

【答案】 D

【解析】 终身学习是指社会每个成员为适应社会发展和实现个体发展的需要，贯穿于人的一生的，持续的学习过程。终身学习是21世纪的基本生存素质，教师必须不断强化自身，树立终身学习的观念。

考点详解

考点4：新型师生关系构建

内容提要：师生之间的关系包括高压型、放任型和民主型；教师和学生在教学上是授受关系，人格上是平等关系，道德上是互相促进的关系；建立新型的师生关系，可以变“单向”为“双向”、变“功利”为“合作”、变“间离”为“和谐”、变“主仆”为“平等”。

一、师生关系的基本类型及两种对立的观点

（一）师生关系的基本类型

1. 高压型

处于这种师生关系中的教师受师道尊严思想支配，过分突出自己教育者的角色地位，以高压手段（甚至以体罚或精神虐待方式）对待学生，师

生关系如同猫鼠关系。这种师生关系的危害性很大，会不可避免地造成学生的心理紧张、心理恐惧，学生表现出顺从教师，在课堂上或其他教育场合形成一种严格守纪的假象。但教师在学生内心中只有权力，没有威信。这种师生关系有可能使学生的学习处于被动状态，学生甚至产生厌学情绪或讨厌学校生活。

2. 放任型

这是与高压型相反的另一极端情况。处于这种师生关系中的教师的态度特征是对学生缺乏必要的责任感，在学业上、思想上、道德上缺乏应有的要求，采取一种听其自然的放任态度。师生关系呈现出“宽松”“随和”的特点，但并非建立在为完成教育任务基础上的尊师爱生关系。在这种师生关系中，教师在学生心目中缺乏真正的威信，学生甚至会对教师缺乏严格的教育要求有意见。这种师生关系有可能造成学生在思想上、学业上不求上进，对自己缺乏严格要求、纪律松弛等问题。

3. 民主型

民主型师生关系是指在教育教学活动中，师生以人际交往为基础，以学生主动发展、终身发展为目的，而建立起的以民主、平等、对话与合作为特征的师生共同完善其人格的和谐关系。在民主型模式之下，学生的学习努力程度比较适中，学习成绩比较稳定。所以，新课程理念倡导的新型师生关系应当为民主型师生关系模式。

（二）两种对立的观点

关于师生关系，有两种对立的观点，即教师中心论和学生中心论。

1. 教师中心论

教师中心论的代表人物是德国教育家赫尔巴特。教师中心论强调教师在学生中的权威作用，一切教育活动的基础都应以教师为中心。在教育过程中，不能把学生的自由当作手段，而应当作过程的目的和结果。

教师中心论把教师放在绝对主体的地位，片面强调教师在教育教学活动中的作用，忽略了学生作为主体的地位，压制了学生在教育教学活动中的积极性和自主性。

2. 学生中心论

学生中心论的代表人物是卢梭和杜威。学生中心论首先把学生的发展视为一种自然的过程，认为教师不能主宰这种自然发展的过程，而只能作为“自然仆人”。同时还认为，儿童的发展是一种主动的过程，教师的作用只在于引导学生的兴趣，满足学生的个人需要，而不是直接干预学生的学习；学生只能在个体经验中获得发展，通过直接经验获取他们所需要的知识。

二、师生关系的构建内容与方法

（一）师生关系的构建内容

1. 师生在教育内容的教学上结成授受关系

在教育活动中，教师处于教育和教学的主导地位。从教育内容的角度来说，教师是传授者，学生是接受者。

（1）从教师与学生的社会角色规定的意义上看，教师是传授者，学生是受授者。

在知识、智力以及社会经验上，教师之于学生都有明显的优势。教师的任务就是发挥这种优势，帮助学生迅速掌握知识、发展智力、丰富社会经验。但这一过程并不是单向传输过程，它需要有学生积极的、富有创造性的参与，需要发挥学生的主观能动性。

（2）学生在教学中主体性的实现，既是教育的目的，也是教育成功的条件。

我们的教育要培养生动活泼主动发展的个体。要培养主动发展的个体，就必须充分调动个体的主动性。难以想象消极被动的教育能够培养出主动发展的人。另外，个体身心的发展并不是简单地由外在因素施加影响的结果，而是教师、家庭、社会等外在因素通过学生内在因素起作用的结果。

没有个体主动积极的参与，没有学生在活动过程中的积极内化，就没有真正意义上的教学存在。

（3）对学生的指导、引导的目的是促进学生的自主发展。

教师的责任是帮助学生由知之不多到知之较多，由不成熟到成熟，最终是要促成学生能够不再依赖教师，学会学习，学会判断，学会选择。教师不仅要认可而且要鼓励学生，善于根据变化着的实际情况有所判断、有所选择、有所发挥。

2. 师生在人格上是平等的关系

（1）学生作为一个独立的社会个体，在人格上与教师是平等的。

学生虽然知之甚少，思想尚未成熟，但作为一个独立的社会个体，在人格上与教师是平等的。从封建社会的师生关系来看，教师之于学生，有无可辩驳的权威性，学生服从教师是天经地义的，所谓“师严乃道尊”。这种不平等的师生观，对今天仍有影响。不彻底消除这种影响，不充分认识到学生独立的社会地位和法律地位，就不可能建立社会主义的新型师生关系。

（2）教师和学生是一种朋友式的友好帮助关系。

传统的师生关系是一种单通道的授受关系，在管理上是“我讲你听”的专制型关系，其必然结果是学生的被动和消极，导致师生关系的紧张。19世纪末以后，出现了以儿童为中心的师生关系模式，它强调儿童的主体地位，强调儿童的积极性和创造性，这明显改善了传统的师生对立状态，但在管理上出现了放任主义的倾向，这对学生活动的积极性和良好师生关系的形成同样是不利的。所以，建立在有利于学生发展基础上的民主的师生关系，是一种朋友式的友好帮助关系。在这种关系下，师生关系和谐，学习效率高。

3. 师生在社会道德上是互相促进的关系

从社会学的角度看，师生关系在更深刻的意义上是人和人的关系，是师生间思想交流、情感沟通、人格碰撞的社会互动关系。教师对学生的影响不仅仅是知识上、智力上的，更是思想上、人格上的影响。

教师对成长中的儿童和青少年有着巨大的潜移默化的影响。但这种精神上、道德上的影响并不是靠说教就能产生的。精神需要精神的感染，道德需要道德的教化。一位教育工作者的真正威信在于他的人格力量，它会对学生产生终身影响。同样，学生不仅对教师的知识水平、教学水平做出反应，对教师的道德水平、精神风貌更会做出反应，并用各种形式表达他们的评价和态度。所以说，在社会道德上，教师和学生是相互影响、相互促进的。

（二）构建新型的师生关系的途径与方法

1. 变“单向型”为“双向型”

应试教育中的师生关系是“单向型”的。所谓“单向型”，是指在教育过程中，教师担任文化知识的传递者和社会道德伦理的传播者角色。

新型师生关系是“双向型”的。教师要有向学生学习的勇气。同时，向学生学习的过程，就是发掘学生优点的过程，是进行情感交流的途径。

2. 变“功利性”为“合作型”

应试教育本身就带有鲜明的功利性，服务于它的师生关系也必然带有这种特点。师生围绕升学率的指挥棒转，而提高升学率所付出的代价是丢失了学生道德、情感的教育。更为严重的是，“有偿家教”“集资赞助”等现象越来越普遍，不仅严重损害了教育者的形象，也给师生关系带来了不良影响。

互动的师生关系在师生关系中处于较高的层次、境界。合作是现代人际交往的重要内容。因此，师生合作也给予了学生自我完善的动力，促使学生自我塑造，逐步形成各种社会交往中应有的品质。在教育实践中，教师要善于精心培养班级团结合作的精神。教师制定目标，而不是包办代替，要充分发扬课堂民主，师生共同参与完成。

3. 变“间离型”为“和谐型”

“间离型”是功利性师生关系所产生的必然结果。此外，教师有不可推卸的责任，忽视学生思想、道德教育，缺少交心谈心，“话语”单调使师生关系日益生疏，愈发陌生。

新型师生关系认为，教育是在师生互动的基础上，教师对学生全面施加影响的过程。和谐的师生关系就是要求师生之间形成和谐的互动，即师生共同参与教育。因为只有当教育的教学指向与学生的学习动机趋于一致时，才能达到最经济、快捷的教育效果。同时要求师生互相适应，达成默契，相互补充。

4. 变“主仆型”为“平等型”

学生不是一张没有思想的白纸，也不是一个盛水的空容器，更不是复印机和传声器。他是人，是发展的人。每个学生都有着自己独特的内心世界、精神生活和内在感受，有着不同于成人的观察、思考和解决问题的方式。

传统的师生人际关系否认学生的主体性，忽视了学生的主观能动性，强调外部环境和力量对学生的作用与影响，把学生当成接受知识的被动载体。这样的师生关系和学生观不利于发展学生的创造性和个性，更不利于学生良好人格的形成，阻碍了教育教学的发展。

在新课改背景下，教师应由教学中的主教转向“平等中的首席”，从传统的知识传授者转向现代的学生发展的促进者。交往论承认教师与学生都是教学过程的主体，都是具有独立人格价值的人，两者在人格上完全平等，即师生之间只有价值的平等，而没有高低、强弱之分。师生关系是一种平等、理解、双向的人与人的关系，这种关系得以建立和表征的最基本形式和途径便是交往，离开了交往，师生关系就只是外在的，而不能成为教育力量的真正源泉，甚至反倒成了教育的阻力。

例题精讲

单选题

1. 教师在学生内心中只有权力、没有威信，属于哪种类型的师生关系？（　　）

A. 高压型　　B. 放任型　　C. 智慧型　　D. 民主型

【答案】A

【解析】从题干的表述中就可以判断出答案。

2. “学然后知不足，教然后知困”体现了（　　）的新型师生关系。

A. 尊师爱生　　B. 民主平等　　C. 教学相长　　D. 心理相容

【答案】C

【解析】这句话的意思是在教学过程中，教师的教促进学生的学，学生的学促进教师的教，教与学是相互促进的。

【命题分析】此考点在考试中出现的频率很高，牢固记忆即可。另外，师生关系的类型、新型师生关系的内容等也是考查的重点。

考点详解

一、教师的职业素养

教师的职业素养是由教师的社会角色、地位及其职能等决定的。具体

考点5：

幼儿教师的专业发展

内容提要：幼儿教师的专业发展是教师观中的重要内容，对于今后教师的专业化成长有指导作用。教师专业发展的阶段理论是必须掌握的知识点。幼儿园教师专业标准的要求是选择题的重要命题点。

来说，教师职业素质的基本结构主要由以下三部分组成：

（一）道德素质

教师职业道德是指教师在其职业生活中所应遵守的基本行为规范以及在此基础上所表现出来的观念意识和行为品质。教师职业道德主要包括：爱国守法、爱岗敬业、关爱学生、教书育人、为人师表、终身学习。

（二）知识素质

教师担负着全面培养学生的任务，这就要求教师必须具备多方面的综合知识。

首先，教师必须具有扎实的业务知识。教师应精通所教学科的专业知识，了解它的历史、现状、发展趋势及与相邻学科的关系，真正做到融会贯通。教师要精通业务知识，透彻地理解教材，灵活地处理教材，准确地讲授教材，引导学生更好地掌握知识和技能。

其次，教师必须掌握教育科学理论和教育教学艺术。教师应该更多地学习教育学、心理学、教育史、教材教法等教育科学理论知识，掌握教育理论，懂得教育规律，具备强烈的教育意识和各种教育教学技能。

最后，教师要掌握教育管理方面的知识。教师管理工作水平的高低，直接关系着教育质量的高低。严密而有组织的教育秩序，更有利于教育工作的开展。同时，学生的思想品德教育，少先队、共青团工作，班主任工作以及课外活动等，都需要现代的管理理论作指导，从而使教育活动得以正常的开展。

（三）能力素质

第一，教师应具备良好的教学能力和讲课能力，掌握教学的基本功，如教师应具备分析、处理教材的能力，选择和运用教育教学原则和方法的能力；

第二，教师应具有良好的组织管理的能力，包括课堂教学的组织能力，管理学生、班集体的能力，从集体中选拔学生干部的能力等；

第三，作为教师，良好的书面语言表达能力和非语言表达能力是必不可少的，这在教育教学中起着不可忽视的作用；

第四，教师的教育科研能力已成为现代教师能力的一项基本内容。教师要善于对自己的教育实践和周围发生的教育现象进行反思，从中发现问题并进行研究，找出教育的规律性，使自己成为“教育研究者”。

二、幼儿园教师的专业发展

（一）教师专业发展的概念

在谈到教师专业发展时，有两个概念常常被交替使用：一个是“教师专业化”，另一个是“教师专业发展”。从广义上说，这两个概念是相通的，它们都指加强教师专业性的过程。如果从狭义上看，这两个概念又是有一定区别的。“教师专业化”更多是从社会学的角度加以考虑，主要强调教师群体的、外在的专业性提升；“教师专业发展”更多是从教育学的维度加以界定，主要是指教师个体的、内在的专业化提高。本书主要从广义上分析，旨在说明教师的专业发展。

教师的专业发展是指教师作为专业人员，在专业思想、专业知识、专业能力等方面不断发展和完善的过程，即从新手型教师到专家型教师成长的过程。

（二）教师成长的三阶段理论

福勒和布朗根据教师的需要和不同时期所关注的焦点问题，把教师的成长划分为关注生存、关注情境和关注学生三个阶段。

1. 关注生存阶段

处于这一阶段的一般是新教师，他们非常关注自己的生存适应性，最担心的问题是："学生喜欢我吗?""同事们如何看我?""领导是否觉得我干得不错?"等，因而，有些新教师可能会把大量的时间都花在如何与学生搞好个人关系上；有些新教师则可能想方设法地控制学生。因为教师都想成为一个良好的课堂管理者。

2. 关注情境阶段

当教师感到自己完全能够适应的时候，便把关注的焦点投向提高学生的成绩上，即进入了关注情境阶段。此阶段教师关心的是如何教好每一堂课，一般总是关心诸如班级规模的大小、时间的压力和备课材料是否充分等与教学情境有关的问题。传统教学评价也集中关注这一阶段，一般来说，老教师比新教师更关注此阶段。

3. 关注学生阶段

当教师顺利地适应了前两个阶段后，成长的下一个目标便是关注学生。教师将考虑学生的个别差异，认识到不同发展水平的学生有不同的需要，某些教学材料和方式不一定适合所有学生。能否自觉关注学生是衡量一个教师是否成长成熟的重要标志之一。

（三）叶澜"自我更新"取向教师专业发展阶段

1. "非关注"阶段

这是进入正式教师教育之前的阶段。这一阶段的经验对今后教师专业发展的影响不可忽视。在这一阶段所形成的"前科学"的教育教学知识、观念甚至迁延到教师的正式执教阶段。

2. "虚拟关注"阶段

该阶段一般是职前接受教师教育阶段（包括实习期）。该阶段专业发展主体的身份是学生，至多只是"准教师"。这使得他们所接触的实际教师生活带有某种虚拟性，他们会在虚拟的教学环境中获得某些经验，对教育理论及教师技能进行学习和训练，有了对自我专业发展反思的萌芽，从而为正式进入任职阶段打下良好的基础。

3. "生存关注"阶段

这一阶段是教师专业发展的一个关键阶段，他们不仅面临着由教育专业的学生向正式教师角色的转换，也存在所学理论知识和具体教学实践的"磨合期"，其间需要教师在教学实践过程中对理论、实践及其关系进行反思，以克服对于教学实践的不适应。新任教师一般处于这一阶段。

4. "任务关注"阶段

在度过了初任期之后，决定留任的教师逐渐步入"任务关注"阶段。这是教师专业结构诸方面稳定、持续发展的时期。随着基本"生存"知识、技能的掌握，教师自信心日益增强，由关注自我的生存到更多地关注教学，由关注"我能行吗"转到关注"我怎样才能行"上来。

5. "自我更新关注"阶段

处于该阶段的教师，其专业发展的动力转移到了专业发展自身，而不再受外部评价或职业升迁的牵制，直接以专业发展为指向。同时教师已经可以自觉依照教师发展的一般路线和自己目前的发展条件，有意识地自我规划，以谋求最大限度的自我发展。

（四）幼儿教师专业化发展的途径和策略

1. 终身学习——教师专业发展的前提保证

知识迅猛更新客观上要求教师学会学习，养成学习的习惯，教师必须不断更新自己的知识结构，使自己的课堂常教常新；要树立较强的教育科研意识，认真学习和掌握教育研究的基本方法和相关的理论知识，自觉地在研究中应用；还要在教书育人的实践中学习，学习，再学习。要做教学实践中的"有心人"，在实践中不断地探究，积极探索，锲而不舍，勇于革故鼎新。

2. 行动研究——教师专业发展的基本途径

行动研究的起点和对象是教学实践中出现的问题，通过制订计划、系统地收集资料、分析问题、提出改进方案、付诸实施、检验和反省成果等环节，把学习与培训、学习与行动结合起来。研究的成果直接用于学校教学实践的改进和教师教学实践能力的提高，并以研究成果为依据，进行教育改革，提升教学质量。实现教师学习培训和教学过程的统一，可促进教师专业发展。近年来，行动研究已经成为教师专业成长、课程改革的重要手段之一。

3. 教学反思——教师专业发展的必经之路

教学反思是指教师以自己的教育教学实践活动为认知对象，有意识地对教育教学活动过程中的教育理念、教育思维方式和教育行为方式进行批判性的分析和再认知，从而实现自身专业发展的过程。

波斯纳提出教师成长的公式：经验＋反思＝成长。如果没有反思，教师的教学就会是一种重复单调的工作，教师像工人，学生像千篇一律生产出来的毫无创新的产品。所以创新型的教师就要主动反思、勤于反思，并在反思的过程中发现自己的长处，修正自己的不足，进而扬长避短，持续提高自身的教学效能。

布鲁巴奇提出了教学反思的四种方法：(1) 反思日记。教师在一天的教学活动结束之后写下自己的经验，与指导教师共同分析。(2) 详细描述。教师相互观摩彼此的教学，详细描述所看到的情景，并对此进行讨论分析。(3) 交流讨论。来自不同学校的教师就课堂上发生的问题进行讨论，提出解决方案，并为所有教师所共享。(4) 行动研究。教师及研究者为弄清课堂上出现的问题实质，探索更先进的教学方案，采取调查和实验研究的方法，直接着眼于教学实践的改革。

在教学实践当中，根据反思的源起，我们可以将反思策略分为两大类：内省反思法和交流反思法。

(1) 内省反思法。

内省反思法是指教师主动地对自己的教学实践进行反思的方法。根据反思对象及反思载体的不同，内省反思法又可分为以下几种具体的方法：

1) 反思总结法。反思总结法主要是指通过自己记忆，对自己的教学实践予以总结、反思的方法，从而进一步使教学实践中的“灵感”内化，也得以考虑教学实践中出现的问题。

2) 录像反思法。录像反思法是通过录像再现自己的教学实践，教师以旁观者的身份反思自己的教学过程的方法。这种方法最大的优点就是能客观地对自己的教学过程进行评价，这样能更好地强化自己已有的经验，改正和弥补自己的不足。

3) 档案袋反思法。档案袋反思法则是以专题的形式为反思线索对教学实践进行反思，包括课堂提高的形式是否多样，课堂提问的内容是否为课堂的重点、难点，对某学生的提问的形式、难度是否符合该学生的实际能力，等等。

(2) 交流反思法。

交流反思法可以就某一问题与其他教师进行交流，也可以在听完某教师的一堂课以后，针对这堂课进行交流。这样可以反观自己的意识与行为，加深对自己的了解，并了解其他与自己不同的观念，进而取他人之长，补己之短。

4. 同伴互助——教师专业发展的有效方法

新的课程计划的颁布，新教材的推行，新的课程理念的逐渐渗透，不同学科的相互融合，以及与现代信息技术的整合等，这些都要求教师彼此合作，共同提高，如磨课、沙龙和展示等形式。

5. 专业引领——教师专业发展的重要条件

在学习化的社会里，人人需要终身学习。教师为了提高自己的专业素养，往往会向周围的同事、学生、家长学习，向书本、实践学习。但是，一般情况下，校内同层级教师的横向支援，明显缺少了纵向的引领，尤其是在当今我国课程发展大变动的时期，先进的理念如若没有以课程内容为

载体的具体指引与对话，没有研究者与骨干教师等高一层次人员的协助与带领，同事之间的横向互助常常会自囿于同水平反复。因此，教师还必须向专业人士和成功人士学习，不断接受先进理论、技术、方法和经验的专业引领。提倡校本教研与大学牵手，各级中小学教研部门、教师进修院校和教育科研机构专业研究人员与中小学教师共同研究，建立起平等交流、共同成长、互补互益的伙伴关系，人人平等，能者为师。

6. 课题研究——教师专业发展的有效载体

课题是某一领域里具有普遍意义的，有明确而集中的研究范围、研究目的和研究任务的研究项目，它有效整合了教师专业成长的基本途径，是教师专业成长的有效载体，能促进教师自主成长，提升教师的自我更新能力和可持续发展能力，最终使学生获益。

课题研究能够有效促进教师专业理论水平的提升、专业知识的拓展、专业能力的提高以及自我形象的形成。

单项选择题

1. 吃午饭时，孩子们吵吵嚷嚷，不好好吃饭，李老师说："咦，教室里怎么飞来这么多小蜜蜂，嗡嗡的好吵呀！快把它们请出去，别打扰我们吃饭。"孩子们听后便安静地吃饭了。李老师的语言具有（　　）。

A. 教学性　　B. 趣味性　　C. 鼓励性　　D. 示范性

【答案】B

【解析】教师的言语体现了趣味性。在教学活动中，教师必须使各个环节充满趣味，以引起幼儿浓厚的学习兴趣，激发幼儿的积极性和求知欲。

2. 华华在活动室不小心把膝盖摔破皮，华华妈妈投诉带班的范老师，第二天园方批评了范老师，范老师憋了一肚子火，回班里训斥孩子们："还不给我坐好！莫名其妙！"范老师的行为（　　）。

A. 合理，表明她不掩饰自己的情绪　　B. 合理，表明她善于转移负面情绪

C. 不合理，表明她缺乏心理调适能力　　D. 不合理，表明她缺乏教学组织能力

【答案】C

【解析】教师的心理调适能力是指教师在工作中应具备冷静思考、泰然处之的自我控制、自我调节的能力，这既有利于自身的发展，也有利于幼儿的身心健康。题干中的范老师的表现，说明其缺乏心理调适能力。故选C。

3. 张老师在幼儿园对小朋友态度亲和，耐心细致，她的工作获得了领导和家长的一致好评，小朋友也喜欢她，可是一回到家里，张老师就只想安静休息，不让家人开电视，稍不如意就会和家人吵架，常常弄得心力交瘁。下列说法正确的是（　　）。

A. 张老师缺乏心理调适能力　　B. 张老师家人缺乏体谅之心

C. 张老师的情绪反应很正常　　D. 张老师善于转移负面情绪

【答案】A

【解析】作为一名合格的人民教师，不仅要求有高超的教学能力，同时也应该拥有良好的心理素质，能够有效调节自我、评价自我。

4. 李老师为了赢得学生的喜爱，把大量时间花在如何与学生搞好关系上，从教师专业成长的角度来看，李老师的做法表明他着重关注的是（　　）。

A. 教学情境　　B. 职业生存　　C. 学生发展　　D. 教学设计

【答案】B

【解析】教学情境是指教师在教学过程中创设的情感氛围。教学设计是根据教学对象和教学目标，确定合适的教学起点与终点，将教学诸要素有序、优化地安排，形成教学方案的过程。职业生存是指关心在工作中的适应性以及职业关系。教师关注与学生的关系是职业生存的表现。故选B。

材料分析题

【真题】小二班有个叫涛涛的孩子，因为有全家人的宠爱，自己的东西从来不让别人碰，还很任性。一天，幼儿园开展区域游戏活动，涛涛想去搭积木，可是建构区里已经挤了很多孩子，涛涛不管那么多，拼命往里挤，边挤边推正在搭积木的幼儿，嘴里还嚷嚷："你们让开，我先玩。"看见没有人让自己，他一屁股坐在地上大哭起来。这个过程被李老师看在眼里，李老师走过去将涛涛扶起来，说："涛涛，你继续哭的话，那么多好玩的玩具你都玩不到的，不如我们先到别的地方玩，等一会儿再回来搭积木。"涛涛止住了哭声，点了点头，跟李老师走到另一个活动区玩起了拼图，一会儿就拼出了一朵小花来，涛涛开心地笑了。李老师趁机说："我们能不能邀请其他小朋友一起来拼出更有趣的图案呢?"涛涛点点头，高兴地跑去找小朋友了。之后，李老师有意引导涛涛和其他小朋友玩游戏，慢慢地，涛涛不再只顾自己的感受，也能与同伴分享玩具。

问题：结合材料，从教师职业道德的角度，评析李老师的教育行为。

【参考答案】

李老师的行为符合教师职业道德的相关要求，值得我们学习。

（1）李老师的行为符合教师职业道德教书育人的要求。

教书育人要求教师对学生循循善诱，培养学生良好品行，促进学生全面发展。材料中李老师对涛涛的行为，并不是简单粗暴地加以制止，而是认真引导并教育其学会和其他小朋友分享，促进了幼儿身心的全面健康发展。

（2）李老师的行为符合教师职业道德关爱学生的要求。

关爱学生要求教师关心爱护全体学生，尊重学生人格，平等公正对待学生。题干中李老师面对涛涛的"自我为中心"和任性，注意引导涛涛先去拼图，再玩积木，并在拼图的过程中引导涛涛学会分享自己的成果，主动和其他小朋友学会合作。李老师的这种行为体现了对所有幼儿的关心和爱护，是幼儿真正的良师益友。

（3）李老师的行为符合教师职业道德教书育人的要求。

教书育人要求教师遵循教育规律，实施素质教育。材料中李老师面对涛涛的行为，没有强制改变其不良的习惯，而是遵循幼儿心理发展的规律，逐步引导。

总之，李老师的行为真正实现了为了每一个孩子的发展的目标，是我们学习的榜样。

模块二
教育法律法规

模块分析

考纲呈现

1. 有关教育的法律法规

了解国家主要的教育法律法规，如《中华人民共和国教育法》《中华人民共和国义务教育法》《中华人民共和国教师法》《中华人民共和国未成年人保护法》《幼儿园工作规程》等。

了解《国家中长期教育改革和发展规划纲要（2010—2020年）》的相关内容。

了解联合国《儿童权利公约》的相关内容。

2. 教师的权利和义务

熟悉教师的权利和义务，熟悉国家有关教育法律法规所规范的教师教育行为，依法从教。

依据国家教育法律法规，分析评价幼儿教学实践中的实际问题。

3. 幼儿保护

熟悉幼儿权利保护的相关教育法规，保护幼儿的合法权利。

依据国家教育法律法规，分析评价幼儿教育工作中幼儿权利保护等实际问题。

备考策略

本模块主要考查法律常识及教育相关的法律法规，该部分在考试卷面中只以单项选择题的形式出现，考查幼儿的权利、教师的权利，以及对重点法律法规条文的理解等。通常情况下这部分单选题的类型，一为对单纯法条内容的考查，二为给出一实际案例，要求结合所学法条内容回答问题，故各位考生在复习时应抓住与教师、幼儿相关的法律法规条款内容，结合实际生活进行理解记忆，切不可只是机械背诵法条。

知识逻辑思维导图

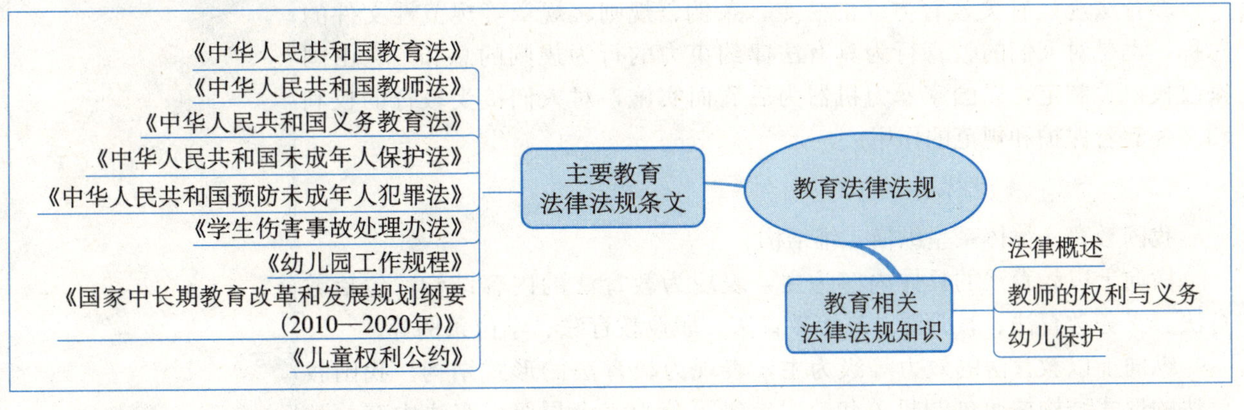

第一章

教育相关法律法规知识

考点详解

一、教育法律

法律是国家的产物，是指统治阶级（统治集团，也就是政党，包括国王、君主）为了实现统治并管理国家的目的，经过一定立法程序，所颁布的基本法律和普通法律。法律是统治阶级意志的体现，是国家的统治工具。即由享有立法权的立法机关，依照法定程序制定、修改并颁布，并由国家强制力保证实施的基本法律和普通法律的总称，包括基本法律、普通法律。

教育法律属于国家整个法律体系的一部分，有广义和狭义之分。广义的教育法律是指国家权力机关依照法定的权限和程序制定或认可的，以国家强制力保证实施的教育行为规范体系及其实施所形成的教育法律关系和教育法律秩序的总和。狭义的教育法专指由国家权力机关制定的教育法律。

教育法的本质属性：是由国家制定或认可、以国家强制力保障实施的教育行为规范。

考点1：法律概述

内容提要：法律，是国家的产物，是指统治阶级为了实现统治并管理国家的目的，经过一定立法程序，所颁布的基本法律和普通法律。法律是统治阶级意志的体现，是国家的统治工具。

二、教育法规

（一）教育法规的概念

教育法规是有关教育方面的法令、条例、规则、规章等规范性文件的总称，也是对人们的教育行为具有法律约束力的行为规则的总和。它由国家政权机关制定，以国家暴力机器为后盾而实施，对人们接受教育的权利和义务起着保护和规范的作用。

（二）教育法规体系

我国教育法律体系呈纵横二维结构。

横向上以教育法的具体内容为主，表现为教育法的内容结构，包括教育法、义务教育法、教师法、高等教育法、职业教育法、学位条例等。

纵向上以教育法的效力等级为主，表现为教育法的形式结构。我国教育法的形式结构按照创制机关和效力等级可分为六个层级：宪法中有关教育的条款、教育基本法律（即《教育法》）、教育单行法律、教育行政法规、地方性教育法规、教育规章和地方政府教育规章。具体如下。

1. 宪法中有关教育的条款

宪法是一个国家的根本大法，适用于国家全体公民，是特定社会政治经济和思想文化条件综合作用的产物，集中反映各种政治力量的实际对比

关系，确认革命胜利成果和现实的民主政治，规定国家的根本任务和根本制度，即社会制度、国家制度的原则和国家政权的组织以及公民的基本权利义务等内容。教育内容属于宪法中的一部分，宪法中有部分条款涉及教育内容。

2. 教育基本法律

教育基本法律是由全国人民代表大会制定和发布的，通常规定和调整某一方面带根本性、普遍性的法律。基本法的立法主体是国家最高权力机关，即全国人民代表大会。

3. 教育单行法律

单行法律是由全国人民代表大会常务委员会制定和发布的，通常规定和调整的对象较窄、内容较具体。其立法主体是国家最高权力机关常设机构，即全国人民代表大会常务委员会。单行法是和一般法相对应的称谓。一般法规定的是比较综合的法律问题，而单行法是对一般法中规定的某个特别法律事项进行的特别规定。

4. 教育行政法规

教育法规是有关教育方面的法令、条例、规则、规章等规范性文件的总称，也是对人们的教育行为具有法律约束力的行为规则的总和，由国家政权机关制定，以国家暴力机器为后盾而实施，并且对人们的教育权利和义务起到保护和规范的作用。行政法规是指由国家行政机关制定和发布的规范性文件，其立法主体是国家最高行政机关，即国务院。

5. 地方性教育法规

地方性法规，即由地方立法机关制定或认可，其效力不能及于全国，而只能在地方区域内发生法律效力的规范性法律文件，通常有条例、办法、规定、规则、实施细则等。地方性法规只在本行政区域内有效，他区无效。

6. 教育规章和地方政府教育规章

教育规章和政府教育规章指针对国家有关教育的法律、行政法规的实施问题制定相应的实施办法、条例和细则等规范性文件，以保证有关法律、法规的实施。其立法主体是国务院所属的部、委、局和省、自治区、直辖市以及省、自治区的人民政府所在地和经国务院批准的较大的市的人民政府。

（三）教育法规的制定与执行

1. 教育法规的制定

教育法规的制定是指由特定的立法主体按照一定的立法权限和程序所从事的制定教育法的活动。

立法的程序一般分为四个阶段：第一阶段，法律议案的提出；第二阶段，法律草案的审议；第三阶段，法律的表决和通过；第四阶段，法律的公布。

2. 教育法规的执行

（1）教育法规的效力。

1）时间效力。教育法规的时间效力主要是指教育法规何时生效、何时失效、有无溯及既往的效力问题。法律不溯及既往已经成为公认的法治原则，教育法规仅适用于法规公布以后社会生活中发生的事实，对于法规公布以前发生的事实不能适用。

2）地域效力。教育法规的地域效力是指教育法规适用的地域范围。

3）人的效力。教育法规的人的效力是指教育法规对什么人有约束力。

（2）教育法规执行的原则。

1）国家教育法规优先于地方教育法规的原则。

2）总的教育法规优先于单项教育法规的原则。

3）后定教育法规优先于先定教育法规的原则。

4）特别教育法规优先于一般教育法规的原则。

3. 教育法规的遵守

（1）教育法规的遵守主体。

“一切国家机关和武装力量、各政党和各社会团体、各企业事业组织都必须遵守宪法和法律。”守法的主体包括两个方面：一是一切国家机关、武装力量，所有政党，所有社会团体，所有企业事业组织；二是所有公民，即一切社会关系的参加者。

（2）教育法规的遵守内容。

教育守法，这里的“法”是泛指宪法、各部门法和组成各部门法的法律、条例、规定、规则、实施细则等，而不是狭义的法律。

4. 教育法规的监督

目前我国的教育法规主要由以下四个主体进行监督：国家权力机关的监督、国家行政机关的监督、国家司法机关的监督、社会力量的监督。

三、教育政策

教育政策是一个政党和国家为实现一定历史时期的教育发展目标和任务，依据党和国家在一定历史时期的基本任务、基本方针而制定的关于教育的行动准则。其表现形式有决议、决定、纲领、路线、通知、报告、声明、号召、口号等政策性文件，或者党报、党刊、社论等。其中，教育路线是核心教育政策。

四、教育政策与教育法规的关系

教育政策与教育法规之间既有联系又有区别。

（1）教育政策是一个政党和国家为实现一定历史时期的教育发展目标和任务，依据党和国家在一定历史时期的基本任务、基本方针而制定的关于教育的行动准则。

（2）教育法规是有关教育方面的法令、条例、规则、规章等规范性文件的总称，也是对人们的教育行为具有法律约束力的行为规则的总和。

（3）教育法律、法规往往是把行之有效的教育政策规范化。

五、教育法律关系

教育法律关系是指教育法律关系主体之间的权利义务关系。其构成要素有三：一是主体，即教育法律关系的参加者；二是客体，即教育法律关系主体权利和义务所指向的对象；三是内容，即法律上的权利和义务。我国的基本教育法律关系主要包括：学校与政府的关系，学校与社会的关系，学校与教师、学生的关系。

（一）教育权利

权利一般是指法律赋予人实现其利益的一种力量。教育法律关系中的“权利”，指教育法律所允许的行为，也是在教育法律关系中法律对主体作为与不作为的允许。

（二）教育义务

义务是法律关系的内容，指法律规定的对法律关系主体必须作出一定行为或不得作出一定行为的约束。教育法律关系中的“义务”，是指教育法律对权利主体所约束的行为。不履行义务将受法律的追究，接受法律的制裁。

六、教育法律规范

教育法律规范是指通过国家的立法机关制定或者认可，用以指导、约束人们教育行为的规范。

法律规范的三要素一般指假定条件、行为模式、法律后果。

七、教育法律责任

（一）教育法律责任的概念

教育法律责任是指行为人违反教育法律规范的行为所引起的，应当由其依法承担的惩罚性的法律后果。由于行为人违反教育法律规范的程度不同，其所应该承担的教育法律责任也会有程度上、性质上的区别。

（二）教育法律责任的类型

教育法律责任分行政法律责任、民事法律责任、刑事法律责任三种。

1. 行政法律责任

行政法律责任是指行政主体和行政人因违反行政法规范而依法必须承担的法律责任，它主要是行政违法行为引起的法律后果。行政法律责任的种类分两种：（1）制裁性责任，包括通报批评，没收、追缴或责令退赔违法所得，行政处分；（2）补救性责任，包括赔礼道歉、恢复名誉、返还权益、履行职责、撤销违法决定、行政赔偿。依据我国教育法律、法规的相关规定，承担违法教育法的行政法律责任的方式主要有两类：行政处分和行政处罚。

2. 民事法律责任

民事法律责任是指违反民事法律规范，无正当理由不履行民事义务或因侵害他人合法权益所应承担的法律责任。教育法规定的民事法律责任是教育法律关系主体因违反教育法律、法规，破坏平等主体之间的财产关系或人身关系，依照法律规定应当承担的民事法律责任，是一种以财产为主要内容的责任。

3. 刑事法律责任

刑事法律责任是依据国家刑事法律规定，对犯罪分子依照刑事法律的规定追究的法律责任。

八、教育法律救济

（一）教育法律救济的内涵

教育法律救济是指教育行政相对人的合法权益受到侵害并造成损害时，通过裁决纠纷，纠正、制止或矫正侵权行为，使受害者的权利得以恢复、利益得到补救的法律制度。

（二）教育法律救济的途径

1. 诉讼渠道

诉讼渠道（司法救济）是指相对人就特定的侵权行为向人民法院提起诉讼，请求救济，人民法院依法对纠纷作出公正裁决，为相对人提供救济。

2. 非诉讼渠道

非诉讼渠道是指受害人或者其他有关人员暂不需要经过诉讼程序而请求国家有关行政机关或其他有关单位处理、解决纠纷，保护自身合法权益的方式。它具有高效性、灵活性和多样性。非诉讼渠道包括行政救济和其他救济等。

九、教育申诉制度

（一）教育申诉的含义

教育申诉指作为教育法律关系主体的公民，在其合法权益受到损害时，向国家机关申诉理由、请求处理的制度。

（二）教师申诉制度

1. 教师申诉制度概述

教师申诉制度指教师在其合法权益受到侵害时，依法向主管的行政机关申诉理由，请求处理

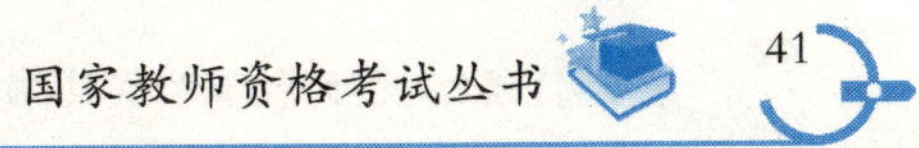

的制度。我国《教师法》第三十九条明确规定："教师对学校或者其他教育机构侵犯其合法权益的，或者对学校或者其他教育机构作出的处理不服的，可以向教育行政部门提出申诉，教育行政部门应当在接到申诉的三十日内，作出处理。""教师认为当地人民政府有关行政部门侵犯其根据本法规定享有的权利的，可以向同级人民政府或者上一级人民政府有关部门提出申诉；同级人民政府或者上一级人民政府有关部门应当作出处理。"从而确定了维护我国教师合法权益的行政救济制度。

2. 申诉参加人

教师申诉制度中的申诉参加人是指参加教师申诉和处理活动的申诉人、被申诉人和受理机关等。

申诉人是认为其权益受到侵害、有权依据《教师法》提出申诉的教师本人。

被申诉人是指教师认为侵害其合法权益的学校或其他教育机构以及当地人民政府有关行政部门。如果是两个或两个以上的行政机关、学校、其他教育机构以共同名义作出的具体行政行为或处理决定，那么共同作出具体行政行为或处理决定的行政机关、学校、其他教育机构为共同被申诉人。

受理机关是指根据法律规定有权受理教师申诉的有关行政部门。

3. 教师申诉的范围

教师申诉的范围是指教师在哪些情况下可以提起申诉。我国《教师法》对此作了明确规定：

(1) 教师认为学校或者其他教育机构侵犯其合法权益的，可以提出申诉。

(2) 教师对学校或者其他教育机构作出的处理不服的，可以提出申诉。至于学校或者其他教育机构的处理决定是否侵犯了教师的合法权益，需要通过申诉后的查办予以确认。

(3) 教师认为当地人民政府有关行政部门侵犯其根据《教师法》规定享有的权利的，可以提出申诉。

4. 教师申诉的程序

(1) 教师提出申诉必须符合下列条件：

1) 符合法定申诉范围。

2) 有明确的理由和请求。

3) 以法定形式提出。

(2) 申诉的受理。

(3) 申诉的处理。受理机关对于受理的申诉案件，在进行调查研究、全面核查的基础上，应区别不同情况，作出如下处理决定：

1) 学校或者其他教育机构的管理行为符合法定权限和程序，适用法律法规正确，事实清楚，则维持原处理结果。

2) 管理行为有形式上和程序上不足的，可以责成被申诉人改正。

3) 被申诉人不履行法律、法规职责的，可责令其限期改正。

4) 管理行为的一部分适用法律、法规错误，处理不当或越权的，可以变更原处理结果。

5) 管理行为违反法律法规，越权或滥用职权，处理明显不当的，可以撤销原处理决定，或责成被申诉人重新处理。

6) 学校或者其他教育机构的管理行为所依据的内部规章制度与法律法规及其他规范性文件相抵触的，可以决定撤销其内部管理规定或者责成学校或者其他教育机构对其内部管理规定进行修改。

（三）学生申诉制度

1. 学生申诉制度概述

学生申诉制度也称受教育者申诉制度，是指受教育者在其合法权益受到侵害时，依法向主管的

行政机关申诉理由，请求处理的制度。根据我国《教育法》第四十三条的规定，受教育者对学校给予的处分不服，有权提出申诉；对学校、教师侵犯其人身权、财产权等合法权益的，有权提出申诉或者依法提起诉讼。这既是《教育法》赋予受教育者维护自身合法权益的一项民主权利，又是为维护受教育者合法权益确立的非诉讼的法律救济制度。

2. 学生申诉的范围

（1）对学校给予的处分不服的。

（2）对学校或教师侵犯其人身权的。如学生对学校因管理不当侵犯其名誉权的行为，就有权提出申诉。

（3）对学校或教师侵犯其财产权的。如学生对学校违反规定向其乱收费的行为，有权提出申诉。

（4）对学校或教师侵犯其知识产权的。如学生对学校或教师侵犯自己的著作权、发明权或者科技成果权的行为，有权提出申诉。

3. 学生申诉制度的参加人

（1）申诉人。学生申诉制度的申诉人，主要包括其合法权益受到侵害的学生本人及其监护人。

（2）被申诉人。学生申诉制度中的被申诉人一般包括学生所在的学校或者其他教育机构、教师及学校工作人员。

（3）受理机关。

4. 学生申诉的程序

（1）申诉的提出。学生应以书面形式提出申诉申请。

（2）受理。

（3）处理。受理机构应通过审查、调查、直接听取双方当事人意见和理由等方式，在规定的时间内作出处理决定。

十、教育行政复议

（一）教育行政复议概述

1. 教育行政复议的概念

教育行政复议是指教育管理相对人认为教育行政机关作出的具体行政行为侵犯其合法权益，依法向上一级教育行政机关或法律、法规规定的其他行政机关提出申诉，受理申诉的行政机关对该具体行政行为进行复查并作出裁决的活动和制度。

2. 教育行政复议的特征

（1）教育行政机关的具体行政行为的存在和争议是教育行政复议的前提。

（2）教育行政复议是以相对人提出复议申请开始的。

（3）教育行政复议机关对于相对人所不服的具体行政行为必须进行审查，并作出裁决。

（二）教育行政复议的范围与管辖

1. 教育行政复议的范围

根据我国《行政处罚法》和《行政复议法》的规定，教育管理相对人在下列情况下，可以提请教育行政复议：

（1）对教育行政处罚不服的。

（2）认为行政机关侵犯其合法经营自主权的。

（3）认为行政机关不作为的。

（4）对违法设定义务不服的。

（5）对行政机关作出的决定不服的。

（6）认为行政机关的其他具体行政行为侵犯其合法权益的。

2. 教育行政复议的管辖

教育行政复议的管辖，是指不同层级的教育行政机关之间受理行政复议案件的分工和权限，主要有以下几种情况：

（1）本级人民政府、上一级人民政府或上一级教育行政机关管辖。

（2）特定管辖。

（3）作出具体行政行为的原教育行政机关管辖。

（三）教育行政复议的程序

一般说来，教育行政复议的程序由以下几个环节组成：

1. 申请

教育行政复议的申请可以以书面形式提出，也可以口头申请。

2. 受理

复议机关在收到复议申请后，应当在 5 日内对申请人的资格和申请复议的条件认真加以审查，并对复议申请分别作出如下处理：

（1）复议申请符合申请条件的，应予以受理。

（2）复议申请不符合申请条件的，不予受理并书面告知申请人。

（3）对符合法律规定，但是不属于本机关受理的行政复议申请，应当告知申请人向有关行政复议机关提出。

3. 审理

行政复议原则上实行书面复议制度，但申请人提出要求或者复议机关认为必要时，可以向有关组织和人员调查情况，听取申请人、被申请人和第三人的意见。复议机关应当在受理之日起 7 日内将复议申请书副本或复议申请笔录复印件发送被申请人。被申请人在接到复议申请书或者复议申请笔录复印件之日起 10 日内，提出书面答复，并向复议机关提交作出具体行政行为的证据、依据和其他有关材料。

4. 决定

行政复议机关应当自受理申请之日起 60 日内作出行政复议决定，但法律另有规定的除外。

（1）具体行政行为认定事实清楚，证据确凿，适用依据正确，程序合法，内容适当的，决定维持。

（2）被申请人不履行法定职责的，责令其在一定期限内履行。

（3）具体行政行为有下列情形之一的，决定撤销、变更，并可以责令被申请人在一定期限内重新作出具体行政行为：1）主要事实不清、证据不足的；2）适用依据错误的；3）违反法定程序的；4）超越或者滥用职权的；5）具体行政行为明显不当的。

（4）被申请人不按照《行政复议法》的有关规定提出书面答复、提交当初作出具体行政行为的证据、依据和其他有关材料的，视为该具体行政行为没有证据、依据，决定撤销该具体行政行为。

（5）申请人在申请行政复议时可以一并提出行政赔偿请求，行政复议机关对符合国家赔偿法的有关规定，应当给予赔偿的，在决定撤销、变更具体行政行为或者确认具体行政行为违法时，应当同时决定由被申请人依法给予赔偿。

5. 执行

复议决定作出后，应当制作行政复议决定书，并加盖复议机关印章。复议决定书一经送达即发生法律效力。除法律规定终局的复议外，申请人对复议决定不服的，可以依法向人民法院提起行政诉讼。

十一、教育行政诉讼

教育行政诉讼是指教育行政管理相对人认为教育行政机关的具体行政行为侵犯其合法权益，依法向人民法院起诉，请求给予法律救济，并由人民法院对行政行为进行审查和裁判的诉讼形式。

十二、教育行政赔偿

教育行政赔偿，是指教育行政机关及其工作人员在执行职务过程中，侵犯了公民、法人或其他组织的合法权益并造成损害，依照法律规定，由国家承担损害赔偿责任的制度。

例题精讲

单选题

【真题】成人杨某对 7 岁的小明说：敢砸玻璃就是英雄。小明听后拿起石头砸破小刚家的玻璃。对小刚家的损失应承担责任的是（　　）。

A. 杨某与小明的监护人　　B. 小明的监护人

C. 小明　　D. 杨某

【答案】D

【解析】本题主要考查教育法律责任，根据最高人民法院《关于贯彻执行〈中华人民共和国民法通则〉若干问题的意见（试行）》第 148 条规定：教唆、帮助无民事行为能力人实施侵权行为的人，为侵权人，应当承担民事责任。

考点详解

考点 2：教师的权利与义务

内容提要：教师的权利是指教师在教育活动中享有的由教育法赋予的权利，是国家对教师在教育活动中可以做的或不可以做的一定行为的许可与保障；教师的义务，是指教师依照《教育法》《教师法》及其他有关法律法规，从事教育教学工作而必须履行的责任，表现为教师在教育教学活动中必须做出一定行为或不得做出一定行为。

一、教师的权利

教师的基本权利可以分为两个部分：一是教师作为公民所享有的各种权利，可称为教师的公民权利；二是身为教师所享有的权利，可称为教师的职业权利。这两部分权利既相互联系，又相互区别。教师作为公民享有的权利，有一部分体现在教师的公民行为中，也有一部分是教师职业所独有的，与其他公民的权利不同。按照我国《教师法》等相关法律法规的规定，我国教师享有教育教学权、学术研究权、指导评价权、报酬待遇权、参与管理权、进修培训权六项权利。

（一）教育教学权

教育教学权是教师为履行教育教学职责而必须具备的基本权利。《教师法》第七条第一款规定，教师有“进行教育教学活动，开展教育教学改革和实验”的权利，任何个人或部门都无权干涉。教育教学权有三方面的具体含义：

（1）教师教育教学活动不可剥夺，教师是进行教育教学的专业人员，有权按照学校的安排进行教育教学活动，非因法律的规定或教师客观的原因不能剥夺教师的教育教学权。

（2）教师可以根据国家、学校制定的课程计划、教学大纲和教材，根据学校、教师和学生的特点自主组织教育教学活动，这一权限必须在国家、社会、学校许可的范围内，不得违反法律、法规、规章制度和教育的基本规律。

（3）教师有权根据学生的特点，依据教学大纲，为提高教学质量采取不同的教学形式和方法进行教学改革和实验。任何组织和个人不得剥夺教师的教育教学活动与教育教学改革和实验的权利。

（二）学术研究权

学术研究权是教师作为教育教学专业人员所享有的一项基本权利。《教师法》第七条第二款规定，教师拥有“从事科学研究，学术交流，参加专业的学术团体，在学术活动中充分发表意见”的权利。教师的学术研究权有三方面的具体含义：

（1）教师在完成本职工作的同时，有权进行任何专业的科学研究、科学技术开发研究，有权将教学中的研究成果和经验撰写成学术论文发表、出版，著书立说。

（2）在不影响教育教学工作的前提下，有权参加有关学术交流活动，参加有关学术团体并在团体中兼任职务。

（3）有权在学术研究和学术活动中发表个人的观点和意见，有学术争鸣的自由。

不同教育阶段教师的学术研究权的权限和范围有所区别。义务教育阶段，要求教师按照既定的教学大纲和教育基本要求来完成教育教学工作，教师不得以任何原因耽误教育教学工作。同时，教师科学研究权的行使不得违反法律的规定，损害国家、社会和他人的利益，违反教育教学的基本规律。

（三）指导评价权

指导评价权是与教师在教育教学活动中的主导地位相对应的一项特定权利。《教师法》第七条第三款规定，教师有“指导学生的学习和发展，评定学生的品行和学业成绩”的权利。

教师的指导评价权有三方面的具体含义：

（1）教师在不违反法律、学生身心发展规律的前提下，有权根据学生的特点和个体差异，因材施教，采取各种教育教学方式指导学生的学习和发展。需要注意的是，教师行使该项权利时不得以指导学生学习和发展为借口，违反法律规定和学生身心发展规律，侵犯学生的身心健康。

（2）教师有权严格要求学生，对学生的思想品德、学习和生活表现做出客观、公正的评价。教师所作的评价必须是客观的、公正的、实事求是的，不能有教师个人的偏见与私心。

（3）教师的指导评价是一项专业性很强的工作，任何人都不得非法干涉。教师的指导评价权是教师教育教学工作中专业性较强的一项权利，任何组织和个人都不得非法干预教师指导评价学生权的行使。教师也应当珍惜并以公正的态度行使这项权利。

（四）报酬待遇权

报酬待遇权是宪法赋予公民享有的社会经济权利在教师职业范围内的具体体现。《教师法》第七条第四款规定，教师有“按时获取工资报酬，享受国家规定的福利待遇以及寒暑假期的带薪休假”的权利。教师的报酬待遇权有三方面的具体含义：

（1）教师的报酬必须按时发放，不得拖欠教师的报酬，不得克扣或变相克扣教师的工资。

（2）教师有权要求足额支付工资报酬，包括基础工资、职务工资、课时津贴、奖金及其他津贴在内的所有工资收入，如果属于学校的原因未足额支付工资报酬，教师可以要求当地教育行政部门解决；如果是当地教育行政部门的原因，教师可以要求当地人民政府解决；如果是当地人民政府的原因，教师可以要求上一级人民政府解决。

（3）教师有权享受国家规定的各种待遇，包括医疗、住房、退休方面的待遇和优惠政策以及寒暑假期的带薪休假。

（五）参与管理权

参与管理权是公民民主权利在教师特定职业下的具体化。《教师法》第七条第五款规定，教师

拥有“对学校教育教学、管理工作和教育行政部门的工作提出意见和建议，通过教职工代表大会或者其他形式，参与学校的民主管理”的权利。教师的参与管理权有三方面的具体含义：

(1) 我国宪法规定，公民对任何国家机关和工作人员有提出批评和建议的权利。教师的参与管理权是公民此项权利在教师职业岗位上的具体化。

(2) 教师应正确行使批评、建议权，不得歪曲事实、进行人身攻击。

(3) 教师有权通过教职工代表大会、工会或其他方式参与学校管理，民主讨论决定学校重大事项，维护教师的合法权益。

教师是举办教育事业的主要力量，教师参与教育教学管理和学校民主管理充分体现了教师的主人翁地位，有利于调动教师工作的积极性，提高教师工作效率。同时，教师参与学校管理，也有利于推进学校民主化建设进程。

(六) 进修培训权

进修培训权是教师职业权利中最具代表性的一项。《教师法》第七条第六款规定，教师享有“参加进修或者其他方式的培训”的权利。教师的进修培训权有三方面的具体含义：

(1) 教师有参加进修或者其他方式培训的权利，任何组织和个人不得干涉。

(2) 教师进修培训权的行使必须在完成本人教育教学工作的前提下，根据学校或者教育行政主管部门的安排，有计划、有组织地进行。

(3) 学校或者其他教育机构以及教育行政部门应采取各种措施，保证教师进修培训的权利，以提高教师的素质，促进教育事业的发展。

二、教师的义务

根据教师的职业特点，结合《教育法》和《教师法》的有关规定，教师作为专业教育教学人员应承担六项基本义务：遵纪守法、履行教育教学义务、对学生进行思想政治教育、爱护和尊重学生、保护学生合法权益、提高业务水平。

(一) 遵纪守法

《教师法》第八条第一款规定，教师应“遵守宪法、法律和职业道德，为人师表”，简称遵纪守法义务。该义务有三方面的具体含义：

(1) 教师作为中华人民共和国公民，在日常工作、生活中应遵守宪法和法律；教师作为承担教育教学职责的专业人员，更应模范遵守宪法和法律，在教育教学领域起到模范示范作用；同时，教师在教育教学工作中，要主动培养学生的民主法制意识，使学生能做到遵纪守法。

(2) 教师必须遵守教师职业道德规范。每一个行业都有自身的职业道德规范，教师职业同样也必须严格遵守自身的职业道德规范。

(3) 教师承担着教书育人、培养社会主义事业建设者和接班人、提高民族素质的使命。教师必须成为学生的楷模。教师要从情操、言行、衣着上严格要求自己，成为学生的师表。教师要以人格魅力和学识魅力教育感染学生，做学生健康成长的指导者和引路人。

(二) 履行教育教学义务

教育教学工作是教师的本职工作，也是教师的基本义务。《教师法》第八条第二款规定，教师应当“贯彻国家的教育方针，遵守规章制度，执行学校的教学计划，履行教师聘约，完成教育教学工作任务”。该义务有三方面的具体含义：

(1) 教师在教育教学工作中，必须坚持教育教学为社会主义现代化建设服务，必须与生产劳动相结合，培养德、智、体等方面全面发展的社会主义事业的建设者和接班人。必须坚持教育教学的社会主义方向，对学生进行社会主义教育，不能有违背社会主义方向和党的政策的任何言论和教育内容。

(2) 教师除遵守法律、法规外，还必须遵守学校的规章制度，按照教学计划和教学大纲的要求进行教育教学活动，不得任意改变教学计划，不得无故缺勤、旷工，保证学校教育教学工作的有序进行。

(3) 教师应按照聘任合同的约定，履行本人的教育教学职责，完成聘任合同约定的工作任务。

（三）对学生进行思想政治教育

《教师法》第八条第三款规定，教师有“对学生进行宪法所确定的基本原则的教育和爱国主义、民族团结的教育，法制教育以及思想品德、文化、科学技术教育，组织、带领学生开展有益的社会活动”的义务。该义务有四方面的具体含义：

(1) 应根据自己的教育教学情况，自觉对学生进行思想教育和品德教育。

(2) 对学生进行思想政治教育时，应坚持德育为先，把社会主义核心价值体系融入国民教育全过程。

(3) 对学生进行政治教育时，要突出爱国主义、民族团结教育、法制教育。

(4) 组织、带领学生参加有益的社会活动，培养学生的情感，体现教育与实践相结合的要求，陶冶学生的情操，扩展学生的视野。

（四）爱护和尊重学生

《教师法》第八条第四款规定，教师应“关心、爱护全体学生，尊重学生人格，促进学生在品德、智力、体质等方面全面发展”，这项可称“尊重学生人格”义务。该义务有三方面的具体含义：

(1) 教师必须关心、爱护全体学生；应公平对待学生，不能歧视个别学生。

(2) 关心、爱护学生必须以尊重学生的人格尊严为前提，应该把学生看作发展、成长的人。不应把学生看成一个不懂事的孩子，不能以关心、爱护学生为借口，侵犯学生的人格尊严。

(3) 教师应促进学生德、智、体全面发展，不能只关注学生的智力和学业成绩而忽视学生德育和体质的发展。

（五）保护学生合法权益

《教师法》第八条第五款规定，教师有“制止有害于学生的行为或者其他侵犯学生合法权益的行为，批评和抵制有害于学生健康成长的现象”的义务。教师履行本项义务是有特定范围的。教师应当制止有害于学生的行为或者其他侵犯学生合法权益的行为，主要是指教师有义务制止在教育教学过程中和学校工作中侵犯其所负责管理的学生合法权益的违法行为。至于有害于学生健康成长的现象，主要是指社会上出现的有害于学生身心健康的不良现象。

（六）提高业务水平

《教师法》第八条第六款规定，教师有“不断提高思想觉悟和教育教学业务水平”的义务。这项义务可简称“提高业务水平”。该义务的具体含义是：

教师的首要职责是搞好教学、教好功课、完成知识教学任务，因而教师就必须锐意进取，刻苦学习。要使学生学好知识，教师首先必须学好知识。这项义务实际上是国家对教师不断提高自身素质的基本要求。历史发展到今天，竞争已成为时代的特征，竞争的核心是人才的竞争，作为培养人才的教师队伍，决定着人才的质量，只有高水平的教师，才能培养出高质量的人才。《教师法》是从提高教师素质的迫切性这一角度，提出作为人民教师应有“不断提高思想觉悟和教育教学业务水平”的义务。

单选题

幼儿园安排行政人员，代替李老师参加培训，幼儿园的做法（　　）。

A. 合理，幼儿园有选派参培人员的权利

B. 合理，幼儿园有管理和教育员工的权利

C. 不合理，侵犯了老师参加培训的权利

D. 不合理，侵犯了李老师教育教学的权利

【答案】 C

【解析】《中华人民共和国教师法》明确规定了教师具有参与培训的权利，题干中幼儿园安排行政人员代替老师参加培训，明显侵犯了教师的进修培训权。

考点详解

考点 3：
幼儿保护

内容提要：了解幼儿的基本法律权利和幼儿法律保护的措施，幼儿园对未成年人权利的保护在实践中尤为重要。

一、幼儿的基本法律权利

（一）幼儿的法律地位

幼儿的法律地位是幼儿获得权利、行使权利的基础，是幼儿在法律上所享有的权利能力和行为能力，并以此在具体的法律关系中所取得的主体资格。

1. 作为公民的幼儿

幼儿，同样应获得作为公民的一些基本权利。公民的基本权利是公民依照宪法规定在政治、人身、经济、社会、文化等方面享有的主要权利，也叫宪法权利。它是公民最主要的，也是必不可少的权利。

根据《中华人民共和国宪法》的规定，我国公民享有的基本权利大致可以分为以下几类：(1) 公民的平等权；(2) 公民的政治权利和自由；(3) 公民的宗教信仰自由；(4) 公民的人身自由；(5) 公民的批评、建议、申诉、控告权等；(6) 公民的社会经济权利；(7) 公民的教育、科学、文化权利和自由；(8) 其他方面的权利。

2. 作为未成年人的幼儿

《中华人民共和国未成年人保护法》第二条规定："本法所称未成年人是指未满十八周岁的公民。"学前教育中的幼儿主要指的是不满六周岁（或七周岁）的未成年人。

根据我国《民法通则》第十二条的规定，"十周岁以上的未成年人是限制民事行为能力人，可以进行与他的年龄、智力相适应的民事活动；其他民事活动由他的法定代理人代理，或者征得他的法定代理人的同意。不满十周岁的未成年人是无民事行为能力人，由他的法定代理人代理民事活动"。

在我国《民法通则》中，为保护无民事行为能力和限制行为能力人的人身和财产权利，特别规定了监护制度。第十四条规定："无民事行为能力人、限制民事行为能力人的监护人是他的法定代理人。"第十六条规定："未成年人的父母是未成年人的监护人。"第十八条规定："监护人应当履行监护职责，保护被监护人的人身、财产及其他合法权益，除为被监护人的利益外，不得处理被监护人的财产。"

3. 作为受教育者的幼儿

《中华人民共和国教育法》第二条明确规定："在中华人民共和国境内的各级各类教育，适用本法。"在托幼机构接受养育教育的幼儿同样享有"受教育者"的法律地位。

根据《中华人民共和国教育法》第四十二条，受教育者享有下列权利：

（1）参加教育教学计划安排的各种活动，使用教育教学设施、设备、图书资料；

（2）按照国家有关规定获得奖学金、贷学金、助学金；

（3）在学业成绩和品行上获得公正评价，完成规定的学业后获得相应的学业证书、学位证书；

（4）对学校给予的处分不服向有关部门提出申诉，对学校、教师侵犯其人身权、财产权等合法权益，提出申诉或者依法提起诉讼；

（5）法律、法规规定的其他权利。

根据《中华人民共和国教育法》第四十三条，受教育者应当履行下列义务：（1）遵守法律、法规；（2）遵守学生行为规范，尊敬师长，养成良好的思想品德和行为习惯；（3）努力学习，完成规定的学习任务；（4）遵守所在学校或者其他教育机构的管理制度。

（二）幼儿的权利

作为社会权利主体，幼儿主要享有人身权、财产权、受教育权。

1. 人身权

人身权是公民权利中最基本、最重要、内涵最为丰富的一项权利。人身权是指与人身相联系或不可分离的没有直接财产内容的权利，亦称人身非财产权。人身权与财产权共同构成了民法中的两大类基本民事权利。人身权包括人格权和身份权两大类，其中人格权包括生命健康权、身体权、姓名权、名称权、隐私权、人身自由权、人格尊严权、名誉权、肖像权，身份权包括亲权、配偶权、亲属权、荣誉权。

（1）生命健康权。

生命健康权是人身权的最基本权利，主要包括学生的生命健康、人身安全等方面的内容。根据我国《民法通则》第九十八条规定："公民享有生命健康权。"学生的生命健康权受到法律的保护。

（2）隐私权。

隐私权一般是指自然人享有的对自己的个人秘密和个人私生活进行支配并排除他人干涉的权利。隐私权与生俱来，是一种典型的私权，学生同样依法享有维护自身合法隐私权，不能因为缺乏某种权利意识，成人就有剥夺他此项权利的理由。

（3）人身自由权。

学校和教师不得以任何理由随意对学生进行搜查，不得对学生关禁闭。

（4）人格尊严权。

学校、教师应当维护学生尊严，不得对学生实施体罚、变相体罚或其他侮辱人格尊严的行为。

（5）名誉权。

名誉权是指公民或法人保持并维护自己名誉的权利。这些被维护的名誉是指具有人格尊严的名声，它是人格权的一种。

（6）荣誉权。

荣誉权，是指公民、法人所享有的，因自己的突出贡献或特殊劳动成果而获得光荣称号或其他荣誉的权利。

（7）肖像权。

肖像权是指自然人对自己的肖像享有再现、使用并排斥他人侵害的权利，包括肖像制作专有权、肖像使用专有权、肖像利益维护权。

2. 财产权

财产权是指具有物质财富内容，直接和经济利益相联系的民事权利。一般而言，学生财产权包括财产所有权、继承权、受赠权以及知识产权中的财产权利等。

（1）财产所有权，是指所有人依法对其财产享有占有、使用、收益、处分的权利。学生年龄虽

小，但任何人不得随意剥夺、侵犯其财产所有权。

（2）继承权，是指依法享有的、能够无偿取得死亡公民遗留的个人合法财产的权利。

（3）受赠权，是指接受别人赠予的财物的权利。

（4）知识产权中的财产权指著作权、专利权之中的财产权利。

3. 受教育权

受教育权是幼儿的一项基本权利。《中华人民共和国教育法》第九条规定："中华人民共和国公民有受教育的权利和义务。公民不分民族、种族、性别、职业、财产状况、宗教信仰等，依法享有平等的受教育机会。"这些规定都确定了幼儿受教育权利上的平等性。

幼儿受教育机会平等原则包括受教育起点上的机会平等、受教育过程上的机会平等和受教育结果上的机会平等三个方面。

（1）受教育起点上的机会平等，是指幼儿在入学机会上享有平等的权利。

（2）受教育过程上的机会平等，是指幼儿进入幼儿园以后，幼儿园应该保障每个幼儿参加教育教学计划内安排的各种活动，使用各种教学设备、玩具等，每个幼儿都是平等的。

（3）受教育结果上的机会平等，是指幼儿在接受教育后，有获得学校和社会公正评价的平等权利。这种平等主要体现为学业成绩和品行评价上的平等、进一步求学机会上的平等、就业机会上的平等。

二、幼儿的基本法律保护

（一）幼儿保护的基本原则

我国《未成年人保护法》第五条规定，保护未成年人的工作，应当遵循下列原则：（1）尊重未成年人的人格尊严；（2）适应未成年人身心发展的规律和特点；（3）教育与保护相结合。

（二）幼儿法律保护的主要目标

（1）依法保护幼儿的生存权、保护权、参与权与发展权。

（2）依法打击伤害幼儿合法权益的违法犯罪行为，控制并减少侵害幼儿人身权利的各类刑事案件。禁止虐待、溺弃幼儿，特别是女婴和病残儿童。禁止使用童工（未满16周岁）和对幼儿的经济剥削。

（3）预防和控制幼儿犯罪。

（4）在诉讼过程中依法维护幼儿的合法权益；未成年人参加诉讼和辩护的权利。

（5）建立、健全法律援助机构，为幼儿提供法律援助。

（三）幼儿法律保护的策略措施

1. 立法与执法

国家不断完善幼儿权益保护的法律法规，建立健全执法监督机制。全社会认真执行《未成年人保护法》《预防未成年人犯罪法》《收养法》等法律法规，认真履行《儿童权利公约》。严厉打击杀害、摧残、虐待、拐卖、绑架、遗弃等侵害儿童人身权利和引诱、教唆或强迫未成年人犯罪的刑事犯罪。保护幼儿免遭一切形式的性侵犯。严禁利用幼儿生产和贩运毒品。加强对企业用工的管理和监督，及时发现和查处使用童工的现象。

2. 司法保护

在处理未成年人违法犯罪时，落实司法保护原则。未成年人司法保护是指我国颁布的未成年人保护法的重要内容之一，指国家司法机关在其司法活动中，应尊重违法犯罪的未成年人的人格尊严，保障其合法权益不受侵害。

3. 法律宣传与服务

通过宣传教育，为幼儿提供法律服务，动员全社会重视和保护幼儿权益。禁止对幼儿实施家庭暴力及其他形式的身心虐待。禁止强迫未成年人结婚或为未成年人订立婚约。加强对幼儿的纪律教育、法制教育和安全教育，增强幼儿法律意识，提高幼儿自我保护和防范能力。各类媒体在报道有关未成年人案件时不得公开其真实姓名和身份。

三、幼儿园对未成年人权利的保护

我国《未成年人保护法》第十九条规定："幼儿园应当做好保育、教育工作，促进幼儿在体质、智力、品德等方面和谐发展。"

（一）贯彻保教结合的原则，全面提高保育、教育质量，促进幼儿体、智、德和谐发展

幼儿园的幼儿保护工作，应当把保育和教育有机结合起来以促进幼儿身体正常发育和智力健康协调发展；根据幼儿身心发育的规律和年龄特点，创设与教育活动相适应的良好环境，为幼儿提供表现其能力和机会的条件，以游戏为基本活动内容，寓教育于各种活动之中，促进幼儿体质、智力、品德等方面的和谐发展。

（二）提高幼儿师资的素质

幼儿教育保护工作的关键在于提高幼儿保育教师的素质，这要求幼儿保育教育工作人员既有合格的保育教育业务能力，又有高度的责任心和健康的身体素质。幼儿园的保育教育工作人员必须符合《幼儿园工作规程》的要求，各类幼儿园应当按相关条件、要求聘用或任用幼儿园的各类工作人员，并对现有人员进行培训和调整，不断提高他们的思想素质、责任心和业务水平，保证幼儿在幼儿园中得到良好的教育、照顾和保护，使幼儿的身心健康发展。

我国《幼儿园管理条例》规定，幼儿园的保育、幼儿教育、医务和其他工作人员应当符合下列条件：

（1）幼儿园园长、教师应当具有幼儿师范学校（包括职业学校幼儿教育专业）毕业程度，或者经教育行政部门考核合格。

（2）医师应当具有医学院校毕业程度，医生和护士应当具有中等卫生学校毕业程度或者取得卫生行政部门的资格认可。

（3）保健员应当具有高中毕业程度，并受过幼儿保健培训。

（4）保育员应当具有初中毕业程度，并受过幼儿保育职业培训。慢性传染病、精神病患者，不得在幼儿园工作。

（三）违反《幼儿园管理条例》行为的法律责任

《幼儿园管理条例》第五章第二十七条、第二十八条对违反该条例的下列九种行为规定了相应的法律责任：（1）未经登记注册，擅自招收幼儿的；（2）园舍设施不符合国家卫生标准、安全标准，妨害幼儿身体健康或者威胁幼儿生命安全的；（3）教育内容和方法违背幼儿教育规律，损害幼儿身心健康的；（4）体罚或变相体罚幼儿的；（5）使用有毒、有害物质制作教具、玩具的；（6）克扣、挪用幼儿园经费的；（7）侵占、破坏幼儿园园舍、设备的；（8）干扰幼儿园正常工作秩序的；（9）在幼儿园周围设置有危险、有污染或者影响幼儿园采光的建筑和设施的。

例题精讲

单选题

1. 某些幼儿园班中把班里每个孩子的体检结果公布在教室门口，结果不但包含身高、体重等项目，还包括血型检查等内容，该幼儿园的做法（　　）。

A. 正确，方便家长了解孩子身体情况

B. 正确，体现了幼儿园重视幼儿身体健康的理念

C. 不正确，侵犯了幼儿的隐私权

D. 不正确，侵犯了幼儿的人格尊严

【答案】 C

【解析】 身高、体重以及血液检查结果属于个人隐私，该幼儿园侵犯了幼儿的隐私权。隐私权是指自然人享有的私人生活安宁与私人信息秘密依法受到保护，不被他人非法侵扰、知悉、收集、利用和公开的一种人格权，而且权利主体对他人在何种程度上可以介入自己的私生活、自己的隐私是否向他人公开以及公开的人群范围和程度等具有决定权。隐私权是一种基本的人格权利。

2. 小红怀疑小刚在活动中偷拿了自己的油画棒，并告诉了老师。老师要搜小刚的口袋，小刚拒绝了。教师的行为（　　）。

A. 错误，应该尊重小刚的人身自由权　　B. 错误，应当搜所有孩子的身

C. 错误，不应当当众搜身　　D. 错误，应当等联系家长后再搜

【答案】 A

【解析】 中华人民共和国公民具有人身自由权，人身自由权意味着任何人不得随意地搜查、拘禁、逮捕、关押个人。作为教师更应该尊重学生的人身自由权，不能对学生进行搜查。

3. 下列行为属于侵犯幼儿肖像权的是（　　）。

A. 小红表现优异，幼儿园将其照片贴在宣传栏上

B. 某幼儿园网站上刊登了小张在运动会上比赛的照片

C. 照相馆经过小明父母同意，将其照片摆在橱窗里

D. 为发泄不满，小强将小明的照片当作投掷靶子

【答案】 D

【解析】 肖像权是公民的基本权利，未经本人同意，任何人不得擅自使用、侮辱其肖像。D项中小强的做法很明显地侵犯了小明的肖像权，符合题意，应当选D。

4. 李老师经常让幼儿在活动教学中到室外进行罚站，这种做法（　　）。

A. 不正确，老师侵犯幼儿受教育权　　B. 不正确，教师侵犯幼儿荣誉权

C. 正确，教师有管理幼儿的权利　　D. 正确，教师有教育幼儿的权利

【答案】 A

【解析】 幼儿具有最基本的人身权和最主要的受教育权，李老师让幼儿在教学活动中到室外进行罚站侵犯了幼儿的受教育权。所以李老师的做法是不正确的。

5. 我国不少地方已形成为校车提供最高路权、路人自觉礼让校车的良好风气。这对未成年人的保护是（　　）。

A. 家庭保护　　B. 社会保护　　C. 学校保护　　D. 司法保护

【答案】 B

【解析】 社会保护是指在社会生活中对未成年人的保护。它归根到底是要为未成年人的健康成长提供一个良好的社会环境。不少地方形成的为校车提供最高路权、路人自觉礼让校车的良好风尚，是为未成年人提供了保证其健康的良好环境。故选B。

第二章 主要教育法律法规条文

考点详解

《中华人民共和国教育法》（节选）

第一章 总 则

第四条 教育是社会主义现代化建设的基础，国家保障教育事业优先发展。

全社会应当关心和支持教育事业的发展。

全社会应当尊重教师。

第九条 中华人民共和国公民有受教育的权利和义务。

公民不分民族、种族、性别、职业、财产状况、宗教信仰等，依法享有平等的受教育机会。

第十条 国家根据各少数民族的特点和需要，帮助各少数民族地区发展教育事业。

国家扶持边远贫困地区发展教育事业。

国家扶持和发展残疾人教育事业。

第十一条 国家适应社会主义市场经济发展和社会进步的需要，推进教育改革，推动各级各类教育协调发展、衔接融通，完善现代国民教育体系，健全终身教育体系，提高教育现代化水平。

国家采取措施促进教育公平，推动教育均衡发展。

国家支持、鼓励和组织教育科学研究，推广教育科学研究成果，促进教育质量提高。

第十二条 国家通用语言文字为学校及其他教育机构的基本教育教学语言文字，学校及其他教育机构应当使用国家通用语言文字进行教育教学。

民族自治地方以少数民族学生为主的学校及其他教育机构，从实际出发，使用国家通用语言文字和本民族或者当地民族通用的语言文字实施双语教育。

国家采取措施，为少数民族学生为主的学校及其他教育机构实施双语教育提供条件和支持。

第十五条 国务院教育行政部门主管全国教育工作，统筹规划、协调管理全国的教育事业。

县级以上地方各级人民政府教育行政部门主管本行政区域内的教育工作。

县级以上各级人民政府其他有关部门在各自的职责范围内，负责有关的教育工作。

考点1：《中华人民共和国教育法》

内容提要：《中华人民共和国教育法》是中国教育工作的根本大法，是依法治教的根本大法。《教育法》的颁布，标志着中国教育工作进入全面依法治教的新阶段，对我国教育事业的改革与发展，以及社会主义物质文明和精神文明建设产生了重大而深远的影响。

第二章　教育基本制度

第十七条　国家实行学前教育、初等教育、中等教育、高等教育的学校教育制度。

国家建立科学的学制系统。学制系统内的学校和其他教育机构的设置、教育形式、修业年限、招生对象、培养目标等，由国务院或者由国务院授权教育行政部门规定。

第十八条　国家制定学前教育标准，加快普及学前教育，构建覆盖城乡，特别是农村的学前教育公共服务体系。

各级人民政府应当采取措施，为适龄儿童接受学前教育提供条件和支持。

第十九条　国家实行九年制义务教育制度。

各级人民政府采取各种措施保障适龄儿童、少年就学。

适龄儿童、少年的父母或者其他监护人以及有关社会组织和个人有义务使适龄儿童、少年接受并完成规定年限的义务教育。

第三章　学校及其他教育机构

第二十六条　国家制定教育发展规划，并举办学校及其他教育机构。

国家鼓励企业事业组织、社会团体、其他社会组织及公民个人依法举办学校及其他教育机构。

国家举办学校及其他教育机构，应当坚持勤俭节约的原则。

以财政性经费、捐赠资产举办或者参与举办的学校及其他教育机构不得设立为营利性组织。

第二十七条　设立学校及其他教育机构，必须具备下列基本条件：

（一）有组织机构和章程；

（二）有合格的教师；

（三）有符合规定标准的教学场所及设施、设备等；

（四）有必备的办学资金和稳定的经费来源。

第二十八条　学校及其他教育机构的设立、变更和终止，应当按照国家有关规定办理审核、批准、注册或者备案手续。

第三十一条　学校及其他教育机构的举办者按照国家有关规定，确定其所举办的学校或者其他教育机构的管理体制。

学校及其他教育机构的校长或者主要行政负责人必须由具有中华人民共和国国籍、在中国境内定居、并具备国家规定任职条件的公民担任，其任免按照国家有关规定办理。**学校的教学及其他行政管理，由校长负责。**

…………

第三十二条　学校及其他教育机构具备法人条件的，自批准设立或者登记注册之日起取得法人资格。

学校及其他教育机构在民事活动中依法享有民事权利，承担民事责任。

学校及其他教育机构中的国有资产属于国家所有。

学校及其他教育机构兴办的校办产业独立承担民事责任。

第四章　教师和其他教育工作者

第三十五条　国家实行教师资格、职务、聘任制度，通过考核、奖励、培养和培训，提高教师素质，加强教师队伍建设。

第五章　受教育者

第三十七条　受教育者在入学、升学、就业等方面依法享有平等权利。

学校和有关行政部门应当按照国家有关规定，保障女子在入学、升学、就业、授予学位、派出留学等方面享有同男子平等的权利。

第六章　教育与社会

第五十一条　图书馆、博物馆、科技馆、文化馆、美术馆、体育馆（场）等社会公共文化体育

设施，以及历史文化古迹和革命纪念馆（地），应当对教师、学生实行优待，为受教育者接受教育提供便利。

第七章　教育投入与条件保障

第五十四条　国家建立以财政拨款为主、其他多种渠道筹措教育经费为辅的体制，逐步增加对教育的投入，保证国家举办的学校教育经费的稳定来源。

企业事业组织、社会团体及其他社会组织和个人依法举办的学校及其他教育机构，办学经费由举办者负责筹措，各级人民政府可以给予适当支持。

第五十七条　国务院及县级以上地方各级人民政府应当设立教育专项资金，重点扶持边远贫困地区、少数民族地区实施义务教育。

第五十九条　国家采取优惠措施，鼓励和扶持学校在不影响正常教育教学的前提下开展勤工俭学和社会服务，兴办校办产业。

第九章　法律责任

第七十一条　违反国家有关规定，不按照预算核拨教育经费的，由同级人民政府限期核拨；情节严重的，对直接负责的主管人员和其他直接责任人员，依法给予处分。

违反国家财政制度、财务制度，挪用、克扣教育经费的，由上级机关责令限期归还被挪用、克扣的经费，并对直接负责的主管人员和其他直接责任人员，依法给予处分；构成犯罪的，依法追究刑事责任。

第七十二条　结伙斗殴、寻衅滋事，扰乱学校及其他教育机构教育教学秩序或者破坏校舍、场地及其他财产的，由公安机关给予治安管理处罚；构成犯罪的，依法追究刑事责任。

侵占学校及其他教育机构的校舍、场地及其他财产的，依法承担民事责任。

第七十三条　明知校舍或者教育教学设施有危险，而不采取措施，造成人员伤亡或者重大财产损失的，对直接负责的主管人员和其他直接责任人员，依法追究刑事责任。

第七十四条　违反国家有关规定，向学校或者其他教育机构收取费用的，由政府责令退还所收费用；对直接负责的主管人员和其他直接责任人员，依法给予处分。

第七十五条　违反国家有关规定，举办学校或者其他教育机构的，由教育行政部门或者其他有关行政部门予以撤销；有违法所得的，没收违法所得；对直接负责的主管人员和其他直接责任人员，依法给予处分。

第七十七条　在招收学生工作中徇私舞弊的，由教育行政部门或者其他有关行政部门责令退回招收的人员；对直接负责的主管人员和其他直接责任人员，依法给予处分；构成犯罪的，依法追究刑事责任。

第七十九条　考生在国家教育考试中有下列行为之一的，由组织考试的教育考试机构工作人员在考试现场采取必要措施予以制止并终止其继续参加考试；组织考试的教育考试机构可以取消其相关考试资格或者考试成绩；情节严重的，由教育行政部门责令停止参加相关国家教育考试一年以上三年以下；构成违反治安管理行为的，由公安机关依法给予治安管理处罚；构成犯罪的，依法追究刑事责任：

（一）非法获取考试试题或者答案的；

（二）携带或者使用考试作弊器材、资料的；

（三）抄袭他人答案的；

（四）让他人代替自己参加考试的；

（五）其他以不正当手段获得考试成绩的作弊行为。

第八十条　任何组织或者个人在国家教育考试中有下列行为之一，有违法所得的，由公安机关没收违法所得，并处违法所得一倍以上五倍以下罚款；情节严重的，处五日以上十五日以下拘留；构成犯罪的，依法追究刑事责任；属于国家机关工作人员的，还应当依法给予处分：

（一）组织作弊的；

（二）通过提供考试作弊器材等方式为作弊提供帮助或者便利的；

（三）代替他人参加考试的；

（四）在考试结束前泄露、传播考试试题或者答案的；

（五）其他扰乱考试秩序的行为。

第八十一条　举办国家教育考试，教育行政部门、教育考试机构疏于管理，造成考场秩序混乱、作弊情况严重的，对直接负责的主管人员和其他直接责任人员，依法给予处分；构成犯罪的，依法追究刑事责任。

例题精讲

单选题

1.【真题】某幼儿园为提升教师专业水平，从所有教师工资中扣除100元用于订阅专业刊物。该园的做法（　　）。

A. 合法，幼儿园有权管理和使用本单位经费

B. 合法，幼儿园有按照章程自主管理的权利

C. 不合法，侵犯了教师获取工资报酬的权利

D. 不合法，侵犯了教师从事科学研究的自由

【答案】C

【解析】《中华人民共和国教育法》第四章第三十四条规定国家保护教师的合法权益，改善教师的工作条件和生活条件，提高教师的社会地位。教师的工资报酬、福利待遇，依照法律、法规的规定办理。

2. 依据《中华人民共和国教育法》，教育是社会主义现代化建设的基础，国家保障教育事业（　　）。

A. 优先发展　　　　B. 持续发展

C. 重点发展　　　　D. 均衡发展

【答案】A

【解析】参见《教育法》第四条的规定。

考点详解

《中华人民共和国教师法》（节选）

第二章　权利和义务

第七条　教师享有下列权利：

（一）进行教育教学活动，开展教育教学改革和实验；

（二）从事科学研究、学术交流，参加专业的学术团体，在学术活动中充分发表意见；

（三）指导学生的学习和发展，评定学生的品行和学业成绩；

（四）按时获取工资报酬，享受国家规定的福利待遇以及寒暑假期的带薪休假；

（五）对学校教育教学、管理工作和教育行政部门的工作提出意见和建议，通过教职工代表大会或者其他形式，参与学校的民主管理；

（六）参加进修或者其他方式的培训。

第八条　教师应当履行下列义务：

（一）遵守宪法、法律和职业道德，为人师表；

考点2：《中华人民共和国教师法》

内容提要：《中华人民共和国教师法》的基本精神是用法律来维护教师的合法权益，保障教师待遇和社会地位的不断提高；加强教师队伍的规范化管理，确保教师队伍整体素质不断优化和提高。

（二）贯彻国家的教育方针，遵守规章制度，执行学校的教学计划，履行教师聘约，完成教育教学工作任务；

（三）对学生进行宪法所确定的基本原则的教育和爱国主义、民族团结的教育，法制教育以及思想品德、文化、科学技术教育，组织、带领学生开展有益的社会活动；

（四）关心、爱护全体学生，尊重学生人格，促进学生在品德、智力、体质等方面全面发展；

（五）制止有害于学生的行为或者其他侵犯学生合法权益的行为，批评和抵制有害于学生健康成长的现象；

（六）不断提高思想政治觉悟和教育教学业务水平。

第九条　为保障教师完成教育教学任务，各级人民政府、教育行政部门、有关部门、学校和其他教育机构应当履行下列职责：

（一）提供符合国家安全标准的教育教学设施和设备；

（二）提供必需的图书、资料及其他教育教学用品；

（三）对教师在教育教学、科学研究中的创造性工作给以鼓励和帮助；

（四）支持教师制止有害于学生的行为或者其他侵犯学生合法权益的行为。

第三章　资格和任用

第十条　国家实行教师资格制度。

…… ……

第十四条　受到剥夺政治权利或者故意犯罪受到有期徒刑以上刑事处罚的，不能取得教师资格；已经取得教师资格的，丧失教师资格。

第十七条　学校和其他教育机构应当逐步实行教师聘任制。教师的聘任应当遵循双方地位平等的原则，由学校和教师签订聘任合同，明确规定双方的权利、义务和责任。

实施教师聘任制的步骤、办法由国务院教育行政部门规定。

第四章　培养和培训

第十九条　各级人民政府教育行政部门、学校主管部门和学校应当制定教师培训规划，对教师进行多种形式的思想政治、业务培训。

第六章　待　遇

第二十五条　教师的平均工资水平应当不低于或者高于国家公务员的平均工资水平，并逐步提高。建立正常晋级增薪制度，具体办法由国务院规定。

第二十六条　中小学教师和职业学校教师享受教龄津贴和其他津贴，具体办法由国务院教育行政部门会同有关部门制定。

第二十七条　地方各级人民政府对教师以及具有中专以上学历的毕业生到少数民族地区和边远贫困地区从事教育教学工作的，应当予以补贴。

第八章　法律责任

第三十五条　侮辱、殴打教师的，根据不同情况，分别给予行政处分或者行政处罚；造成损害的，责令赔偿损失；情节严重，构成犯罪的，依法追究刑事责任。

第三十六条　对依法提出申诉、控告、检举的教师进行打击报复的，由其所在单位或者上级机关责令改正；情节严重的，可以根据具体情况给予行政处分。

国家工作人员对教师打击报复构成犯罪的，依照刑法第一百四十六条的规定追究刑事责任。

第三十七条　教师有下列情形之一的，由所在学校、其他教育机构或者教育行政部门给予行政处分或者解聘：

（一）故意不完成教育教学任务给教育教学工作造成损失的；

（二）体罚学生，经教育不改的；

（三）品行不良、侮辱学生，影响恶劣的。

教师有前款第（二）项、第（三）项所列情形之一，情节严重，构成犯罪的，依法追究刑事责任。

第三十八条　地方人民政府对违反本法规定，拖欠教师工资或者侵犯教师其他合法权益的，应当责令其限期改正。

违反国家财政制度、财务制度，挪用国家财政用于教育的经费，严重妨碍教育教学工作，拖欠教师工资，损害教师合法权益的，由上级机关责令限期归还被挪用的经费，并对直接责任人员给予行政处分；情节严重，构成犯罪的，依法追究刑事责任。

第三十九条　教师对学校或者其他教育机构侵犯其合法权益的，或者对学校或者其他教育机构作出的处理不服的，可以向教育行政部门提出申诉，教育行政部门应当在接到申诉的三十日内，作出处理。

教师认为当地人民政府有关行政部门侵犯其根据本法规定享有的权利的，可以向同级人民政府或者上一级人民政府有关部门提出申诉，同级人民政府或者上一级人民政府有关部门应当作出处理。

例题精讲

单选题

1. 教师张某因为醉驾被人民法院判处有期徒刑，张某（　　）。

A. 永远丧失教师资格　　B. 教师资格不受影响

C. 未来五年内不得从事教师职业　　D. 只能在私立学校从事教师职业

【答案】A

2. 某幼儿园教师钱某实名举报园长的违法乱纪行为，园长知晓后，招来社会人员殴打钱某，导致钱某受伤，对园长的行为应依法（　　）。

A. 给予行政处罚　　B. 追究刑事责任

C. 给予其行政处分　　D. 追求其治安责任

【答案】B

3. 公办幼儿园教师张某多次申报职称未果，认为是幼儿园领导故意为难他。此后，张某经常迟到、早退，教学敷衍了事，园长对其进行批评教育，但张某仍然我行我素，幼儿园上报教育主管部门后将其解聘。该幼儿园做法（　　）。

A. 正确，张某行为给教学造成损失　　B. 正确，应同时追究张某教育教学权

C. 不正确，侵犯张某教育教学权　　D. 不正确，事业单位的人员不能解聘

【答案】A

【解析】《教师法》第三十七条规定：教师有下列情形之一的，由所在学校、其他教育机构或者教育行政部门给予行政处分或者解聘：(1) 故意不完成教育教学任务，给教育教学工作造成损失的；(2) 体罚学生，经教育不改的；(3) 品行不良、侮辱学生，影响恶劣的。教师有前款第 (2) 项、第 (3) 项所列情形之一，情节严重，构成犯罪的，依法追究刑事责任。张某的做法符合此条规定，应给予其行政处分或者解聘，因此，幼儿园的做法是正确的。故选 A。

4. 教师钱某对幼儿园解聘自己的决定不服，可以向教育行政部门（　　）。

A. 检举　　B. 揭发　　C. 提出诉讼　　D. 提出申诉

【答案】D

【解析】《教师法》第三十九条规定：教师对学校或者其他教育机构侵犯其合法权益的，或者对学校或者其他教育机构作出的处理不服的，可以向教育行政部门提出申诉，教育行政部门应当在接到申诉的三十日内，作出处理。教师认为当地人民政府有关行政部门侵犯其根据该法规定享有的权利的，可以向同级人民政府或者上一级人民政府有关部门提出申诉，同级人民政府或者上一级人民政府有关部门应当作出处理。

5. 梁老师因为旷工被幼儿园处分，但他对幼儿园的处分表示不服，应该向（　　）提出申诉。

A. 园长　　B. 幼儿园
C. 书记　　D. 教育行政部门

【答案】D

【解析】教师申诉制度是指教师对学校或其他教育机构及有关政府部门作出的处理不服，或其合法权益受到侵害时，可以向有关教育行政部门或有关的其他政府部门提出请求，要求重新处理。

考点详解

考点3：《中华人民共和国义务教育法》

内容提要：《中华人民共和国义务教育法》是为了保障适龄儿童、少年接受义务教育的权利，保证义务教育的实施，提高全民族素质，根据宪法和教育法而制定的法律。

《中华人民共和国义务教育法》（节选）

第一章　总　则

第二条　国家实行九年义务教育制度。

义务教育是国家统一实施的所有适龄儿童、少年必须接受的教育，是国家必须予以保障的公益性事业。

实施义务教育，不收学费、杂费。

国家建立义务教育经费保障机制，保证义务教育制度实施。

第四条　凡具有中华人民共和国国籍的适龄儿童、少年，不分性别、民族、种族、家庭财产状况、宗教信仰等，依法享有平等接受义务教育的权利，并履行接受义务教育的义务。

第七条　义务教育实行国务院领导，省、自治区、直辖市人民政府统筹规划实施，县级人民政府为主管理的体制。

县级以上人民政府教育行政部门具体负责义务教育实施工作；县级以上人民政府其他有关部门在各自的职责范围内负责义务教育实施工作。

第二章　学　生

第十一条　凡年满六周岁的儿童，其父母或者其他法定监护人应当送其入学接受并完成义务教育；条件不具备的地区的儿童，可以推迟到七周岁。

适龄儿童、少年因身体状况需要延缓入学或者休学的，其父母或者其他法定监护人应当提出申请，由当地乡镇人民政府或者县级人民政府教育行政部门批准。

第十二条　适龄儿童、少年免试入学。地方各级人民政府应当保障适龄儿童、少年在户籍所在地学校就近入学。

父母或者其他法定监护人在非户籍所在地工作或者居住的适龄儿童、少年，在其父母或者其他法定监护人工作或者居住地接受义务教育的，当地人民政府应当为其提供平等接受义务教育的条件。具体办法由省、自治区、直辖市规定。

县级人民政府教育行政部门对本行政区域内的军人子女接受义务教育予以保障。

第三章　学　校

第二十条　县级以上地方人民政府根据需要，为具有预防未成年人犯罪法规定的严重不良行为的适龄少年设置专门的学校实施义务教育。

第二十一条　对未完成义务教育的未成年犯和被采取强制性教育措施

的未成年人应当进行义务教育，所需经费由人民政府予以保障。

第二十二条 县级以上人民政府及其教育行政部门应当促进学校均衡发展，缩小学校之间办学条件的差距，不得将学校分为重点学校和非重点学校。学校不得分设重点班和非重点班。

县级以上人民政府及其教育行政部门不得以任何名义改变或者变相改变公办学校的性质。

第二十三条 各级人民政府及其有关部门依法维护学校周边秩序，保护学生、教师、学校的合法权益，为学校提供安全保障。

第二十四条 学校应当建立、健全安全制度和应急机制，对学生进行安全教育，加强管理，及时消除隐患，预防发生事故。

县级以上地方人民政府定期对学校校舍安全进行检查；对需要维修、改造的，及时予以维修、改造。

学校不得聘用曾经因故意犯罪被依法剥夺政治权利或者其他不适合从事义务教育工作的人担任工作人员。

第二十五条 学校不得违反国家规定收取费用，不得以向学生推销或者变相推销商品、服务等方式谋取利益。

第二十六条 学校实行校长负责制。校长应当符合国家规定的任职条件。校长由县级人民政府教育行政部门依法聘任。

第二十七条 对违反学校管理制度的学生，学校应当予以批评教育，不得开除。

第四章 教 师

第二十九条 教师在教育教学中应当平等对待学生，关注学生的个体差异，因材施教，促进学生的充分发展。

教师应当尊重学生的人格，不得歧视学生，不得对学生实施体罚、变相体罚或者其他侮辱人格尊严的行为，不得侵犯学生合法权益。

第三十一条 各级人民政府保障教师工资福利和社会保险待遇，改善教师工作和生活条件；完善农村教师工资经费保障机制。

教师的平均工资水平应当不低于当地公务员的平均工资水平。

特殊教育教师享有特殊岗位补助津贴。在民族地区和边远贫困地区工作的教师享有艰苦贫困地区补助津贴。

第三十二条 县级以上人民政府应当加强教师培养工作，采取措施发展教师教育。

县级人民政府教育行政部门应当均衡配置本行政区域内学校师资力量，组织校长、教师的培训和流动，加强对薄弱学校的建设。

第五章 教育教学

第三十六条 学校应当把德育放在首位，寓德育于教育教学之中，开展与学生年龄相适应的社会实践活动，形成学校、家庭、社会相互配合的思想道德教育体系，促进学生养成良好的思想品德和行为习惯。

第三十九条 国家实行教科书审定制度。教科书的审定办法由国务院教育行政部门规定。

未经审定的教科书，不得出版、选用。

第六章 经费保障

第四十二条 国家将义务教育全面纳入财政保障范围，义务教育经费由国务院和地方各级人民政府依照本法规定予以保障。

…… ……

第七章 法律责任

第五十一条 国务院有关部门和地方各级人民政府违反本法第六章的规定，未履行对义务教育经费保障职责的，由国务院或者上级地方人民政府责令限期改正；情节严重的，对直接负责的主管人员和其他直接责任人员依法给予行政处分。

第五十二条　县级以上地方人民政府有下列情形之一的，由上级人民政府责令限期改正；情节严重的，对直接负责的主管人员和其他直接责任人员依法给予行政处分：

（一）未按照国家有关规定制定、调整学校的设置规划的；

（二）学校建设不符合国家规定的办学标准、选址要求和建设标准的；

（三）未定期对学校校舍安全进行检查，并及时维修、改造的；

（四）未依照本法规定均衡安排义务教育经费的。

第五十三条　县级以上人民政府或者其教育行政部门有下列情形之一的，由上级人民政府或者其教育行政部门责令限期改正、通报批评；情节严重的，对直接负责的主管人员和其他直接责任人员依法给予行政处分：

（一）将学校分为重点学校和非重点学校的；

（二）改变或者变相改变公办学校性质的。

县级人民政府教育行政部门或者乡镇人民政府未采取措施组织适龄儿童、少年入学或者防止辍学的，依照前款规定追究法律责任。

第五十四条　有下列情形之一的，由上级人民政府或者上级人民政府教育行政部门、财政部门、价格行政部门和审计机关根据职责分工责令限期改正；情节严重的，对直接负责的主管人员和其他直接责任人员依法给予处分：

（一）侵占、挪用义务教育经费的；

（二）向学校非法收取或者摊派费用的。

第五十五条　学校或者教师在义务教育工作中违反教育法、教师法规定的，依照教育法、教师法的有关规定处罚。

第五十六条　学校违反国家规定收取费用的，由县级人民政府教育行政部门责令退还所收费用；对直接负责的主管人员和其他直接责任人员依法给予处分。

学校以向学生推销或者变相推销商品、服务等方式谋取利益的，由县级人民政府教育行政部门给予通报批评；有违法所得的，没收违法所得；对直接负责的主管人员和其他直接责任人员依法给予处分。

国家机关工作人员和教科书审查人员参与或者变相参与教科书编写的，由县级以上人民政府或者其教育行政部门根据职责权限责令限期改正，依法给予行政处分；有违法所得的，没收违法所得。

第五十七条　学校有下列情形之一的，由县级人民政府教育行政部门责令限期改正；情节严重的，对直接负责的主管人员和其他直接责任人员依法给予处分：

（一）拒绝接收具有接受普通教育能力的残疾适龄儿童、少年随班就读的；

（二）分设重点班和非重点班的；

（三）违反本法规定开除学生的；

（四）选用未经审定的教科书的。

第五十八条　适龄儿童、少年的父母或者其他法定监护人无正当理由未依照本法规定送适龄儿童、少年入学接受义务教育的，由当地乡镇人民政府或者县级人民政府教育行政部门给予批评教育，责令限期改正。

第五十九条　有下列情形之一的，依照有关法律、行政法规的规定予以处罚：

（一）胁迫或者诱骗应当接受义务教育的适龄儿童、少年失学、辍学的；

（二）非法招用应当接受义务教育的适龄儿童、少年的；

（三）出版未经依法审定的教科书的。

第六十条　违反本法规定，构成犯罪的，依法追究刑事责任。

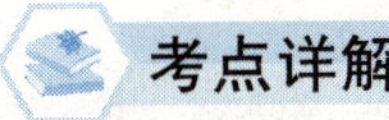

考点4：
《中华人民共和国未成年人保护法》

内容提要：《中华人民共和国未成年人保护法》是为了保护未成年人的身心健康，保障未成年人的合法权益，促进未成年人在品德、智力、体质等方面全面发展，培养有理想、有道德、有文化、有纪律的社会主义建设者和接班人，根据宪法制定的法律。

《中华人民共和国未成年人保护法》（节选）

第一章　总　则

第三条　未成年人享有生存权、发展权、受保护权、参与权等权利，国家根据未成年人身心发展特点给予特殊、优先保护，保障未成年人的合法权益不受侵犯。

…… ……

第五条　保护未成年人的工作，应当遵循下列原则：

（一）尊重未成年人的人格尊严；

（二）适应未成年人身心发展的规律和特点；

（三）教育与保护相结合。

第二章　家庭保护

第十条　…… ……

禁止对未成年人实施家庭暴力，禁止虐待、遗弃未成年人，禁止溺婴和其他残害婴儿的行为，不得歧视女性未成年人或者有残疾的未成年人。

第十三条　父母或者其他监护人应当尊重未成年人受教育的权利，必须使适龄未成年人依法入学接受并完成义务教育，不得使接受义务教育的未成年人辍学。

第三章　学校保护

第二十一条　学校、学生园、托儿所的教职员工应当尊重未成年人的人格尊严，不得对未成年人实施体罚、变相体罚或者其他侮辱人格尊严的行为。

第二十二条　学校、学生园、托儿所应当建立安全制度，加强对未成年人的安全教育，采取措施保障未成年人的人身安全。

学校、学生园、托儿所不得在危及未成年人人身安全、健康的校舍和其他设施、场所中进行教育教学活动。

…… ……

第二十五条　对于在学校接受教育的有严重不良行为的未成年学生，学校和父母或者其他监护人应当互相配合加以管教；无力管教或者管教无效的，可以按照有关规定将其送专门学校继续接受教育。

…… ……

第四章　社会保护

第三十条　爱国主义教育基地、图书馆、青少年宫、儿童活动中心应当对未成年人免费开放；博物馆、纪念馆、科技馆、展览馆、美术馆、文化馆以及影剧院、体育场馆、动物园、公园等场所，应当按照有关规定对未成年人免费或者优惠开放。

第三十一条　县级以上人民政府及其教育行政部门应当采取措施，鼓励和支持中小学校在节假日期间将文化体育设施对未成年人免费或者优惠开放。

…… ……

第三十六条　中小学校园周边不得设置营业性歌舞娱乐场所、互联网上网服务营业场所等不适宜未成年人活动的场所。

…… ……

第三十七条　禁止向未成年人出售烟酒，经营者应当在显著位置设置不向未成年人出售烟酒的标志；对难以判明是否已成年的，应当要求其出示身份证件。

任何人不得在中小学校、学生园、托儿所的教室、寝室、活动室和其他未成年人集中活动的场所吸烟、饮酒。

第三十八条　任何组织或者个人不得招用未满十六周岁的未成年人，国家另有规定的除外。

…… ……

第三十九条　任何组织或者个人不得披露未成年人的个人隐私。

对未成年人的信件、日记、电子邮件，任何组织或者个人不得隐匿、毁弃；除因追查犯罪的需要，由公安机关或者人民检察院依法进行检查，或者对无行为能力的未成年人的信件、日记、电子邮件由其父母或者其他监护人代为开拆、查阅外，任何组织或者个人不得开拆、查阅。

第四十条　学校、学生园、托儿所和公共场所发生突发事件时，应当优先救护未成年人。

第四十一条　禁止拐卖、绑架、虐待未成年人，禁止对未成年人实施性侵害。

禁止胁迫、诱骗、利用未成年人乞讨或者组织未成年人进行有害其身心健康的表演等活动。

第四十二条　公安机关应当采取有力措施，依法维护校园周边的治安和交通秩序，预防和制止侵害未成年人合法权益的违法犯罪行为。

任何组织或者个人不得扰乱教学秩序，不得侵占、破坏学校、学生园、托儿所的场地、房屋和设施。

第四十三条　县级以上人民政府及其民政部门应当根据需要设立救助场所，对流浪乞讨等生活无着未成年人实施救助，承担临时监护责任；公安部门或者其他有关部门应当护送流浪乞讨或者离家出走的未成年人到救助场所，由救助场所予以救助和妥善照顾，并及时通知其父母或者其他监护人领回。

对孤儿、无法查明其父母或者其他监护人的以及其他生活无着的未成年人，由民政部门设立的儿童福利机构收留抚养。

…… ……

第四十四条　卫生部门和学校应当对未成年人进行卫生保健和营养指导，提供必要的卫生保健条件，做好疾病预防工作。

卫生部门应当做好对儿童的预防接种工作，国家免疫规划项目的预防接种实行免费；积极防治儿童常见病、多发病，加强对传染病防治工作的监督管理，加强对学生园、托儿所卫生保健的业务指导和监督检查。

第四十五条　地方各级人民政府应当积极发展托幼事业，办好托儿所、学生园，支持社会组织和个人依法兴办哺乳室、托儿所、学生园。

各级人民政府和有关部门应当采取多种形式，培养和训练学生园、托儿所的保教人员，提高其职业道德素质和业务能力。

第五章　司法保护

第五十条　公安机关、人民检察院、人民法院以及司法行政部门，应当依法履行职责，在司法活动中保护未成年人的合法权益。

第五十一条　未成年人的合法权益受到侵害，依法向人民法院提起诉讼的，人民法院应当依法及时审理，并适应未成年人生理、心理特点和健康成长的需要，保障未成年人的合法权益。

在司法活动中对需要法律援助或者司法救助的未成年人，法律援助机构或者人民法院应当给予帮助，依法为其提供法律援助或者司法救助。

第五十三条　父母或者其他监护人不履行监护职责或者侵害被监护的未成年人的合法权益，经教育不改的，人民法院可以根据有关人员或者有关单位的申请，撤销其监护人的资格，依法另行指

定监护人。被撤销监护资格的父母应当依法继续负担抚养费用。

第五十四条　对违法犯罪的未成年人，实行教育、感化、挽救的方针，坚持教育为主、惩罚为辅的原则。

对违法犯罪的未成年人，应当依法从轻、减轻或者免除处罚。

第五十五条　公安机关、人民检察院、人民法院办理未成年人犯罪案件和涉及未成年人权益保护案件，应当照顾未成年人身心发展特点，尊重他们的人格尊严，保障他们的合法权益，并根据需要设立专门机构或者指定专人办理。

第五十六条　讯问、审判未成年犯罪嫌疑人、被告人，询问未成年证人、被害人，应当依照刑事诉讼法的规定通知其法定代理人或者其他人员到场。

公安机关、人民检察院、人民法院办理未成年人遭受性侵害的刑事案件，应当保护被害人的名誉。

第五十七条　对羁押、服刑的未成年人，应当与成年人分别关押。

羁押、服刑的未成年人没有完成义务教育的，应当对其进行义务教育。

解除羁押、服刑期满的未成年人的复学、升学、就业不受歧视。

第六章　法律责任

第六十二条　父母或者其他监护人不依法履行监护职责，或者侵害未成年人合法权益的，由其所在单位或者居民委员会、村民委员会予以劝诫、制止；构成违反治安管理行为的，由公安机关依法给予行政处罚。

第六十三条　学校、学生园、托儿所侵害未成年人合法权益的，由教育行政部门或者其他有关部门责令改正；情节严重的，对直接负责的主管人员和其他直接责任人员依法给予处分。

学校、学生园、托儿所教职员工对未成年人实施体罚、变相体罚或者其他侮辱人格行为的，由其所在单位或者上级机关责令改正；情节严重的，依法给予处分。

第六十四条　制作或者向未成年人出售、出租或者以其他方式传播淫秽、暴力、凶杀、恐怖、赌博等图书、报刊、音像制品、电子出版物以及网络信息等的，由主管部门责令改正，依法给予行政处罚。

第六十五条　生产、销售用于未成年人的食品、药品、玩具、用具和游乐设施不符合国家标准或者行业标准，或者没有在显著位置标明注意事项的，由主管部门责令改正，依法给予行政处罚。

第六十六条　在中小学校园周边设置营业性歌舞娱乐场所、互联网上网服务营业场所等不适宜未成年人活动的场所的，由主管部门予以关闭，依法给予行政处罚。

营业性歌舞娱乐场所、互联网上网服务营业场所等不适宜未成年人活动的场所允许未成年人进入，或者没有在显著位置设置未成年人禁入标志的，由主管部门责令改正，依法给予行政处罚。

第六十七条　向未成年人出售烟酒，或者没有在显著位置设置不向未成年人出售烟酒标志的，由主管部门责令改正，依法给予行政处罚。

第六十八条　非法招用未满十六周岁的未成年人，或者招用已满十六周岁的未成年人从事过重、有毒、有害等危害未成年人身心健康的劳动或者危险作业的，由劳动保障部门责令改正，处以罚款；情节严重的，由工商行政管理部门吊销营业执照。

第六十九条　侵犯未成年人隐私，构成违反治安管理行为的，由公安机关依法给予行政处罚。

第七十条　未成年人救助机构、儿童福利机构及其工作人员不依法履行对未成年人的救助保护职责，或者虐待、歧视未成年人，或者在办理收留抚养工作中牟取利益的，由主管部门责令改正，依法给予行政处分。

第七十一条　胁迫、诱骗、利用未成年人乞讨或者组织未成年人进行有害其身心健康的表演等活动的，由公安机关依法给予行政处罚。

单选题

【真题】良好的社会环境对未成年人的健康成长有重要作用，下列选项中属于社会保护的是（　　）。

A. 洋洋在幼儿园生病，园方及时通知家长并及时救护洋洋

B. 父母以健康的思想、良好的品行和适当的方法教育影响未成年人

C. 国家鼓励研究开发有利于未成年人健康成长的网络产品

D. 对违法犯罪的未成年人实行教育、感化、挽救的方针

【答案】C

【解析】《未成年人保护法》第三十三条规定：国家采取措施，预防未成年人沉迷网络。国家鼓励研究开发有利于未成年人健康成长的网络产品，推广用于阻止未成年人沉迷网络的新技术。

考点5：《中华人民共和国预防未成年人犯罪法》

内容提要：《中华人民共和国预防未成年人犯罪法》是为了保障未成年人身心健康，培养未成年人良好品行，有效地预防未成年人犯罪而制定的法律。

《中华人民共和国预防未成年人犯罪法》（节选）

第一条　为了保障未成年人身心健康，培养未成年人良好品行，有效地预防未成年人犯罪，制定本法。

第二条　预防未成年人犯罪，立足于教育和保护，从小抓起，对未成年人的不良行为及时进行预防和矫治。

第五条　预防未成年人犯罪，应当结合未成年人不同年龄的生理、心理特点，加强青春期教育、心理矫治和预防犯罪对策的研究。

第二章　预防未成年人犯罪的教育

第六条　对未成年人应当加强理想、道德、法制和爱国主义、集体主义、社会主义教育。对于达到义务教育年龄的未成年人，在进行上述教育的同时，应当进行预防犯罪的教育。

预防未成年人犯罪的教育的目的，是增强未成年人的法制观念，使未成年人懂得违法和犯罪行为对个人、家庭、社会造成的危害，违法和犯罪行为应当承担的法律责任，树立遵纪守法和防范违法犯罪的意识。

第九条　学校应当聘任从事法制教育的专职或者兼职教师。学校根据条件可以聘请校外法律辅导员。

第十条　未成年人的父母或者其他监护人对未成年人的法制教育负有直接责任。学校在对学生进行预防犯罪教育时，应当将教育计划告知未成年人的父母或者其他监护人，未成年人的父母或者其他监护人应当结合学校的计划，针对具体情况进行教育。

第三章　对未成年人不良行为的预防

第十四条　未成年人的父母或者其他监护人和学校应当教育未成年人不得有下列不良行为：

（一）旷课、夜不归宿；

（二）携带管制刀具；

（三）打架斗殴、辱骂他人；

（四）强行向他人索要财物；

（五）偷窃、故意毁坏财物；

（六）参与赌博或者变相赌博；

（七）观看、收听色情、淫秽的音像制品、读物等；

（八）进入法律、法规规定未成年人不适宜进入的营业性歌舞厅等场所；

（九）其他严重违背社会公德的不良行为。

第十五条　未成年人的父母或者其他监护人和学校应当教育未成年人不得吸烟、酗酒。任何经营场所不得向未成年人出售烟酒。

第十六条　中小学生旷课的，学校应当及时与其父母或者其他监护人取得联系。

未成年人擅自外出夜不归宿的，其父母或者其他监护人、其所在的寄宿制学校应当及时查找，或者向公安机关请求帮助。收留夜不归宿的未成年人的，应当征得其父母或者其他监护人的同意，或者在二十四小时内及时通知其父母或者其他监护人、所在学校或者及时向公安机关报告。

第十九条　未成年人的父母或者其他监护人，不得让不满十六周岁的未成年人脱离监护单独居住。

第二十条　未成年人的父母或者其他监护人对未成年人不得放任不管，不得迫使其离家出走，放弃监护职责。未成年人离家出走的，其父母或者其他监护人应当及时查找，或者向公安机关请求帮助。

第二十一条　未成年人的父母离异的，离异双方对子女都有教育的义务，任何一方都不得因离异而不履行教育子女的义务。

第二十五条　对于教唆、胁迫、引诱未成年人实施不良行为或者品行不良，影响恶劣，不适宜在学校工作的教职员工，教育行政部门、学校应当予以解聘或者辞退；构成犯罪的，依法追究刑事责任。

第二十六条　禁止在中小学校附近开办营业性歌舞厅、营业性电子游戏场所以及其他未成年人不适宜进入的场所。禁止开办上述场所的具体范围由省、自治区、直辖市人民政府规定。

对本法施行前已在中小学校附近开办上述场所的，应当限期迁移或者停业。

第三十三条　营业性歌舞厅以及其他未成年人不适宜进入的场所，应当设置明显的未成年人禁止进入标志，不得允许未成年人进入。营业性电子游戏场所在国家法定节假日外，不得允许未成年人进入，并应当设置明显的未成年人禁止进入标志。对于难以判明是否已成年的，上述场所的工作人员可以要求其出示身份证件。

第四章　对未成年人严重不良行为的矫治

第三十四条　本法所称“严重不良行为”，是指下列严重危害社会，尚不够刑事处罚的违法行为：

（一）纠集他人结伙滋事，扰乱治安；

（二）携带管制刀具，屡教不改；

（三）多次拦截殴打他人或者强行索要他人财物；

（四）传播淫秽的读物或者音像制品等；

（五）进行淫乱或者色情、卖淫活动；

（六）多次偷窃；

（七）参与赌博，屡教不改；

（八）吸食、注射毒品；

（九）其他严重危害社会的行为。

第三十五条　对未成年人实施本法规定的严重不良行为的，应当及时予以制止。

对有本法规定严重不良行为的未成年人，其父母或者其他监护人和学校应当相互配合，采取措

施严加管教，也可以送工读学校进行矫治和接受教育。

对未成年人送工读学校进行矫治和接受教育，应当由其父母或者其他监护人，或者原所在学校提出申请，经教育行政部门批准。

第三十七条　未成年人有本法规定严重不良行为，构成违反治安管理行为的，由公安机关依法予以治安处罚。因不满十四周岁或者情节特别轻微免予处罚的，可以予以训诫。

第三十八条　未成年人因不满十六周岁不予刑事处罚的，责令他的父母或者其他监护人严加管教；在必要的时候，也可以由政府依法收容教养。

第三十九条　未成年人在被收容教养期间，执行机关应当保证其继续接受文化知识、法律知识或者职业技术教育；对没有完成义务教育的未成年人，执行机关应当保证其继续接受义务教育。

解除收容教养、劳动教养的未成年人，在复学、升学、就业等方面与其他未成年人享有同等权利，任何单位和个人不得歧视。

第六章　对未成年人重新犯罪的预防

第四十四条　对犯罪的未成年人追究刑事责任，实行教育、感化、挽救方针，坚持教育为主、惩罚为辅的原则。司法机关办理未成年人犯罪案件，应当保障未成年人行使其诉讼权利，保障未成年人得到法律帮助，并根据未成年人的生理、心理特点和犯罪的情况，有针对性地进行法制教育。

对于被采取刑事强制措施的未成年学生，在人民法院的判决生效以前，不得取消其学籍。

第四十五条　人民法院审判未成年人犯罪的刑事案件，应当由熟悉未成年人身心特点的审判员或者审判员和人民陪审员依法组成少年法庭进行。

对于已满十四周岁不满十六周岁未成年人犯罪的案件，一律不公开审理。已满十六周岁不满十八周岁未成年人犯罪的案件，一般也不公开审理。

对未成年人犯罪案件，新闻报道、影视节目、公开出版物不得披露该未成年人的姓名、住所、照片及可能推断出该未成年人的资料。

第四十八条　依法免予刑事处罚、判处非监禁刑罚、判处刑罚宣告缓刑、假释或者刑罚执行完毕的未成年人，在复学、升学、就业等方面与其他未成年人享有同等权利，任何单位和个人不得歧视。

第七章　法律责任

第四十九条　未成年人的父母或者其他监护人不履行监护职责，放任未成年人有本法规定的不良行为或者严重不良行为的，由公安机关对未成年人的父母或者其他监护人予以训诫，责令其严加管教。

第五十条　未成年人的父母或者其他监护人违反本法第十九条的规定，让不满十六周岁的未成年人脱离监护单独居住的，由公安机关对未成年人的父母或者其他监护人予以训诫，责令其立即改正。

第五十五条　营业性歌舞厅以及其他未成年人不适宜进入的场所、营业性电子游戏场所，违反本法第三十三条的规定，不设置明显的未成年人禁止进入标志，或者允许未成年人进入的，由文化行政部门责令改正、给予警告、责令停业整顿、没收违法所得，处以罚款，并对直接负责的主管人员和其他直接责任人员处以罚款；情节严重的，由工商行政部门吊销营业执照。

第五十六条　教唆、胁迫、引诱未成年人实施本法规定的不良行为、严重不良行为，或者为未成年人实施不良行为、严重不良行为提供条件，构成违反治安管理行为的，由公安机关依法予以治安处罚；构成犯罪的，依法追究刑事责任。

考点详解

考点6：《学生伤害事故处理办法》

内容提要：《学生伤害事故处理办法》对学生伤害事故的责任划分、事故损害的赔偿、事故责任者的处理等做出了明确规定，具有极大的指导意义。

《学生伤害事故处理办法》（节选）

第九条　【学生伤害事故情形】因下列情形之一造成的学生伤害事故，学校应当依法承担相应的责任：

（一）学校的校舍、场地、其他公共设施，以及学校提供给学生使用的学具、教育教学和生活设施、设备不符合国家规定的标准，或者有明显不安全因素的；

（二）学校的安全保卫、消防、设施设备管理等安全管理制度有明显疏漏，或者管理混乱，存在重大安全隐患，而未及时采取措施的；

（七）学生有特异体质或者特定疾病，不宜参加某种教育教学活动，学校知道或者应当知道，但未予以必要的注意的；

（八）学生在校期间突发疾病或者受到伤害，学校发现，但未根据实际情况及时采取相应措施，导致不良后果加重的；

（九）学校教师或者其他工作人员体罚或者变相体罚学生，或者在履行职责过程中违反工作要求、操作规程、职业道德或者其他有关规定的；

（十）学校教师或者其他工作人员在负有组织、管理未成年学生的职责期间，发现学生行为具有危险性，但未进行必要的管理、告诫或者制止的；

（十一）对未成年学生擅自离校等与学生人身安全直接相关的信息，学校发现或者知道，但未及时告知未成年学生的监护人，导致未成年学生因脱离监护人的保护而发生伤害的；

（十二）学校有未依法履行职责的其他情形的。

第十条　【学生或者未成年学生监护人责任】学生或者未成年学生监护人由于过错，有下列情形之一，造成学生伤害事故，应当依法承担相应的责任：

（一）学生违反法律法规的规定，违反社会公共行为准则、学校的规章制度或者纪律，实施按其年龄和认知能力应当知道具有危险或者可能危及他人的行为的；

（二）学生行为具有危险性，学校、教师已经告诫、纠正，但学生不听劝阻、拒不改正的；

（三）学生或者其监护人知道学生有特异体质，或者患有特定疾病，但未告知学校的；

（四）未成年学生的身体状况、行为、情绪等有异常情况，监护人知道或者已被学校告知，但未履行相应监护职责的；

（五）学生或者未成年学生监护人有其他过错的。

第十一条　【学校责任】学校安排学生参加活动，因提供场地、设备、交通工具、食品及其他消费与服务的经营者，或者学校以外的活动组织者的过错造成的学生伤害事故，有过错的当事人应当依法承担相应的责任。

第十二条　【无法律责任情形】因下列情形之一造成的学生伤害事故，学校已履行了相应职责，行为并无不当的，无法律责任：

（一）地震、雷击、台风、洪水等不可抗的自然因素造成的；

（二）来自学校外部的突发性、偶发性侵害造成的；

（三）学生有特异体质、特定疾病或者异常心理状态，学校不知道或者难于知道的；

（四）学生自杀、自伤的；

（五）在对抗性或者具有风险性的体育竞赛活动中发生意外伤害的；

（六）其他意外因素造成的。

第十三条 【学校不承担事故责任情形】下列情形下发生的造成学生人身损害后果的事故，学校行为并无不当的，不承担事故责任；事故责任应当按有关法律法规或者其他有关规定认定：

（一）在学生自行上学、放学、返校、离校途中发生的；

（二）在学生自行外出或者擅自离校期间发生的；

（三）在放学后、节假日或者假期等学校工作时间以外，学生自行滞留学校或者自行到校发生的；

（四）其他在学校管理职责范围外发生的。

第十四条 【致害人责任】因学校教师或者其他工作人员与其职务无关的个人行为，或者因学生、教师及其他个人故意实施的违法犯罪行为，造成学生人身损害的，由致害人依法承担相应的责任。

第二十六条 【学校责任确定】学校对学生伤害事故负有责任的，根据责任大小，适当予以经济赔偿，但不承担解决户口、住房、就业等与救助受伤害学生、赔偿相应经济损失无直接关系的其他事项。

学校无责任的，如果有条件，可以根据实际情况，本着自愿和可能的原则，对受伤害学生给予适当的帮助。

第二十七条 【学校赔偿】因学校教师或者其他工作人员在履行职务中的故意或者重大过失造成的学生伤害事故，学校予以赔偿后，可以向有关责任人员追偿。

第二十八条 【监护人赔偿】未成年学生对学生伤害事故负有责任的，由其监护人依法承担相应的赔偿责任。

学生的行为侵害学校教师及其他工作人员以及其他组织、个人的合法权益，造成损失的，成年学生或者未成年学生的监护人应当依法予以赔偿。

第三十二条 【事故责任者处理】发生学生伤害事故，学校负有责任且情节严重的，教育行政部门应当根据有关规定，对学校的直接负责的主管人员和其他直接责任人员，分别给予相应的行政处分；有关责任人的行为触犯刑律的，应当移送司法机关依法追究刑事责任。

例题精讲

单选题

1.【真题】在幼儿园开展的户外活动中，小明和小刚一起玩滑梯。在玩的过程中，小明推了小刚一下，小刚摔倒在地，老师马上从教室跑出来扶起了小刚。对小刚受伤应当承担赔偿责任的是（　　）。

A. 幼儿园　　B. 小明监护人

C. 小刚监护人　　D. 小明监护人和幼儿园

【答案】D

【解析】《学生伤害事故处理办法》第二十六条规定：学校对学生伤害事故负有责任的，根据责任大小，适当予以经济赔偿，但不承担解决户口、住房、就业等与救助受伤害学生、赔偿相应经济损失无直接关系的其他事项。学校无责任的，如果有条件，可以根据实际情况，本着自愿和可能的原则，对受伤害学生给予适当的帮助。第二十七条规定：因学校教师或者其他工作人员在履行职务中的故意或者重大过失造成的学生伤害事故，学校予以赔偿后，可以向有关责任人员追偿。

2.【真题】洋洋在自由活动时自行从幼儿园走出，在人行道上被一电动车刮伤，对洋洋的伤害有赔偿责任的是（　　）。

A. 幼儿园　　B. 车主

C. 父母　　D. 幼儿园和车主

【答案】D

【解析】《学生伤害事故处理办法》的规定，车主属于直接责任人，具有不可推卸的责任，对幼儿在园期间出现的人身意外，作为看管主体的幼儿园具有连带责任。所以题目中有赔偿责任的是车主和幼儿园。

考点详解

考点7：《幼儿园工作规程》

内容提要：《幼儿园工作规程》是为加强幼儿园的科学管理，规范办园行为，提高保育和教育质量，促进幼儿身心健康，依据《中华人民共和国教育法》等法律法规而制定。

《幼儿园工作规程》（节选）

第一章　总　则

第一条　为了加强幼儿园的科学管理，规范办园行为，提高保育和教育质量，促进幼儿身心健康，依据《中华人民共和国教育法》等法律法规，制定本规程。

第二条　**幼儿园是对3周岁以上学龄前幼儿实施保育和教育的机构。**幼儿园教育是基础教育的重要组成部分，是学校教育制度的基础阶段。

第四条　**幼儿园适龄幼儿一般为3周岁至6周岁。**

幼儿园一般为三年制。

第七条　幼儿园可分为全日制、半日制、定时制、季节制和寄宿制等。上述形式可分别设置，也可混合设置。

第二章　幼儿入园和编班

第十条　幼儿入园前，应当按照卫生部门制定的卫生保健制度进行健康检查，合格者方可入园。

幼儿入园除进行健康检查外，禁止任何形式的考试或测查。

第十一条　幼儿园规模应当有利于幼儿身心健康，便于管理，一般不超过360人。

幼儿园每班幼儿人数一般为：小班（3周岁至4周岁）25人，中班（4周岁至5周岁）30人，大班（5周岁至6周岁）35人，混合班30人。寄宿制幼儿园每班幼儿人数酌减。

幼儿园可以按年龄分别编班，也可以混合编班。

第三章　幼儿园的安全

第十三条　幼儿园的园舍应当符合国家和地方的建设标准，以及相关安全、卫生等方面的规范，定期检查维护，保障安全。幼儿园不得设置在污染区和危险区，不得使用危房。

幼儿园的设备设施、装修装饰材料、用品用具和玩教具材料等，应当符合国家相关的安全质量标准和环保要求。

…… ……

第四章　幼儿园的卫生保健

第十八条　**幼儿园应当制定合理的幼儿一日生活作息制度。正餐间隔时间为3.5—4小时。在正常情况下，幼儿户外活动时间（包括户外体育活动时间）每天不得少于2小时，寄宿制幼儿园不得少于3小时；高寒、高温地区可酌情增减。**

第十九条　幼儿园应当建立幼儿健康检查制度和幼儿健康卡或档案。每年体检一次，每半年测身高、视力一次，每季度量体重一次；注意幼儿口腔卫生，保护幼儿视力。

第二十条　幼儿园应当建立卫生消毒、晨检、午检制度和病儿隔离制度，配合卫生部门做好计划免疫工作。

幼儿园应当建立传染病预防和管理制度，制定突发传染病应急预案，认真做好疾病防控工作。

幼儿园应当建立患病幼儿用药的委托交接制度，未经监护人委托或者同意，幼儿园不得给幼儿用药。幼儿园应当妥善管理药品，保证幼儿用药安全。

幼儿园内禁止吸烟、饮酒。

第二十一条　供给膳食的幼儿园应当为幼儿提供安全卫生的食品，编制营养平衡的幼儿食谱，定期计算和分析幼儿的进食量和营养素摄取量，保证幼儿合理膳食。

…… ……

第二十二条　幼儿园应当配备必要的设备设施，及时为幼儿提供安全卫生的饮用水。

幼儿园应当培养幼儿良好的大小便习惯，不得限制幼儿便溺的次数、时间等。

第二十三条　幼儿园应当积极开展适合幼儿的体育活动，充分利用日光、空气、水等自然因素以及本地自然环境，有计划地锻炼幼儿肌体，增强身体的适应和抵抗能力。**正常情况下，每日户外体育活动不得少于 1 小时。**

第五章　幼儿园的教育

第二十六条　幼儿一日活动的组织应当动静交替，注重幼儿的直接感知、实际操作和亲身体验，保证幼儿愉快的、有益的自由活动。

第二十七条　幼儿园日常生活组织，应当从实际出发，建立必要、合理的常规，坚持一贯性和灵活性相结合，培养幼儿的良好习惯和初步的生活自理能力。

第二十八条　幼儿园应当为幼儿提供丰富多样的教育活动。

…… ……

第二十九条　幼儿园应当将游戏作为对幼儿进行全面发展教育的重要形式。

…… ……

第三十一条　**幼儿园的品德教育应当以情感教育和培养良好行为习惯为主，注重潜移默化的影响，并贯穿于幼儿生活以及各项活动之中。**

第三十三条　幼儿园和小学应当密切联系，互相配合，注意两个阶段教育的相互衔接。

幼儿园不得提前教授小学教育内容，不得开展任何违背幼儿身心发展规律的活动。

第六章　幼儿园的园舍、设备

第三十四条　幼儿园应当按照国家的相关规定设活动室、寝室、卫生间、保健室、综合活动室、厨房和办公用房等，并达到相应的建设标准。有条件的幼儿园应当优先扩大幼儿游戏和活动空间。

寄宿制幼儿园应当增设隔离室、浴室和教职工值班室等。

第三十五条　幼儿园应当有与其规模相适应的户外活动场地，配备必要的游戏和体育活动设施，创造条件开辟沙地、水池、种植园地等，并根据幼儿活动的需要绿化、美化园地。

第三十六条　幼儿园应当配备适合幼儿特点的桌椅、玩具架、盥洗卫生用具，以及必要的玩教具、图书和乐器等。

玩教具应当具有教育意义并符合安全、卫生要求。幼儿园应当因地制宜，就地取材，自制玩教具。

第七章　幼儿园的教职工

第三十八条　**幼儿园按照国家相关规定设园长、副园长、教师、保育员、卫生保健人员、炊事员和其他工作人员等岗位，配足配齐教职工。**

第三十九条　幼儿园教职工应当贯彻国家教育方针，具有良好品德，热爱教育事业，尊重和爱护幼儿，具有专业知识和技能以及相应的文化和专业素养，为人师表，忠于职责，身心健康。

幼儿园教职工患传染病期间暂停在幼儿园的工作。有犯罪、吸毒记录和精神病史者不得在幼儿园工作。

第四十条　幼儿园园长应当符合本规程第三十九条规定，并应当具有《教师资格条例》规定的教师资格、具备大专以上学历、有三年以上幼儿园工作经历和一定的组织管理能力，并取得幼儿园园长岗位培训合格证书。

幼儿园园长由举办者任命或者聘任，并报当地主管的教育行政部门备案。

…… ……

第四十一条　幼儿园教师必须具有《教师资格条例》规定的幼儿园教师资格，并符合本规程第三十九条规定。

幼儿园教师实行聘任制。

…… ……

第四十二条　幼儿园保育员应当符合本规程第三十九条规定，并应当具备高中毕业以上学历，受过幼儿保育职业培训。

…… ……

第四十三条　幼儿园卫生保健人员除符合本规程第三十九条规定外，医师应当取得卫生行政部门颁发的《医师执业证书》；护士应当取得《护士执业证书》；保健员应当具有高中毕业以上学历，并经过当地妇幼保健机构组织的卫生保健专业知识培训。

…… ……

第八章　幼儿园的经费

第四十六条　幼儿园的经费由举办者依法筹措，保障有必备的办园资金和稳定的经费来源。

…… ……

第四十九条　幼儿园举办者筹措的经费，应当保证保育和教育的需要，有一定比例用于改善办园条件和开展教职工培训。

第九章　幼儿园、家庭和社区

第五十三条　幼儿园应当建立幼儿园与家长联系的制度。幼儿园可采取多种形式，指导家长正确了解幼儿园保育和教育的内容、方法，定期召开家长会议，并接待家长的来访和咨询。

…… ……

第五十四条　幼儿园应当成立家长委员会。

家长委员会的主要任务是：对幼儿园重要决策和事关幼儿切身利益的事项提出意见和建议；发挥家长的专业和资源优势，支持幼儿园保育教育工作；帮助家长了解幼儿园工作计划和要求，协助幼儿园开展家庭教育指导和交流。

家长委员会在幼儿园园长指导下工作。

第十章　幼儿园的管理

第五十六条　幼儿园实行园长负责制。

…… ……

第六十三条　幼儿园教师依法享受寒暑假期的带薪休假。幼儿园应当创造条件，在寒暑假期间，安排工作人员轮流休假。具体办法由举办者制定。

单选题

1.【真题】孙某和张某共同开办了一家具有法人资格的幼儿园，由张某担任园长，该幼儿园的法人代表是（　　）。

A. 张某　　B. 孙某　　C. 孙某和张某　　D. 教职工大会

【答案】A

【解析】依据我国相关法律，幼儿园实行园长负责制，园长在教育行政部门的领导下负责全园工作。

2.【真题】依据《幼儿园工作规程》，下列说法不正确的是（　　）。

A. 健康检查不合格的幼儿，可以拒绝其入园

B. 幼儿一日活动组织应动静交替，以动为主

C. 幼儿的每日户外体育活动不得低于一小时

D. 幼儿园可按年龄分别编班，也可混合编班

【答案】B

【解析】《幼儿园工作规程》第二十六条规定，幼儿园一日活动的组织应当动静交替，注重幼儿的直接感知、实际操作和亲身体验，保证幼儿愉快的、有益的自由活动。未强调以动为主，故B项表述错误。

考点详解

《国家中长期教育改革和发展规划纲要（2010—2020年）》（节选）

第一部分　总体战略

第一章　指导思想和工作方针

（一）**指导思想。**高举中国特色社会主义伟大旗帜，以邓小平理论和“三个代表”重要思想为指导，深入贯彻落实科学发展观，实施科教兴国战略和人才强国战略，优先发展教育，完善中国特色社会主义现代教育体系，办好人民满意的教育，建设人力资源强国。

全面贯彻党的教育方针，坚持教育为社会主义现代化建设服务，为人民服务，与生产劳动和社会实践相结合，培养德智体美全面发展的社会主义建设者和接班人。

全面推进教育事业科学发展，立足社会主义初级阶段基本国情，把握教育发展阶段性特征，坚持以人为本，遵循教育规律，面向社会需求，优化结构布局，提高教育现代化水平。

（二）**工作方针。**优先发展、育人为本、改革创新、促进公平、提高质量。

把教育摆在优先发展的战略地位。教育优先发展是党和国家提出并长期坚持的一项重大方针。各级党委和政府要把优先发展教育作为贯彻落实科学发展观的一项基本要求，切实保证经济社会发展规划优先安排教育发展，财政资金优先保障教育投入，公共资源优先满足教育和人力资源开发需要。充分调动全社会关心支持教育的积极性，共同担负起培育下一代的责任，为青少年健康成长创造良好环境。完善体制和政策，鼓励社会力量兴办教育，不断扩大社会资源对教育的投入。

把育人为本作为教育工作的根本要求。人力资源是我国经济社会发展的第一资源，教育是开发人力资源的主要途径。要以学生为主体，以教师为主导，充分发挥学生的主动性，把促进学生健康成长作为学校一切工作的出发点和落脚点。关心每个学生，促进每个学生主动地、生动活泼地发展，尊重教育规律和学生身心发展规律，为每个学生提供适合的教育。努力培养造就数以亿计的高素质劳动者、数以千万计的专门人才和一大批拔尖创新人才。

把改革创新作为教育发展的强大动力。教育要发展，根本靠改革。要

考点8：《国家中长期教育改革和发展规划纲要（2010—2020年）》

内容提要：纲要内容涵盖推进素质教育改革试点、义务教育均衡发展改革试点、职业教育办学模式改革试点、终身教育体制机制建设试点、拔尖创新人才培养改革试点、考试招生制度改革试点、现代大学制度改革试点、深化办学体制改革试点、地方教育投入保障机制改革试点以及省级政府教育统筹综合改革试点等10个方面。

以体制机制改革为重点，鼓励地方和学校大胆探索和试验，加快重要领域和关键环节改革步伐。创新人才培养体制、办学体制、教育管理体制，改革质量评价和考试招生制度，改革教学内容、方法、手段，建设现代学校制度。加快解决经济社会发展对高质量多样化人才需要与教育培养能力不足的矛盾、人民群众期盼良好教育与资源相对短缺的矛盾、增强教育活力与体制机制约束的矛盾，为教育事业持续健康发展提供强大动力。

把促进公平作为国家基本教育政策。教育公平是社会公平的重要基础。教育公平的关键是机会公平，基本要求是保障公民依法享有受教育的权利，重点是促进义务教育均衡发展和扶持困难群体，根本措施是合理配置教育资源，向农村地区、边远贫困地区和民族地区倾斜，加快缩小教育差距。教育公平的主要责任在政府，全社会要共同促进教育公平。

把提高质量作为教育改革发展的核心任务。树立科学的质量观，把促进人的全面发展、适应社会需要作为衡量教育质量的根本标准。树立以提高质量为核心的教育发展观，注重教育内涵发展，鼓励学校办出特色、办出水平，出名师，育英才。建立以提高教育质量为导向的管理制度和工作机制，把教育资源配置和学校工作重点集中到强化教学环节、提高教育质量上来。制定教育质量国家标准，建立健全教育质量保障体系。加强教师队伍建设，提高教师整体素质。

第二章　战略目标和战略主题

（三）战略目标。到 2020 年，基本实现教育现代化，基本形成学习型社会，进入人力资源强国行列。

实现更高水平的普及教育。基本普及学前教育；巩固提高九年义务教育水平；普及高中阶段教育，毛入学率达到 90%；高等教育大众化水平进一步提高，毛入学率达到 40%；扫除青壮年文盲。新增劳动力平均受教育年限从 12.4 年提高到 13.5 年；主要劳动年龄人口平均受教育年限从 9.5 年提高到 11.2 年，其中受过高等教育的比例达到 20%，具有高等教育文化程度的人数比 2009 年翻一番。

形成惠及全民的公平教育。坚持教育的公益性和普惠性，保障公民依法享有接受良好教育的机会。建成覆盖城乡的基本公共教育服务体系，逐步实现基本公共教育服务均等化，缩小区域差距。努力办好每一所学校，教好每一个学生，不让一个学生因家庭经济困难而失学。切实解决进城务工人员子女平等接受义务教育问题。保障残疾人受教育权利。

提供更加丰富的优质教育。教育质量整体提升，教育现代化水平明显提高。优质教育资源总量不断扩大，更好满足人民群众接受高质量教育的需求。学生思想道德素质、科学文化素质和健康素质明显提高。各类人才服务国家、服务人民和参与国际竞争能力显著增强。

构建体系完备的终身教育。学历教育和非学历教育协调发展，职业教育和普通教育相互沟通，职前教育和职后教育有效衔接。继续教育参与率大幅提升，从业人员继续教育年参与率达到 50%。现代国民教育体系更加完善，终身教育体系基本形成，促进全体人民学有所教、学有所成、学有所用。

健全充满活力的教育体制。进一步解放思想，更新观念，深化改革，提高教育开放水平，全面形成与社会主义市场经济体制和全面建设小康社会目标相适应的充满活力、富有效率、更加开放、有利于科学发展的教育体制机制，办出具有中国特色、世界水平的现代教育。

（四）战略主题。坚持以人为本、全面实施素质教育是教育改革发展的战略主题，是贯彻党的教育方针的时代要求，其核心是解决好培养什么人、怎样培养人的重大问题，重点是面向全体学生、促进学生全面发展，着力提高学生服务国家服务人民的社会责任感、勇于探索的创新精神和善于解决问题的实践能力。

坚持德育为先。立德树人，把社会主义核心价值体系融入国民教育全过程。加强马克思主义中国化最新成果教育，引导学生形成正确的世界观、人生观、价值观；加强理想信念教育和道德教育，坚定学生对中国共产党领导、社会主义制度的信念和信心；加强以爱国主义为核心的民族精神和以改革创新为核心的时代精神教育；加强社会主义荣辱观教育，培养学生团结互助、诚实守信、遵纪守法、艰苦奋斗的良好品质。加强公民意识教育，树立社会主义民主法治、自由平等、公平正义理念，培养社会主义合格公民。加强中华民族优秀文化传统教育和革命传统教育。把德育渗透于教育教学的各个环节，贯穿于**学校教育**、**家庭教育**和**社会教育**的各个方面。切实加强和改进未成年人思想道德建设和大学生思想政治教育工作。构建大中小学有效衔接的德育体系，创新德育形式，丰富德育内容，不断提高德育工作的吸引力和感染力，增强德育工作的针对性和实效性。加强辅导员、班主任队伍建设。

坚持能力为重。优化知识结构，丰富社会实践，强化能力培养。着力提高学生的学习能力、实践能力、创新能力，教育学生学会知识技能，学会动手动脑，学会生存生活，学会做人做事，促进学生主动适应社会，开创美好未来。

坚持全面发展。全面加强和改进德育、智育、体育、美育。坚持文化知识学习与思想品德修养的统一、理论学习与社会实践的统一、全面发展与个性发展的统一。加强体育，牢固树立健康第一的思想，确保学生体育课程和课余活动时间，提高体育教学质量，加强心理健康教育，促进学生身心健康、体魄强健、意志坚强；加强美育，培养学生良好的审美情趣和人文素养。加强劳动教育，培养学生热爱劳动、热爱劳动人民的情感。重视安全教育、生命教育、国防教育、可持续发展教育。促进德育、智育、体育、美育有机融合，提高学生综合素质，使学生成为德智体美全面发展的社会主义建设者和接班人。

第二部分　发展任务

第三章　学前教育

（五）**基本普及学前教育。**学前教育对幼儿身心健康、习惯养成、智力发展具有重要意义。遵循幼儿身心发展规律，坚持科学保教方法，保障幼儿快乐健康成长。积极发展学前教育，到 2020 年，普及学前一年教育，基本普及学前两年教育，有条件的地区普及学前三年教育。重视 0 至 3 岁婴幼儿教育。

（六）**明确政府职责。**把发展学前教育纳入城镇、社会主义新农村建设规划。建立政府主导、社会参与、公办民办并举的办园体制。大力发展公办幼儿园，积极扶持民办幼儿园。加大政府投入，完善成本合理分担机制，对家庭经济困难幼儿入园给予补助。加强学前教育管理，规范办园行为。制定学前教育办园标准，建立幼儿园准入制度。完善幼儿园收费管理办法。严格执行幼儿教师资格标准，切实加强幼儿教师培养培训，提高幼儿教师队伍整体素质，依法落实幼儿教师地位和待遇。教育行政部门加强对学前教育的宏观指导和管理，相关部门履行各自职责，充分调动各方面力量发展学前教育。

（七）**重点发展农村学前教育。**努力提高农村学前教育普及程度。着力保证留守儿童入园。采取多种形式扩大农村学前教育资源，改扩建、新建幼儿园，充分利用中小学布局调整富余的校舍和教师举办幼儿园（班）。发挥乡镇中心幼儿园对村幼儿园的示范指导作用。支持贫困地区发展学前教育。

第四章　义务教育

（八）**巩固提高九年义务教育水平。**义务教育是国家依法统一实施、所有适龄儿童少年必须接受的教育，具有强制性、免费性和普及性，是教育工作的重中之重。注重品行培养，激发学习兴趣，培育健康体魄，养成良好习惯。到 2020 年，全面提高普及水平，全面提高教育质量，基本实现区域内均衡发展，确保适龄儿童少年接受良好义务教育。

巩固义务教育普及成果。适应城乡发展需要，合理规划学校布局，办好必要的教学点，方便学生就近入学。坚持以输入地政府管理为主、以全日制公办中小学为主，确保进城务工人员随迁子女平等接受义务教育，研究制定进城务工人员随迁子女接受义务教育后在当地参加升学考试的办法。建立健全政府主导、社会参与的农村留守儿童关爱服务体系和动态监测机制。加快农村寄宿制学校建设，优先满足留守儿童住宿需求。采取必要措施，确保适龄儿童少年不因家庭经济困难、就学困难、学习困难等原因而失学，努力消除辍学现象。

提高义务教育质量。建立国家义务教育质量基本标准和监测制度。严格执行义务教育国家课程

标准、教师资格标准。深化课程与教学方法改革，推行小班教学。配齐音乐、体育、美术等学科教师，开足开好规定课程。大力推广普通话教学，使用规范汉字。

增强学生体质。科学安排学习、生活、锻炼，保证学生睡眠时间。**大力开展“阳光体育”运动，保证学生每天锻炼一小时，不断提高学生体质健康水平。**提倡合理膳食，改善学生营养状况，提高贫困地区农村学生营养水平。保护学生视力。

（九）**推进义务教育均衡发展。均衡发展是义务教育的战略性任务。**建立健全义务教育均衡发展保障机制。推进义务教育学校标准化建设，均衡配置教师、设备、图书、校舍等资源。

…………

第五章　高中阶段教育

（十一）**加快普及高中阶段教育。高中阶段教育是学生个性形成、自主发展的关键时期，对提高国民素质和培养创新人才具有特殊意义。**注重培养学生自主学习、自强自立和适应社会的能力，克服应试教育倾向。**到 2020 年，普及高中阶段教育，满足初中毕业生接受高中阶段教育需求。**

根据经济社会发展需要，合理确定普通高中和中等职业学校招生比例，今后一个时期总体保持普通高中和中等职业学校招生规模大体相当。加大对中西部贫困地区高中阶段教育的扶持力度。

第三部分　体制改革

第十一章　人才培养体制改革

（三十一）**更新人才培养观念。**深化教育体制改革，关键是更新教育观念，核心是改革人才培养体制，目的是提高人才培养水平。树立全面发展观念，努力造就德智体美全面发展的高素质人才。树立人人成才观念，面向全体学生，促进学生成长成才。树立多样化人才观念，尊重个人选择，鼓励个性发展，不拘一格培养人才。树立终身学习观念，为持续发展奠定基础。树立系统培养观念，推进小学、中学、大学有机衔接，教学、科研、实践紧密结合，学校、家庭、社会密切配合，加强学校之间、校企之间、学校与科研机构之间合作以及中外合作等多种联合培养方式，形成体系开放、机制灵活、渠道互通、选择多样的人才培养体制。

（三十二）**创新人才培养模式。**适应国家和社会发展需要，遵循教育规律和人才成长规律，深化教育教学改革，创新教育教学方法，探索多种培养方式，形成各类人才辈出、拔尖创新人才不断涌现的局面。

注重学思结合。倡导启发式、探究式、讨论式、参与式教学，帮助学生学会学习。激发学生的好奇心，培养学生的兴趣爱好，营造独立思考、自由探索、勇于创新的良好环境。适应经济社会发展和科技进步的要求，推进课程改革，加强教材建设，建立健全教材质量监管制度。深入研究、确定不同教育阶段学生必须掌握的核心内容，形成教学内容更新机制。充分发挥现代信息技术作用，促进优质教学资源共享。

注重知行统一。坚持教育教学与生产劳动、社会实践相结合。开发实践课程和活动课程，增强学生科学实验、生产实习和技能实训的成效。充分利用社会教育资源，开展各种课外及校外活动。加强中小学校外活动场所建设。加强学生社团组织指导，鼓励学生积极参与志愿服务和公益事业。

注重因材施教。关注学生不同特点和个性差异，发展每一个学生的优势潜能。推进分层教学、走班制、学分制、导师制等教学管理制度改革。建立学习困难学生的帮助机制。改进优异学生培养方式，在跳级、转学、转换专业以及选修更高学段课程等方面给予支持和指导。健全公开、平等、竞争、择优的选拔方式，改进中学生升学推荐办法，创新研究生培养方法。探索高中阶段、高等学校拔尖学生培养模式。

（三十三）**改革教育质量评价和人才评价制度。**改进教育教学评价。根据培养目标和人才理念，建立科学、多样的评价标准。开展由政府、学校、家长及社会各方面参与的教育质量评价活动。做好学生成长记录，完善综合素质评价。探索促进学生发展的多种评价方式，激励学生乐观向上、自主自立、努力成才。

改进人才评价及选用制度，为人才培养创造良好环境。树立科学人才观，建立以岗位职责为基础，以品德、能力和业绩为导向的科学化、社会化人才评价发现机制。强化人才选拔使用中对实践能力的考查，克服社会用人单纯追求学历的倾向。

第四部分　保障措施

第十七章　加强教师队伍建设

（五十一）建设高素质教师队伍。教育大计，教师为本。有好的教师，才有好的教育。提高教师地位，维护教师权益，改善教师待遇，使教师成为受人尊重的职业。严格教师资质，提升教师素质，努力造就一支师德高尚、业务精湛、结构合理、充满活力的高素质专业化教师队伍。

（五十二）加强师德建设。加强教师职业理想和职业道德教育，增强广大教师教书育人的责任感和使命感。教师要关爱学生，严谨笃学，淡泊名利，自尊自律，以人格魅力和学识魅力教育感染学生，做学生健康成长的指导者和引路人。将师德表现作为教师考核、聘任（聘用）和评价的首要内容。采取综合措施，建立长效机制，形成良好学术道德和学术风气，克服学术浮躁，查处学术不端行为。

（五十三）提高教师业务水平。完善培养培训体系，做好培养培训规划，优化队伍结构，提高教师专业水平和教学能力。通过研修培训、学术交流、项目资助等方式，培养教育教学骨干、“双师型”教师、学术带头人和校长，造就一批教学名师和学科领军人才。

以农村教师为重点，提高中小学教师队伍整体素质。创新农村教师补充机制，完善制度政策，吸引更多优秀人才从教。积极推进师范生免费教育，实施农村义务教育学校教师特设岗位计划，完善代偿机制，鼓励高校毕业生到艰苦边远地区当教师。完善教师培训制度，将教师培训经费列入政府预算，对教师实行每五年一周期的全员培训。加大民族地区双语教师培养培训力度。加强校长培训，重视辅导员和班主任培训。加强教师教育，构建以师范院校为主体、综合大学参与、开放灵活的教师教育体系。深化教师教育改革，创新培养模式，增强实习实践环节，强化师德修养和教学能力训练，提高教师培养质量。

以“双师型”教师为重点，加强职业院校教师队伍建设。加大职业院校教师培养培训力度。依托相关高等学校和大中型企业，共建“双师型”教师培养培训基地。完善教师定期到企业实践制度。完善相关人事制度，聘任（聘用）具有实践经验的专业技术人员和高技能人才担任专兼职教师，提高持有专业技术资格证书和职业资格证书教师比例。

以中青年教师和创新团队为重点，建设高素质的高校教师队伍。大力提高高校教师教学水平、科研创新和社会服务能力。促进跨学科、跨单位合作，形成高水平教学和科研创新团队。创新人事管理和薪酬分配方式，引导教师潜心教学科研，鼓励中青年优秀教师脱颖而出。实施海外高层次人才引进计划、“长江学者奖励计划”和“国家杰出青年科学基金”等人才项目，为高校集聚具有国际影响的学科领军人才。

（五十四）提高教师地位待遇。不断改善教师的工作、学习和生活条件，吸引优秀人才长期从教、终身从教。依法保证教师平均工资水平不低于或者高于国家公务员的平均工资水平，并逐步提高。落实教师绩效工资。对长期在农村基层和艰苦边远地区工作的教师，在工资、职务（职称）等方面实行倾斜政策，完善津贴补贴标准。建设农村艰苦边远地区学校教师周转宿舍。研究制定优惠政策，改善教师工作和生活条件。关心教师身心健康。落实和完善教师医疗养老等社会保障政策。国家对在农村地区长期从教、贡献突出的教师给予奖励。

（五十五）健全教师管理制度。完善并严格实施教师准入制度，严把教师入口关。国家制定教师资格标准，提高教师任职学历标准和品行要求。建立教师资格证书定期登记制度。省级教育行政部门统一组织中小学教师资格考试和资格认定，县级教育行政部门按规定履行中小学教师的招聘录用、职务（职称）评聘、培养培训和考核等管理职能。

逐步实行城乡统一的中小学编制标准，对农村边远地区实行倾斜政策。制定幼儿园教师配备标准。建立统一的中小学教师职务（职称）系列，在中小学设置正高级教师职务（职称）。探索在职业学校设置正高级教师职务（职称）。制定高等学校编制标准。加强学校岗位管理，创新聘用方式，规范用人行为，完善激励机制，激发教师积极性和创造性。建立健全义务教育学校教师和校长流动机制。城镇中小学教师在评聘高级职务（职称）时，原则上要有一年以上在农村学校或薄弱学校任教经历。加强教师管理，完善教师退出机制。制定校长任职资格标准，促进校长专业化，提高校长管理水平。推行校长职级制。

创造有利条件，鼓励教师和校长在实践中大胆探索，创新教育思想、教育模式和教育方法，形成教学特色和办学风格，造就一批教育家，倡导教育家办学。大力表彰和宣传模范教师的先进事迹。国家对作出突出贡献的教师和教育工作者设立荣誉称号。

第十八章　保障经费投入

（五十六）加大教育投入。教育投入是支撑国家长远发展的基础性、战略性投资，是教育事业的物质基础，是公共财政的重要职能。要健全以政府投入为主、多渠道筹集教育经费的体制，大幅度增加教育投入。

…………

单选题

1.【真题】《国家中长期教育改革与发展规划纲要（2010—2020 年）》提出，教育改革发展的战略主题是（　　）。

A. 坚持立德树人，创新培养人才的体制　　B. 坚持以人为本，全面实施素质教育

C. 坚持教育公平，合理配置教育资源　　D. 坚持内涵发展，全面提高教育质量

【答案】B

【解析】坚持以人为本，全面实施素质教育，是教育改革发展的战略主题，是贯彻党的教育方针的时代要求，其核心是解决好培养什么人、怎么培养人的重大问题，重点是面对全体学生、促进学生的全面发展，着力提高学生服务国家服务人民的社会责任感、勇于探索的创新精神和善于解决问题的实践能力。

2.【真题】《国家中长期教育改革和发展规划纲要（2010—2020 年）》要求，学前教育发展的一大任务是重点发展（　　）。

A. 西部地区学前教育　　B. 边远地区学前教育

C. 城镇学前教育　　D. 农村学前教育

【答案】D

【解析】《国家中长期教育改革和发展纲要（2010—2020 年）》中关于学前教育中的规定有：基本普及学前教育、明确政府职责以及重点发展农村教育。

3.【真题】依据《国家中长期教育改革和发展规划纲要（2010—2020 年）》，下列关于学前教育发展任务说法不正确的是（　　）。

A. 建立政府主导、社会参与、公办为主、民办为辅的办园体制

B. 着力保证留守儿童入园，努力提高农村学前教育普及程度

C. 制定学制教育办园标准，建立幼儿园准入制度

D. 到 2010 年，有条件地区普及学前三年教育

【答案】A

【解析】《国家中长期教育改革和发展规划纲要（2010—2020 年）》规定，把发展学前教育纳入城镇、社会主义新农村建设规划。建立政府主导、社会参与、公办民办并举的办园体制。故选 A。BCD 属于纲要的学前教育部分。

考点详解

1989年11月20日在第44届联合国大会上通过了《儿童权利公约》。该公约自1990年9月2日正式生效。我国于1990年8月29日签署了该《公约》。《公约》由序言、实质性条款、程序性条款和最后条款四部分组成，共54条。

考点9：《儿童权利公约》

内容提要：《儿童权利公约》于1989年11月20日第44届联合国大会第25号决议通过，是第一部有关保障儿童权利且具有法律约束力的国际性约定。该公约旨在为世界各国儿童创建良好的成长环境。

一、《儿童权利公约》的基本内容

（1）《儿童权利公约》中所指的“儿童”包括哪些人。《儿童权利公约》第一条规定：“儿童系指18岁以下的任何人，除非对其适用之法律规定成年年龄低于18岁。”我国有关法律规定，已满18周岁的为成年人，未满18周岁的为未成年人。《儿童权利公约》中所指的“儿童”与我国法律中“未成年人”的概念一致。

（2）《儿童权利公约》规定儿童拥有哪些权利。《儿童权利公约》中提到的儿童权利多达几十种，但其中最基本的权利可以概括为四种：生存权是首要的人权，幼儿出生后就获得了生命权，享有生命安全不受非法侵害的权利和受特殊保护的权利，以及接受可达到的最高标准的医疗保健服务的权利。受保护权包括保护儿童免受歧视、剥削、酷刑、虐待或疏忽照料，以及对失去家庭的儿童和难民儿童的基本保证。幼儿的发展权包括幼儿接受一切形式的教育（正规和非正规）的权利。每个幼儿有权享有足以促进其身体、心理、精神、道德与社会发展的生活水平。幼儿的参与权指的是幼儿获得参与社会生活的权利。

二、《儿童权利公约》的基本原则

（一）无歧视原则

无歧视原则是指每一个儿童都平等地享有公约所规定的全部权利。公约第二条规定：

（1）缔约国应尊重本公约所载列的权利，并确保其管辖范围内每一儿童均享受此种权利，不因儿童或其父母或法定监护人的种族、肤色、性别、语言、宗教、政治或其他见解、民族、族裔或社会出身、财产、伤残、出生或其他身份而有任何差别；

（2）缔约国应采取一切适当措施确保儿童得到保护，不受基于儿童父母、法定监护人或家庭成员的身份、活动、所表达的观点或信仰而加诸的一切形式的歧视或惩罚。

（二）儿童最大利益原则

儿童最大利益原则是指涉及儿童的一切事物和行为，都应首先考虑以儿童的最大利益为出发点。公约中并没有指明儿童的最大利益是什么，但在实际工作中我们要随时关注儿童的利益，并将他们的利益放在工作的首位。公约第三条规定：

（1）关于儿童的一切行动，不论是由公私社会福利机构、法院、行政当局或立法机构执行，均应以儿童的最大利益为首要考虑；

（2）缔约国承担确保儿童享有其幸福所必需的保护和照料，考虑到其

父母、法定监护人或任何对其负有法律责任的个人的权利和义务，并为此采取一切适当的立法和行政措施；

（3）缔约国应确保负责照料或保护儿童的机构、服务部门及设施符合主管当局规定的标准，尤其是安全、卫生、工作人员数目和资格以及有效监督等方面的标准。

（三）尊重儿童基本权利的原则

即所有儿童都享有生存和发展的权利，应最大限度地确保儿童的生存和发展。公约第六条规定：

（1）缔约国确认每个儿童均有固有的生命权；

（2）缔约国应最大限度地确保儿童的存活与发展。

（四）尊重儿童观点的原则

即任何事情涉及儿童，均应听取儿童的意见。公约第十二条规定：

（1）缔约国应确保有主见能力的儿童有权对影响到其本人的一切事项自由发表自己的意见，对儿童的意见应按照其年龄和成熟程度给以适当的看待；

（2）为此目的，儿童特别应有机会在影响到儿童的任何司法和政策诉讼中，以符合国家法律的诉讼规则的方式，直接或通过代表或适当机构陈述意见。

例题精讲

单选题

1. **【真题】**下列选项中，不符合联合国《儿童权利公约》对儿童权利的保护规定的是（　　）。

A. 承认儿童享有固定的生命权　　B. 确保儿童免受惩罚的权利

C. 最大限度地确保儿童的生存与发展　　D. 确保儿童享有其幸福所需的保护和照顾

【答案】B

【解析】依据联合国《儿童权利公约》，儿童被保护的权利包含生存权、发展权、参与权和受保护权。

2. **【真题】**《儿童权利公约》规定，对儿童教育和发展具有首要责任的是（　　）。

A. 联合国儿童权利委员会　　B. 父母和法定监护人

C. 园长　　D. 幼儿园

【答案】B

【解析】《儿童权利公约》第十八条规定：父母对儿童成长负有首要责任，但各国应向他们提供适当协助和发展育儿所。

3. **【真题】**联合国《儿童权利公约》中的“儿童”指（　　）。

A. 18 岁以下的任何人　　B. 16 岁以下的任何人

C. 10 岁以下的任何人　　D. 6 岁以下的任何人

【答案】A

【解析】《儿童权利公约》第一部分第一条指出，为本公约之目的，儿童系指 18 岁以下的任何人，除非对其适用之法律规定成年年龄低于 18 岁。

模块三

教师职业道德规范

模块分析

考纲呈现

1. 教师职业道德

了解《中小学教师职业道德规范》(2008 年修订)，掌握教师职业道德规范的主要内容。

理解《中小学班主任工作规定》的精神。

分析评价保教实践中教师的道德规范问题。

2. 教师职业行为

熟悉教师职业行为规范的要求，熟悉幼儿园教师的职业特点。

理解教师职业行为规范的主要内容，在教育活动中运用行为规范恰当地处理与幼儿、幼儿家长、同事以及教育管理者的关系。

在保教活动中，依据教师职业行为规范，爱国守法、爱岗敬业、关爱学生、教书育人、为人师表。

备考策略

教师职业道德模块主要考查《中小学教师职业道德规范》及教师职业行为的实际运用。需重点掌握的是依法执教、爱岗敬业、关爱学生、为人师表、教书育人、终身学习，即“**三爱二人一终身**”。

职业理念模块的主要考查形式为单项选择题与材料分析题。其中单选题属于常识性知识考查，只要具备正确的职业道德理念，作答相对简单；而材料分析题主要通过职业理念来分析案例，主要以学生发展、素质教育、新课改、评价理念、教学观以及教师角色转变等理论为答题点，即用“三爱二人一终身”来评析案例中老师的行为。

知识逻辑思维导图

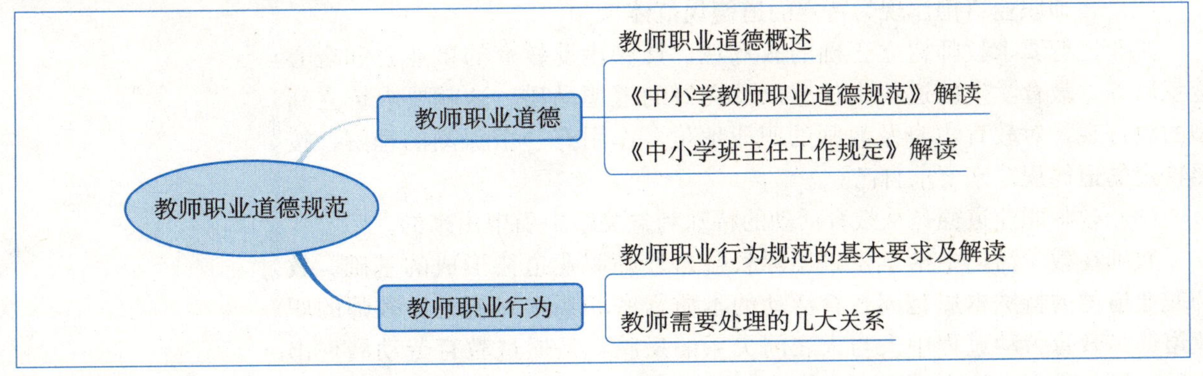

第一章 教师职业道德

考点详解

一、教师职业道德的内涵及特点

（一）教师职业道德的内涵

教师职业道德，又称“教师道德”或“师德”，是教师在从事教育劳动中所遵循的行为准则和必备的道德品质；是教师在其职业生活中，调节和处理与他人、与社会、与集体、与工作关系所应遵守的基本行为规范或行为准则，以及在此基础上所表现出来的观念意识和行为品质。

1. 教师职业道德的本质

（1）教师职业道德是教师从事教育活动必须遵守的职业伦理。

教师塑造未来一代人的健全人格，也塑造着未来一代人的灵魂。教师的职业道德水平直接关系到学校德育工作的开展以及青少年儿童的成长，影响着整个国家未来发展的趋势与方向。

为贯彻落实党的十七大精神，进一步加强教师队伍建设，全面提高中小学教师队伍的师德素质和专业水平，我国对 1997 年国家教委和全国教育工会联合印发的《中小学教师职业道德规范》进行了修订，于 2008 年 9 月 1 日由中华人民共和国教育部颁布实施。该《规范》是新形势下教师在从事教育活动中必须遵守的职业伦理。

（2）教师职业道德体现为特定的道德规范体系。

职业道德要求教师树立正确的教育观，具有热爱教育的事业心和全心全意培养、教育学生的道德责任感以及良好的道德品质。这就要求树立新型的教育观，对教育本身及教师的职业地位、作用有一个深刻的理解，按照特定的道德规范来要求自己。

（3）教师职业道德是从教育活动的特殊利益关系中引申出来的。

教师在教学活动中给学生以实际教益是教师职业道德形成的基础。教师职业道德的特殊本质是同教育活动的本质紧密联系在一起的。教师的职业道德是教育劳动过程中人与人之间关系的反映，是通过教育劳动展现出来的。所以教师应该在遵守党和国家培养学生的目标下，积极、主动开展教学，引导学生全面成长，为学生的发展和国家的建设做出自己的贡献。

2. 教师职业道德的基本构成

教师职业道德主要由教师职业理想、教师职业责任、教师职业态度、教师职业纪律、教师职业技能、教师职业良心、教师职业作风、教师职业荣誉和教师的教育威信九个因素构成，这些因素从不同方面反映出教师职

考点 1：
教师职业道德概述

内容提要：教师职业道德是从事教学工作的脑力劳动者在教学实践中所应遵守的职业道德。

业道德的特定本质和规律，同时又相互配合，构成一个严谨的教师职业道德结构模式。

（二）教师职业道德特点

教师职业道德共表现出四个典型特点，分别是境界的高层次性、意识的直觉性、行为的典范性和影响的深远性。

1. 境界的高层次性

境界的高层次性是指社会和他人对教师职业道德的要求总是在整个社会道德体系中处于较高水平和较高层次。教师职业道德的高层次是由教育是培养人的本质特点，以及教师要教书育人的根本任务所决定的。

2. 意识的自觉性

意识的自觉性是指教师因职业劳动的特点所决定的在职业道德意识上的更高的自觉性，它是教师职业情感和职业行为的基础。教师职业劳动必然要求教师具有道德的自觉性，教师只有严格要求自己，才能真正做到为人师表。

3. 行为的典范性

行为的典范性是指教师的品德和行为对学生思想品德的形成与行为具有榜样作用。它是由教师劳动的示范性决定的。在教师教学活动中，由于学生具有向师性和依赖性等特点，教师的一举一动、一言一行都会对学生的学习和发展产生深远影响，这就要求教师严于律己、以身作则，为学生做好表率。

4. 影响的深远性

影响的深远性是指教师的道德品质和行为将给学生留下深刻久远的印象，它不会随学生的离校而结束，还将延续到学生毕业以后走入社会，有时甚至会伴随学生的一生。由于教师的劳动特点具有延时价值特点，这种影响性表现得尤为突出。

二、教师职业道德修养

教师职业道德修养是指教师为培养良好的职业道德品质所进行的自我锻炼、自我陶冶、自我教育、自我改造的过程和行为。教师职业道德修养的内驱力来源于教师内在的道德需要，是由教师内在道德需要所启动的自主、自觉行为。

（一）教师职业道德修养的原则

教师职业道德修养的过程实质上是一个多因素、多矛盾相互交织、相互作用的运动过程。在这一过程中，每一位教师要实现自身道德品质从无到有、从低到高的转变，就必须注意把握和坚持如下基本原则。

1. 坚持知和行的统一

知即对教师道德的认识及在此基础上所形成的观念等。这是师德修养的前提。行即行为，也就是教师把职业道德的理论认识付诸行动，这是师德修养的目的。在教师职业道德修养中，知和行是统一的。

2. 坚持自律和他律的结合

所谓自律，是指自我控制，是教师依靠发自内心的信念对自己教育行为的选择和调节。所谓他律，就是指外部凭借奖惩以及各种制度规范等手段对行为进行的调节和控制。教师职业道德的修养既要利用外在因素进行自我约束，又必须发挥主观能动性，做到自律和他律的结合。

3. 坚持动机和效果的统一

所谓动机，就是趋向于一定目的的主观意向和愿望。它是意识到了的行为动因，即激励人们行动的主观原因。所谓效果，就是人们行动所产生的客观结果和后果，它是对人的行为的客观记录。

教师要不断进行道德理论和知识的学习，加深对师德修养意义和作用的理解，不断增强修养的

动力；同时要善于通过各种方式把良好的道德动机转化为客观的、外在的、现实的实际行动。在动机和效果的统一上实现师德境界的升华，既重视动机，又重视效果，才不会成为“说话的巨人，行动的矮子”。在动机和效果的统一上对自己提出比较全面的要求，是师德修养中必须坚持的。

4. 坚持个人和社会结合

个人是指具有一定身体素质、思想道德和文化素质以及某种个性和特殊利益的社会一分子。社会是指以生产劳动为基础，按照各种社会关系结合在一起的人类生活共同体。社会中的每一个人都占有一席之地，都在以他的思想、道德、所作所为影响、作用于社会。

5. 坚持继承和创新结合

师德并不是一成不变的，它是随着社会经济关系的发展变化而不断发展变化的。在进行师德修养中，创新与继承必须同行。必须在当代社会主义经济政治的基础上，在新的教育实践中，借鉴传统的优秀师德，重建新的更高的社会主义师德。师德修养中只有继承和发扬传统师德，又要根据新的社会环境和客观条件有所创新，才能在师德修养上达到一定的高度，登上一个又一个高峰。

（二）教师职业道德的修养方法

1. 确立可行目标，坚持不懈努力

师德修养同人们认识和改造客观世界的一切活动一样，不能是盲目的、无计划的，而必须有着明确的目标作为指导。

在教师职业道德修养中，指导整个修养过程的总目标是崇高的教师职业道德理想，它作为一面旗帜，为教师如何做人、如何胜任教书育人的重任指明了前进的方向和奋斗目标，并成为教师生活的重要精神支柱，推动和激励着教师朝着更高的道德境界奋进。

2. 加强理论学习，完善自我

教师要学习马克思主义的基本原理，掌握正确的世界观、人生观和价值观，深刻理解教师职业道德的精髓；教师还要学习职业道德规范，提高遵循师德规范的自觉性，在实践中培养良好的职业品德；教师要学习先进人物的优秀品质，不断地完善自我、提高自我。

3. 道德修养应注重内省和慎独

“慎独”，既是一种崇高的道德境界，又是一种道德修养的重要方法。它指的是在别人看不见、听不到的时候，在闲居独处的情况下，更要小心谨慎，严格要求自己，使自己的言论和行为符合道德要求。教师的劳动富有极强的自主性和独立性，如果没有“慎独”的修养，就很难做好教育工作。慎独是教师修身的重要方法，也是教师完善自我追求的师德境界。

4. 注重细节，自觉与他人交流

师德修养不是教师个人孤立的脱离社会的闭门修养，而是在教育实践中人与人相互交往、相互影响的社会性活动，教师品德修养也是社会道德进步的重要组成部分。在社会生活中总会蕴藏和涌现出美好的思想品质和道德风尚，教师作为精神文明的传播者，同时也应该成为良好道德情操、思想风貌的效法者和学习者，“见贤思齐”，自觉与他人交流、虚心向他人学习是师德修养的一个好方法。

单选题

1. 李老师平时非常注意自己的言行对学生的影响，从不在学生面前说脏话，也不会在学生面前随意大发脾气，这点体现了教师劳动的（　　）。

A. 长期性　　B. 示范性　　C. 创造性　　D. 互动性

【答案】B

【解析】抓住题干中的关键表述“自己的言行对学生的影响”，即示范性的体现。通过抓关键词或者根据常识判断都可以得出正确答案。

2. 杨老师在讲课的时候总喜欢“不走寻常路”，经常根据学生在课上的表现以及提出的问题来进行现场的引导，这样的教学方式得到了广大学生的欢迎，大家都纷纷表示在杨老师的课上受益匪浅。杨老师的行为体现出了教师劳动的（　　）。

A. 长期性　　B. 示范性　　C. 创造性　　D. 互动性

【答案】C

【解析】题干中的“不走寻常路”即教师充分发挥了自己的创造性。

3. “十年树木，百年树人”，说明教师劳动具有（　　）。

A. 长期性　　B. 示范性　　C. 创造性　　D. 互动性

【答案】A

【解析】识记知识点或者根据常识判断。

4. 一个学生正在画漫画，漫画上的卢老师奇丑无比。卢老师笑着说：“希望你有马良神笔，让老师美起来。”这体现了卢老师（　　）。

A. 宽容学生　　B. 公正待生　　C. 严于律己　　D. 严慈相济

【答案】A

【解析】本题主要考查教师的职业态度。老师没有发火，而是循循善诱，体现了教师对学生的宽容。

考点详解

《中小学教师职业道德规范》解读

考点 2：《中小学教师职业道德规范》解读

内容提要：修订后的《中小学教师职业道德规范》规定了六条教师应具备的职业道德，体现了教师职业特点对师德的本质要求和时代特征，“爱”和“责任”是贯穿其中的核心和灵魂。这部分六个知识点需要考生识记。

2008 年 9 月 1 日，修订后的《中小学教师职业道德规范》正式公布，这是我国继 1997 年以后首次对规范进行修订。与旧版本相比，新规范从原来的 8 条改为 6 条，即爱国守法、爱岗敬业、关爱学生、教书育人、为人师表、终身学习。

（一）爱国守法是教师职业的基本要求

1. 爱国守法是教师职业的要求

爱国作为教师的职业道德规范，是教师做好本职工作的支撑点。爱国主义是中华民族的传统美德，也是中国特色社会主义的核心价值体系的一个重要方面。“守法”是保证我国现代化建设健康稳定发展的内在要求。随着我国法律制度的健全和完善，我国的法制化水平逐步提高，法治进程进一步向前发展，公民的自觉守法显得越来越重要。爱国和守法是全体社会成员都应该遵守的道德规范，教师也不例外。教师要做到将爱国守法统一于整个教育活动中，除了自己模范地爱国守法外，更重要的是教会学生在这方面能够分辨是非。

2. 热爱祖国，热爱人民，拥护中国共产党的领导，拥护社会主义

教师只有在实际的工作、生活当中热爱祖国、热爱人民、拥护中国共产党的领导、拥护社会主义，才能潜移默化地影响和教育学生形成正确的学习风气，才能将其培养成为合格的社会主义建设人才。

3. 自觉遵守教育法律法规，依法履行教师职责

教师要做到依法执教，首先必须做一个遵纪守法的公民，遵守社会秩

序，恪守社会公德；其次，教师必须认真学习和领会有关教育、教师和未成年人的法律法规，把依法执教这一教师职业道德规范与其他相关法律法规联系起来，完整地理解依法执教的全部内涵，做到知法、懂法、守法，依法办事，做遵纪守法的楷模。

4. 全面贯彻教育方针

教育方针是国家从总的方向制定的教育方向，教师是教育方针的具体执行者。教师在教学与管理的过程中，必须严格按照教育方针的要求，全面贯彻推进素质教育，促进学生全面发展。

5. 不得有违背党和国家方针政策的言行

党和国家的方针政策代表了最广大人民的利益，集中反映了人民的愿望和要求。教师的劳动具有很强的示范与表率作用，所以，教师的职业性质决定了教师在其职业活动中，特别是自己的劳动对象——学生面前，不能散布与国家政策法规不一致的言论，不能宣扬与国家政策法规不一致的观点。学生尚处在是非分辨的薄弱时期，教师的行为会直接影响到学生的思想发展，教师传授给学生的知识必须符合国家法律法规的规定，符合科学规律。教师对党和国家的方针政策应当身体力行，坚持表率，从而引导学生朝着正确的方向发展。

（二）爱岗敬业是教师职业的本质要求

1. 爱岗敬业是教师的神圣职责

教师的爱岗敬业主要体现在要忠诚于人民的教育事业，志存高远。志存高远就是追求远大的理想，追求卓越，获得教师职业上的成功。

2. 淡泊名利，忠诚于人民的教育事业

教师要甘为人梯，乐于奉献，忠于党和人民的教育事业，全心全意投入到教育事业当中来。每位教师都应该树立高远的职业理想与坚定的职业信念，努力为培养祖国的未来栋梁之材奉献终身。

3. 勤恳敬业，严谨笃学，不断提高教育教学质量

（1）教师要认真执行国家教育方针，全面推进素质教育，促进学生的全面发展。

（2）教师要认真钻研教材，掌握教材的重点难点，不断提高自身的教学能力和教学质量。

（3）教师要认真研究学生。

（4）教师要更新教育观念，不断创新，改善教学方法，采用启发式，反对注入式，加强社会实践活动，培养学生的创造性思维能力，促使学生主动地发展。

（5）教师要关注每个学生的个性需求，对每个学生个体负责，相信每个学生都能成才。

（三）关爱学生是师德的灵魂

1. 关爱学生是教师职业道德规范的基本要求

关爱学生，就是关心爱护学生，这是教师职业道德规范的基本要求之一，也是身为人师的基本素质之一。关爱学生有利于培养学生的自信心，有利于培养学生的仁爱心，有利于增强教师的感召力。

2. 关心爱护全体学生，尊重学生人格，平等公正对待学生

“关心爱护全体学生，尊重学生人格，平等公正对待学生”是教师关爱学生最基本的要求，其核心是教师对待学生要公正公平。在教育活动过程中，教师应对全体学生持民主和尊重的态度，对学生一视同仁，不区别对待，不以个人的私利和好恶为标准。

尊重学生人格，归根结底在于教师具有良好的师德。教师应该首先提高自身素质，将尊重学生作为检验师德的标准，时刻提醒自己按照标准去工作。

3. 对学生宽严相济，做学生的良师益友

教师对学生的关爱不是一味纵容，宠爱溺爱，而是爱中有严，严中有爱，严慈相济。教师要善于把多关爱和严要求结合起来，这样的关爱才是完整的爱、适度的爱、有利于学生健康成长的爱。

4. 保护学生安全，关心学生健康，维护学生权益

（1）保护学生安全。作为教师，如果看到学生有危险都不肯施以援手，那也就谈不上关爱学生了。保护学生安全是全体教师义不容辞的责任，也是对教师关爱之心的一次考验。

（2）关心学生健康。学生正处在长身体的关键时期，教师要格外予以关注。关心学生健康，包括关注学生心理健康和身体健康，提高教育教学水平，切实减轻学生课业负担。

（3）维护学生权益。在学校，教师就是学生的保护者，是学生的依靠，主动自觉地维护学生的权益也是关爱学生的具体体现。例如未成年人拥有的最重要也是最基本的权利就是受教育权，未成年人有依法接受规定年限义务教育的权利。

5. 不讽刺、挖苦、歧视学生，不体罚或变相体罚学生

"不讽刺、挖苦、歧视学生，不体罚或变相体罚学生"是关爱学生的禁止性行为，这是教师的伦理底线。无论教师采用的是体罚还是心理惩罚，都是无视学生人格和尊严的典型表现，也是教师自身素质低劣的反映。在实际的工作中，教师要掌握灵活多样的教育方法对学生进行有针对性的教育，积极关注学生健康，维护学生的权益。

（四）教书育人是教师的天职

1. 教书育人是教师最核心的职责与任务

教书育人的核心是育人。教书是手段，育人才是目的。教书育人指的是学校教师在组织教学活动过程中，以教育内容为载体，强健学生的体质，传授给学生系统的科学文化知识，培养学生正确的审美观和健康向上的人格。

2. 遵循教育规律，实施素质教育

教师应该遵循社会发展规律，同时遵循学生个体发展规律，实施素质教育（生理、认知、品德和人格）。

实施素质教育，以培养学生良好的品行，促进学生的良好发展。在教育教学中只有遵循教育规律，尤其是遵循教育要适应年轻一代身心发展的这一规律，才能实现我们的教育目的。教育要适应年轻一代身心发展的顺序性，循序渐进地促进学生身心的发展。教育也要适应年轻一代身心发展的阶段性，对不同年龄阶段的学生，在教育内容和方法上应有所不同。

3. 因材施教，循循善诱，诲人不倦

教师应该采用多种积极、正确的教学方法对学生进行教育。因材施教，尊重学生的个体差异；循循善诱，与学生进行有效沟通；诲人不倦，保持教育的耐心和恒心。

4. 培养学生的良好品行，激发学生的创新精神，促进学生全面发展

培养学生的良好品行，激发学生创新精神，促进学生全面发展，是教师开展教书育人工作的目标指向。素质教育强调学生全体的发展、每位学生的个性发展，教师应该积极培养学生良好的品行，在教学的过程中激发学生的创新精神，最终促进学生的全面发展。

5. 不以分数作为评价学生的唯一标准

不以分数作为评价学生的唯一标准，是教师开展教书育人工作结果评价的指导思想。教师要培养社会所需的合格人才，就需在正确的人才观的指导下，用正确的评价方式来引导教育教学活动。社会对人才的需求不仅只体现在学生试卷上的分数，更体现在许多方面，比如良好的人际关系，吃苦耐劳的精神，自信、敏锐的观察力等。教师应该多维度来评价学生，以合格及特长为标准对学生进行评价。这样的评价方法能有效地促进素质教育的实施。

（五）为人师表是教师职业的内在要求

1. 为人师表是古往今来对教师的一贯要求

在我国，第一次使用"师表"二字的是汉朝的司马迁，他在《史记·太史公自序》中说："国有贤相良将，民之师表也。"意思是国家的贤明臣相和优秀将领，是黎民百姓学习的榜样，所谓

“师表”就是学习的榜样。为人师表常被作为对教师的道德要求，指的是教师的言谈举止、仪表风度应该成为学生学习的榜样，所谓“师者，人之模范也”。

2. 教师应该成为学生心中的模范

“学为人师，行为世范”是教师职业最基本的原则。教师作为学生发展的引路人，一举一动都会对学生的发展产生潜移默化的影响。教师只有严格要求自己，以身作则，才能达到育人的目的。

3. 教师的形象应该是令人敬慕的

教师的形象应该符合自己的职业特征，穿着得体、语言规范、举止文明，教师要时时刻刻注意自己的个人形象，引起学生的敬慕和热爱之情，进而达到亲其师、信其道的目的。

4. 教师应该懂得怎样尊重他人

教师在整个教育活动过程中，需要与学校人员、家长、社会人员进行不断的沟通，要求教师有默契的团队精神与良好的沟通技巧，在工作中，能否尊重他人、接纳别人，是衡量教师品质高低的重要标准之一。

5. 教师应该在自律上作出表率

教师不应从学生、家长身上谋取私立，同时也要自觉抵制有偿家教，不利用职务之便，谋取私利。《中小学教师职业道德规范》针对市场经济下出现的违背教师职业行为规范的问题而做出各项禁止规定，有偿家教就属于其中之一，教师应该严格抵制。

（六）终身学习是教师专业化发展的不竭动力

（1）终身学习是现代社会的基本特征。

（2）终身学习是教师职业的必然要求：是教师专业化发展的必然要求；是教师职业生涯周期特点的必然要求；是教师工作对象特点的必然要求。

（3）终身学习的内涵：重点加强对师德的学习、对教育科研能力的学习、对反思能力的培养、对现代教育技术的学习、对学生和自身的研究等。

（4）在工作中贯穿落实终身学习。

例题精讲

单选题

1. 当学生缺少兴趣时，学习就会成为学生的负担，这启示教师（　　）。

A. 维护学生权益，为人师表　　B. 言行举止文明，知荣明耻

C. 了解学生特点，因势利导　　D. 公正对待学生，廉洁从教

【答案】C

【解析】因势利导，指顺着事情发展的趋势，向有利于实现目的的方向加以引导。题干中的情况启示教师在教学时要调动学生的积极性，将教学内容与学生的兴趣结合起来，以有利于教学活动的进行。

【命题分析】该题是对教师职业要求的考查，除了从教师指导学生这个角度考查外，还可以从其他要求的角度进行命题。

2. 教师职业道德区别于其他职业道德的显著标志就是（　　）。

A. 为人师表　　B. 清正廉洁　　C. 敬业爱业　　D. 团结协作

【答案】A

【解析】为人师表是教师职业的内在要求，是教师职业道德区别于其他职业道德的显著标志。教师要在人品、学问等方面做学生的榜样。

【命题分析】此考点在考试中出现的频率很高，充分理解加牢固记忆即可。

3. 宋老师发现有的学生常将“鸟”和“乌”混淆，就编了首儿歌：“小鸟小鸟有眼睛，没有眼睛看不见。”他创编了很多类似的儿歌，对学生识字有很大帮助。宋老师的做法体现的师德规范是（　　）。

A. 廉洁从教　　B. 公正待生　　C. 探索创新　　D. 举止文明

【答案】C

【解析】该教师为了让学生记住知识、不混淆，运用创新的教学思路与方法来帮助学生记忆，体现了师德规范中的探索创新精神。

材料分析题

冯老师针对学生个体差异在班内开设了“读书小报”“群星园”“精彩作文赏析”“我爱发明”等专栏，展示学生作品，激励学生；并给学生建立了成长档案，记录他们的成长过程，而且作为评优的参考。

小华的爸爸是位戍边军人，常年不在家。冯老师将小华的成长档案整理好寄给了小华的爸爸。看到冯老师寄来的成长档案后，小华爸爸很激动。他给冯老师回信道：“感谢您的悉心培养，小华进步很大，看到孩子成长的点点滴滴，愧疚之余，您的付出难以回报，现寄上边疆的一点土特产，聊表心意！”

冯老师读着小华爸爸的来信很是高兴，随后也收到了小华爸爸寄来的土特产。冯老师以小华的名义将土特产悄悄地寄给了小华的奶奶。

问题：

请结合材料，从教师职业道德的角度，评析冯老师的教育行为。

【解析】这道题已经明确告诉我们从教师职业道德的角度出发，来评析这位老师的行为，大家可以用“三爱二人一终身”进行逐项对比。

【参考答案】该教师的教育行为体现了高水平的教师职业道德，是教师践行职业道德规范的表现，值得我们学习。

首先，冯老师做到了教书育人。所谓教书育人，是指教师循循善诱，诲人不倦，因材施教，培养学生良好品行，激发学生创新精神，促进学生全面发展。材料中，冯老师针对学生个体差异在班内开设各种作品专栏，激励学生。

其次，冯老师做到了关爱学生。所谓关爱学生，是指教师要关心和爱护全体学生，尊重他们的人格，平等公正对待学生，对学生要严慈相济，做学生的良师益友。材料中，冯老师针对学生情况关心学生，深受好评。

最后，冯老师做到了为人师表。为人师表要求教师坚守高尚情操，廉洁以教，作风正派。材料中，冯老师把家长给她的东西又悄悄寄给了学生的奶奶，保持自身的高尚品质。

综上所述，材料中冯老师的行为充分体现了作为教师应当有的职业道德，值得我们学习。

考点详解

《中小学班主任工作规定》解读

2009年8月22日，教育部颁布了新的《中小学班主任工作规定》，引起广泛关注和热议。

《中小学班主任工作规定》（以下简称《规定》），共七章二十二条，把对班主任的配备与选聘、职责与任务、待遇与权利、培养与培训、考核与奖惩都做了明确的规定，特别是在第一章《总则》里面，更是对班主任的概念作了详细的界定，也把班主任工作提到了一个显著的地位：班主任是中小学日常思想道德教育和学生管理工作的主要实施者，是中小学生健康成长的引领者，班主任要努力成为中小学生的人生导师。班主任是中小学的重要岗位，从事班主任工作是中小学教师的重要职责。教师担任班主任期间应

考点3：《中小学班主任工作规定》解读

内容提要：了解《中小学班主任工作规定》（以下简称《规定》）的具体内容，抓住《规定》中的关键词。（文中所列为常考的命题点，其他内容参照《规定》原文。）

将班主任工作作为主业。加强班主任队伍建设是坚持育人为本、德育为先的重要体现。政府有关部门和学校应为班主任开展工作创造有利条件，保障其享有的待遇与权利。

（1）《规定》的目的：旨在让班主任明白其位置、职责、任务、待遇、权利，在新时期更好地从事班主任工作，教好书、育好人，培养祖国建设人才，实现自己的人生价值。

（2）《规定》的特点：1）明确班主任的工作量，使班主任有更多的时间来做班主任工作；2）提高班主任薪金待遇，激发班主任的工作积极性与热情；3）赋予并保证班主任教育学生的权利，促使班主任有更大的权利进行班级管理；4）强调并确认班主任在学校中的工作的地位，增强班主任工作的信心。

（3）《规定》的要求：

1）对班主任自身品质要求：作风正派、心理健康、为人师表。

2）对班主任职业道德要求：热爱学生、爱岗敬业。

3）对班主任职业行为要求：善于沟通，凝聚合力；教育引导和组织管理。

中小学班主任工作规定（节选）

第四条　中小学每个班级应当配备一名班主任。

第五条　班主任由学校从班级任课教师中选聘。聘期由学校确定，担任一个班级的班主任时间一般应连续1学年以上。

第十一条　组织做好学生的综合素质评价工作，指导学生认真记载成长记录，实事求是地评定学生操行，向学校提出奖惩建议。

第十二条　经常与任课教师和其他教职员工沟通，主动与学生家长、学生所在社区联系，努力形成教育合力。

第十四条　班主任工作量按当地教师标准课时工作量的一半计入教师基本工作量。各地要合理安排班主任的课时工作量，确保班主任做好班级管理工作。

第十五条　班主任津贴纳入绩效工资管理。在绩效工资分配中要向班主任倾斜。对于班主任承担超课时工作量的，以超课时补贴发放班主任津贴。

第十六条　班主任在日常教育教学管理中，有采取适当方式对学生进行批评教育的权利。

第十七条　教育行政部门和学校应制订班主任培养培训规划，有组织地开展班主任岗位培训。

第十九条　教育行政部门建立科学的班主任工作评价体系和奖惩制度。对长期从事班主任工作或在班主任岗位上做出突出贡献的教师定期予以表彰奖励。选拔学校管理干部应优先考虑长期从事班主任工作的优秀班主任。

第二十条　学校建立班主任工作档案，定期组织对班主任的考核工作。考核结果作为教师聘任、奖励和职务晋升的重要依据。对不能履行班主任职责的，应调离班主任岗位。

例题精讲

单选题

1. 班主任王老师在班上开展“悦读悦享”活动，与同学们同读一本书，经常撰写“师读心得”与同学们分享。下列分析不恰当的是（　　）。

A. 王老师注重师生同读互促，率先垂范　　B. 王老师注重营造读书气氛，激趣启智

C. 王老师注重学习，不断提升自我修养　　D. 王老师注重公正，对同学们一视同仁

【答案】 D

【解析】 该题干显示了王老师在读书上营造读书氛围，和学生共同促进，也加强了自身的修养。

2. 教师李某让班里调皮的学生缴纳违纪金，以加强班级管理，该教师的做法（　　）。

A. 合法，有助于维护班级秩序　　B. 合法，对其他人有警示作用

C. 不合法，教师没有罚款的权力　　D. 合法，学校有罚款的权力

【答案】C

【解析】在班级管理中，对于后进生教师应该关心爱护，尊重他们的人格，帮助其树立信心，培养和激发学生的学习动机，而不是罚款，而且教师没有罚款的权力，故选C。

3. 班主任由学校从班级任课教师中选聘。聘期由学校确定，担任一个班级的班主任时间一般应连续（　　）。

A. 一学年以上　　B. 一学期以上

C. 两学年以上　　D. 三学年以上

【答案】A

【解析】《规定》第五条规定：班主任由学校从班级任课教师中选聘。聘期由学校确定，担任一个班级的班主任时间一般应连续一学年以上。

第二章

教师职业行为

考点详解

考点 1：

教师职业行为规范的基本要求及解读

内容提要：教师职业行为规范对教师的思想、教学、人际、仪表、语言等方面都做了基本的要求。

一、教师职业行为规范的概念

教师职业行为规范是教师在职业活动过程中，为了实现教育目标、履行教师职责、严守职业道德，从思想认识到日常行为应遵守的基本准则。教师的一言一行、一举一动，是学校形象的再现，所以，不断提高教师的自身素质、规范教师的行为是学校文化建设的重要内容。

二、教师职业行为规范的内容

教师行为规范主要是从教师思想行为、教学行为、人际行为、仪表行为以及语言行为等五个方面进行要求。

（一）教师思想行为规范

（1）热爱社会主义祖国，拥护中国共产党的领导，认真学习和宣传马列主义、毛泽东思想，热爱教育事业。

（2）执行教育方针，遵循教育规律，尽职尽责，教书育人。

（3）遵纪守法，诚实正派，为人师表。

（4）树立正确的人生观和价值观，发扬无私奉献精神，不做有损国格、人格的事。

（5）积极参加政治学习和宣传活动，做社会主义精神文明的建设者和传播者。

（二）教师教学行为规范

（1）要有端正的教学态度，严肃认真地对待教学工作中的每一项内容。

（2）钻研业务，熟悉教材，认真备课；要善于激发学生的求知欲，组织好课堂教学，创造生动活泼的课堂气氛，尽量避免对学生进行灌输性教学。

（3）精心编排练习，认真批改作业，及时纠正错误。定时做好教学质量检查工作，及时补缺补漏。

（4）按时上课下课，不迟到、不缺课、不拖堂。

（5）上课语言文明、清晰流畅，表达准确简洁；板书整洁规范，内容简练精确。

（6）既要严格要求学生，又要尊重学生，对待学生要一视同仁。热情、耐心地回答学生提问。不能讽刺、挖苦学生。

（7）教学计划应符合教学进度的要求，不能随意删增内容、加堂或缺课，不能占用学生的自习课或复习考试时间，增加学生的学习负担。

（三）教师人际行为规范的基本要求

（1）教师与学生之间要做到：热爱学生，关心学生，尊重学生；严格要求，耐心教导，循循善诱，不偏不袒；不以师生关系谋取私利。

（2）教师之间要做到：互相尊重，切忌嫉妒；相互学习，取长补短；平等相待，不亢不卑；乐于助人，关心同事。

（3）教师与领导之间要做到：尊重领导，服从安排；顾全大局，遵守纪律；互相理解，互相支持；秉公办事，团结一致。

（4）教师与家长之间要做到：尊重家长，理解家长；经常家访，互通情况；密切配合，教育学生。

（四）教师仪表行为规范的基本要求

（1）衣着：整洁大方，教师的服装要符合自己的职业特征，体现教师为人师表的良好形象。

（2）举止：稳重大方、自然有礼。切忌轻浮粗俗、拘谨呆板。

（五）教师语言行为规范的基本要求

（1）规范使用普通话教学，语言讲究文明、规范、准确。

（2）语言表达清晰明确，语义简明扼要。

（3）语句完整、流畅、逻辑性强。

（4）教师要善于运用学生熟悉的语言，用其喜欢的方式与其进行沟通。

（5）课堂板书整洁规范，内容清晰准确，满足学生的实际需要。

例题精讲

单选题

1. 课堂上杨老师对某个问题的解释有错误，学生纠正老师，杨老师不仅不批评，反而表扬学生善于思考，具有质疑精神，下列说法不当的是（　　）。

A. 老师重视培养学生的反思能力　　B. 老师重视培养学生的自我评价能力

C. 老师重视培养学生的创新能力　　D. 老师重视培养学生的求异思维能力

【答案】B

【解析】本题主要考查教师的教学行为规范，素质教育以培养学生的创新能力和实践能力为重点，题干中并不是强调培养学生的自我评价能力，而是注重启发学生的思考。

2. 骨干教师华老师教学能力突出，经常一个人钻研教学，不愿意参加集体备课，这说明华老师缺乏（　　）。

A. 严于律己的意识　B. 团队协作的精神　C. 严谨工作的态度　D. 爱岗敬业的品格

【答案】B

【解析】教师要重视交往与合作能力的培养，在集体中工作要注意协作。

3. **【真题】**休息时，王老师让孩子们排队接水喝，可队伍总也排不好，孩子们你推我，我挤你。王老师只好扯着嗓门提醒孩子们，可队伍刚排好，过一会儿又乱了。这时，王老师也口渴了，她端起杯子走到队伍前面接了一杯水喝，很无奈地看着眼前乱哄哄的接水队伍。这表明王老师（　　）。

A. 未能廉洁从教　　B. 未能公平对待幼儿

C. 未能以身作则　　D. 未能公正对待幼儿

【答案】C

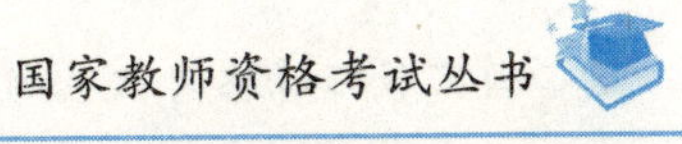

【解析】题干中的王老师的错误在于并未严格落实教师职业道德规范中为人师表的要求，并没有严格要求自己按照顺序排队，反而自己走在队伍前接水喝。

4. 一天，陈老师正在组织孩子们踢球，方方总是抢球后抱着跑。陈老师看到后就让他站到一边，并对带班老师说："以后都别让他踢球了！"陈老师的做法（　　）。

A. 正确，维护了整个活动的良好秩序　　B. 正确，保护了其他孩子的人身安全

C. 不正确，破坏了同事间的团结协作　　D. 不正确，打击了方方的参与积极性

【答案】D

【解析】职业道德中明确要求教师的职业行为要以学生为本，尊重学生，注重学生的个性发展。题干中的陈老师通过语言来打击方方参与活动的积极性，并不会对学生的发展起到任何促进作用，是一种错误行为。

三、教师职业行为规范在教育活动中的运用

（一）要爱国守法

热爱祖国，热爱人民，拥护中国共产党领导，拥护社会主义。全面贯彻党和国家教育方针，自觉遵守教育法律法规。依法履行教师职责权利。不得有违背党和国家方针政策的言行；不传播、散布损害国家主权、安全和社会公共利益的言论；不传播宗教和宣传封建迷信。

（二）要爱岗敬业

忠诚于人民教育事业，有强烈的责任心，树立育人为本、做人民满意教师的理念，勤奋工作，尽职尽责，静心教书，潜心育人，甘为人梯，乐于奉献，自觉履行教书育人的神圣职责。正确处理个人与集体、奉献与获得之间的关系，反对拜金主义、享乐主义和极端个人主义。认真完成备课、教课、作业批改、课后辅导等环节的教学工作，并积极承担教学科研任务。做到未备课、无教案不上课，不旷课，不随意调课或私自找人代课。

（三）要关爱学生

坚持以学生发展为本的理念，关心爱护全体学生，尊重学生人格，平等公正对待学生。构建民主、平等、和谐的新型师生关系，同时坚持在日常教育教学管理中，采取适当方式对学生进行批评教育，促进学生全面、主动、健康发展。对学生严慈相济，做学生的良师益友。保护学生安全，关心学生健康，维护学生权益与尊严。不偏袒、歧视、讽刺、挖苦、辱骂、体罚或变相体罚学生，杜绝侮辱学生人格尊严的行为。

（四）要教书育人

遵循教育规律，实施素质教育。循循善诱，诲人不倦，因材施教。培养学生良好品行，激发学生创新精神，促进学生全面发展。严禁公布学生考试成绩，不以考试成绩或升学率给班级、学生排列名次；不得按考试成绩给学生安排座位、考场。严禁对学生有偿补课和有偿家教，不私自在校外兼课、兼职，不组织学生统一征订教辅材料。

（五）要为人师表

坚守高尚情操，知荣明耻，严于律己，以身作则。具有良好的仪表，衣着得体，语言规范，举止文明。不在上课前饮酒；不在课堂上吸烟、使用通信工具；不在工作时间及工作场所打牌、下棋、上网聊天或玩游戏；不参与赌博活动。不得透露各类考试内容或组织、参与学生考试作弊；不得在招生、评估考核、职称评审、科研教研等工作中弄虚作假。严禁利用职务之便向学生或家长谋取私利。

（六）要终身学习

崇尚科学精神，掌握先进教育教学方法，使用现代教育技术和手段，潜心钻研业务，积极参加继续教育及各种形式的业务培训，不断提高专业素养和教育教学水平。树立终身学习理念，拓宽知识视野，更新知识结构，不断提高教书育人的能力水平。要把"修身、敬业、爱生"作为自觉行

为，通过教育叙事、师德反思、业务自传、校本研修等方式增强职业道德修养，提升职业道德水平。不得以任何手段抄袭、剽窃和侵占他人劳动成果。

例题精讲

单选题

1. 小宇上课时经常插话，老师生气地说："管住你的嘴，不然我就封住你的嘴！"老师的做法（　　）。

A. 错误，应该杜绝当堂批评　　B. 错误，应该尊重学生人格

C. 正确，应该严格要求学生　　D. 正确，应该加强课堂管理

【答案】B

【解析】该老师的做法严重违反了教师职业行为规范，没有尊重学生的人格。该题型考查的频率很高，命题角度非常灵活。另外，关于教师职业行为规范的要求，还有可能围绕其他点来命题。

2. 李老师尽管从教多年，但每次备课依然一丝不苟，同一节课在不同的班级往往采取不同的授课方式。下列对李老师行为的评析，不恰当的是（　　）。

A. 因材施教　　B. 严谨治学　　C. 严慈相济　　D. 潜心钻研

【答案】C

【解析】李老师备课的一丝不苟体现的是她严谨治学；不同的班级不同的授课方式，体现的是她因材施教；而她从教多年依然如此，体现了她潜心钻研。没有体现C选项。

3. 李老师一个学期对父亲是副乡长的小杜家访多次，却从未对需要帮助的留守儿童小龙家访过。李老师的做法（　　）。

A. 符合主观联系家长的要求　　B. 有违平等待生的要求

C. 符合因材施教的教育要求　　D. 有违严慈相济的要求

【答案】B

【解析】题干中李老师对带学生并没有一视同仁，而是主观有差别地对待，所以体现出有违平等待生的要求，答案选B。其余选项在题干中没有体现，故不选。

材料分析题

【真题】一天早上，陈一航蹦蹦跳跳地走进教室，在搬椅子时，他发现旁边小朋友的椅子上有一本书没有收好，便大声喊道："余老师，这儿有一本书没有收。"余老师笑着说："那就请你把它送回去，好吗？"他高兴地把书拿往图书角。由于陈一航平时吃饭、睡觉、上课、活动无一不让老师费心，所以余老师一直盯着他的送书过程，生怕他把书拿到别处去。当他把书拿到书柜前，正想顺手往里面一扔时，余老师连忙说："谢谢你哦，你帮了我的一个大忙，要不等会儿我还得自己把书整理好。"他听了后连忙把书放整齐，离开了书柜，他还不时地回头看看书本是否会掉下来。

余老师被陈一航的这个行为所触动，立刻走过去，轻轻地拍了拍他，说："陈一航，原来你那么会整理书啊，那你愿意做我们的图书管理员吗？把小朋友们没有收好的书，都送到这里来收放整齐。"他高兴地说："当然可以！我放书最整齐了！"之后的一个星期，在余老师的引导下，陈一航很用心地寻找没有收回图书角的书，把书摆放整齐，在其他方面也进步了很多。

问题：

请结合材料，从教师职业道德的角度，评析余老师的教育行为。

【参考答案】余老师的行为是正确的，符合教师职业道德规范的具体要求。

(1) 余老师的行为体现了教师职业道德要求中的关爱学生。关爱学生是师德的灵魂，教师要关心爱护全体幼儿、尊重学生人格、严慈相济、做幼儿的良师益友，平等公正对待每一位幼儿；不讽刺、挖苦、歧视或者变相体罚学生。材料中陈一航日常生活无一不让老师费心，余老师能公正平等地对待他、尊重他，并利用这次放回图书的机会引导教育，帮助他改正不足，做到了关心爱护全体幼儿。

(2) 余老师的行为体现了教师职业道德要求中的教书育人。教书育人是教师的天职，教师要遵循教育规律、实施素质教育，循循善诱、诲人不倦、因材施教，培养儿童良好品行，促进幼儿全面发展；不以分数作为评价学生的唯一标准。材料中余老师在教育引导陈一航时，通过肯定的语言一步步地鼓励他，并利用做“图书管理员”这个方式培养陈一航形成良好的习惯，有利于他的全面发展。

(3) 余老师的行为体现了教师职业道德要求中的为人师表。为人师表是教师职业道德规范的内在要求，教师要做到严于律己、以身作则、语言规范、举止文明、关心集体、团结协作、尊重他人、作风正派、廉洁奉公；不利用职务之便谋取私利。材料中余老师在与陈一航进行交流时，注意用规范的语言、文明的举止对待他，让该同学有良好的心理体验；余老师亲切的态度、鼓励的语言对儿童行为习惯的培养有很大的促进作用。

考点详解

考点2：教师需要处理的几大关系

内容提要：教师需要处理的几大关系包括教师与学生的关系、教师与家长的关系、教师与同事的关系和教师与领导的关系。

一、教师与学生的关系

师生关系是指教师和学生在教育、教学活动中结成的相互关系，包括彼此所处的地位、作用和态度等。师生关系是教育活动过程中人与人关系中最基本、最重要的关系。良好的师生关系是教育教学活动取得成功的必要保证。

（一）良好师生关系的特征

1. 民主平等

学生的健康成长有赖于教师的指导和帮助，教师教学的成效也有赖于学生的配合与支持。民主平等是建立良好师生关系的基本要求，是教育活动取得良好效果的重要条件。

2. 尊师爱生

尊师爱生意味着师生之间应该彼此尊重、相互友爱，这是建立良好师生关系的感情基础。

3. 教学相长

在教学过程中，教师和学生是相互制约、相互促进、共同提高的。教师应当了解自己的学生，听取学生反馈的意见，从学生中汲取智慧，促使自己不断学习、不断进步，使自己的知识和教育能力得以发挥和发展。

4. 心理相容

心理相容指的是教师与学生之间在心理上协调一致，并相互接纳。师生心理相容，教师的教育才会被学生接受，才能使师生间的情感得到升华。在教学中，教师应多了解学生的心理状态、学习态度、兴趣和愿望，了解学生的知识状况、生活经验、社会经历等。同时，教师要以身作则，要具有强烈的事业心和责任感、严谨的治学态度、渊博的知识和坦诚的胸怀，只有这样，才会受到学生的尊敬，才更容易建立起师生间的良好感情。

（二）良好师生关系的处理技巧

素质教育观下构建良好的师生关系应当从热爱学生、尊重学生、公平公正地对待学生、了解学生、严格要求学生五个具体的方面展开。

1. 热爱学生

热爱学生是建立平等、民主、和谐师生关系的基础。在整个教育过程

中，师生之间是平等对话、互教互学的关系。

2. 尊重学生

尊重学生不仅是和谐师生关系的核心，也是当今世界进步教育思想的基础。

首先，尊重学生就要尊重学生的人格。其次，尊重学生的个别差异。最后，要始终信任学生。

3. 公平公正地对待学生

每一个学生都应该享受到教师公平公正的教育，由于长期以来应试教育的影响，教师们对待学生总有不同的态度和心情，有些教师总是偏爱学习成绩好的学生而歧视学习成绩差的学生。因此，公平公正对待每一个学生，说来容易做到难。具体要求有：第一，要一视同仁，正视差异。第二，要学会体谅和宽容。第三，要给学生提供多样的发展机会。第四，要多鼓励少批评。

4. 了解学生

了解学生是每一位教师除了教学任务之外最重要的工作，尤其是班主任。每位学生都是独立的个体，教师需要了解每一位学生的基本情况，如家庭状况、经济状况、性格、学习状况等，这样有助于今后开展有针对性的教学及指导。

5. 严格要求学生

在教育教学活动中，教师既要对自己严格要求，也要对学生严格要求。这是责任，也是一种爱。教师对学生的爱不是宠爱、溺爱和偏爱，而是要爱中有严、严中有爱。要想把学生培养成社会需要的有用人才，就要对他们倾注无私的爱，在爱的过程中要严格要求，这种宽严艺术强烈地感化着学生，使他们感悟人生，把握人生。

二、教师与家长的关系

（一）教师与家长沟通、合作的意义

父母是孩子的“第一任教师”，他们对孩子具有权威性和巨大的影响力，而家庭环境也在潜移默化地影响着孩子的思想品德、学习、兴趣、性格和健康状况等。因此，教师要了解、教育学生，必须取得家长的积极配合。

同时，教师应努力使家长了解学校和班级的教育工作计划以及子女在思想品德和各科学习上的表现，向家长介绍先进教育经验，对家长教育工作给予必要指导。教师也要听取家长对学校和班级工作的意见和要求，了解学生在家的表现。

（二）教师与家长在沟通与合作中存在的问题

1. 教师与家长的教育思想与教育方法不同

由于教师与家长双方的教育素养水平不同，教育思想与教育方式也不尽相同，因此对学生出现问题的认识不同，理解也不同，使双方产生心理分歧，产生矛盾。

2. 教师与家长对学生成长过程中出现困难所持的态度不同

教师与家长的矛盾，常常是学生在成长的过程中出现的一些困难造成的。如有的学生学习成绩总是不尽如人意，有的学生存在某些不良的行为习惯等，对此，教师和家长双方可能会相互责备对方没有教育好学生，不考虑具体情况就把责任推给对方。

3. 教师与家长联系的随意性

教师和家长交往受阻，原因是多方面的。其中一个原因是：教师与家长的关系并没有组织隶属的性质，双方的关系是松散的，所以双方交往的内容、形式、数量也就带有很大的随意性。

4. 教师与家长的地位不平衡

这一问题主要表现为以学校教育为中心，教师指挥，要求家长配合，教师很少考虑家长的需要和想法，使家长处在被动服从的位置上，或家长缺乏参与学生教育的意识。

三、教师与同事的关系

（一）同事关系的重要性

（1）良好的同事关系是教师个人成功的条件。

（2）良好的同事关系是教师成长的重要环境。

（3）良好的同事关系有助于教师消除孤独感，有利于心理健康。

（二）教师与同事交往的技巧

1. 与同事相处要互信互尊

互信互尊是指每一名教师都应理解其他教师的工作责任和工作环境，以平等的态度信任和尊重其他教师。教师在与同事相处时，要以尊重、信任为基本前提，既要有对自己正确的评价，也要有对他人全面、客观的评价。在交往中要克服自傲、嫉妒的心态。当发生冲突时，要及时解决，宽容大度，认真听取对方的意见。

2. 与同事要积极合作，共同发展

共同发展是指教师一起发展，教师之间的交往与协作不能以损害他人的利益和工作效果为前提。每名教师都有其自身的优势，教师之间的交往能够充分挖掘互补功能，教师们在互相交往中能实现思想上的互助、信息上的互换、情感上的融洽和知识上的整合，从而提高整个教师队伍的专业化水平。

四、教师与领导的关系

教师与领导是上下级之间的关系，是领导者与被领导者、管理者与被管理者的关系。这里所说的领导，主要是指学校里的各级负责人，如书记、校长、教导主任、教研组长、年级组长等。教师要处理好与领导之间的关系，应该注意以下几点：

（一）尊重领导

教师对领导要以诚相待，不猜疑领导，不背地里议论领导，有意见、建议或要求要当面向领导提出，但提出意见要注意场合、时间，不能当众指责领导的错误，要懂得维护领导的尊严，这样才能取得领导的好感和信任。

（二）服从领导

领导与教师只是职务上的差异，人格上是完全平等的。因此，服从不是对领导百依百顺，而是在与领导意见相左时顾全大局。教师服从领导的工作安排，自觉接受领导的检查和监督，才能保障学校正常教育教学工作的开展。

（三）支持领导

教书育人是一个复杂的劳动过程。学校领导再有能力，具体工作还得由下属来执行。作为下属，教师必须支持领导的安排和决策，教师要创造性地完成领导分配的工作任务，使领导的工作设想付诸实施。

（四）关心领导

领导不仅需要教师政治上的信任、工作上的支持，还需要生活上的关心。因为领导也是普通人，也需要亲情、友情、同事的关爱之情。在领导身体不适、家里有困难时，教师要及时给予帮助。

单选题

1. 教育从本质上来说，是通过（　　）来构成的。

A. 情感关系　　B. 师生关系　　C. 伦理关系　　D. 教学关系

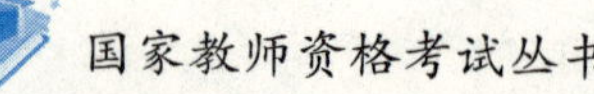

【答案】B

【解析】教育从本质上来说是通过师生关系来构成的，师生关系是对学生最具影响力的人际关系。此题属于识记类试题，考生只要对教材熟悉、理解就可以正确作答。

2. “弟子不必不如师，师不必贤于弟子，闻道有先后，术业有专攻，如是而已。”这种观点给当今教育的启示是（　　）。

A. 教学相长，相互尊重　　B. 乐教善教，讲究教法

C. 严于律己，为人师表　　D. 有教无类，教书育人

【答案】A

【解析】题干中的句子出自《师说》，给当今教育的启示是教学相长、相互尊重。此考点在考试中出现的频率很高，应理解和灵活运用。

3. （　　）是教师同事之间良好沟通的基础。

A. 少争多让，善于倾听　　B. 容忍异己，理解宽容

C. 坦诚相见，赞美欣赏　　D. 巧用语言，珍惜情谊

【答案】C

【解析】对待自己的同事，能够不存疑虑，坦诚相见；能够看到同事身上的优点，并及时给予赞美和肯定，这些都是教师与同事之间良好沟通的基础。该题是对教师与同事关系的考查，命题者还可以从其他角度进行命题，如良好合作等。此外，教师与学生的关系、教师与家长的关系也是考查的重点。

4. **【真题】**离园时，家长们都走进幼儿园接孩子，金老师一见到小齐爸爸，就向他埋怨：“小齐到现在还不会自己吃饭、穿衣，你们家长都怎么教的!”小齐爸爸觉得很难堪，恼怒地说：“就是不会才送到幼儿园学习的嘛!”对该事情，下列说法正确的是（　　）。

A. 金老师应该注意与家长沟通的方式　　B. 生活能力培养主要由家长负责

C. 金老师拥有批评幼儿家长的权利　　D. 生活能力培养主要由教师负责

【答案】A

【解析】教师在与家长进行沟通时，始终要以尊重为前提，需要针对不同的家长类型，采取不同的沟通方式，达到和谐、有效沟通。题干中的金老师采用埋怨家长的方式来解决问题，是错误的。

模块四 文化素养

模块分析

考纲呈现

具有一定的文化常识。

了解中外科技发展史上的代表人物及其主要成就，熟悉常见的幼儿科普读物。

了解中外文学史上重要的作家作品，尤其是常见的儿童文学作品。

备考策略

考试大纲规定，文化素养部分的分值占 12%，要求考生了解古今中外科技、文化、文学等常识，文化素养部分的考题特点为：内容非常广泛，重点不明显；考查灵活，不能死记硬背，需要记忆与理解相结合。可以明确的是，考查的都是考生应知应会的知识点。因此考生在平时应当多积累，多看、多读、多记忆，并且把这些知识融会贯通。

文化素养部分涉及考点较多，复习时很难面面俱到，因此考生在全面备考的过程中一定要将重点知识重点记忆，可根据以往的考题归纳出文化素养常考的知识模块，如文化常识里常考传统文化，文学常识里常考中国文学。考生在复习的过程中可学练结合，通过做历年真题来检测自己复习的情况，也可以选择一些文化素养的专项训练题来做。文化素养部分的考查方式主要为选择题，所以考生针对此题型深入练习即可。

知识逻辑思维导图

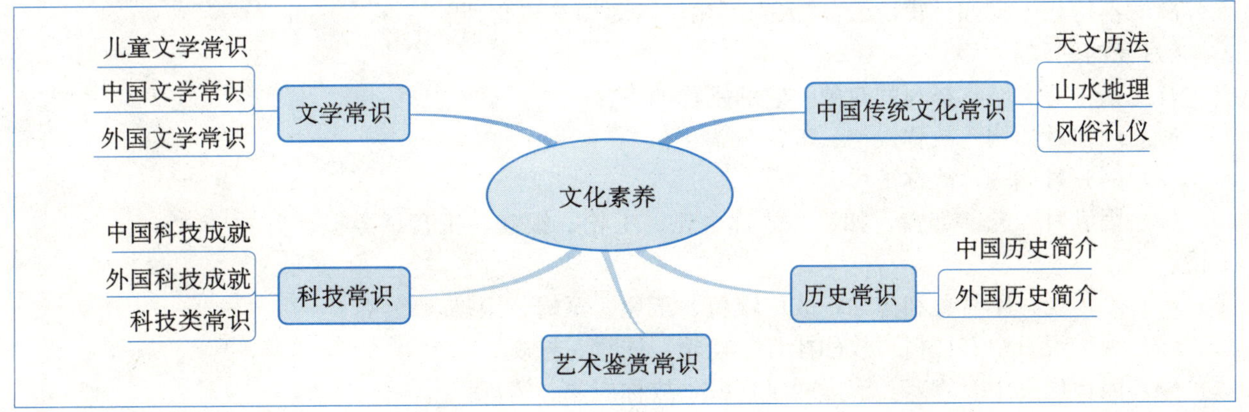

第一章

中国传统文化常识

考点详解

考点 1：

天文历法

内容提要：天文历法常识是历年考试的热门命题点，包括二十八星宿、参商、月亮的别称、北斗、银河、流火、农历、干支、纪年法、二十四节气、生辰八字等内容。

【二十八星宿】

二十八星宿又叫二十八舍或二十八星，是古人为观测日、月、五星运行而划分的二十八个星区，用来表示日、月、五星所在的位置。每宿包含若干颗恒星。二十八宿的名称：东方苍龙七宿（角、亢、氐、房、心、尾、箕）；北方玄武七宿（斗、牛、女、虚、危、室、壁）；西方白虎七宿（奎、娄、胃、昴、毕、觜、参）；南方朱雀七宿（井、鬼、柳、星、张、翼、轸）。唐代温庭筠《太液池歌》中"夜深银汉通柏梁，二十八宿朝玉堂"夸张地描写了星光照耀宫阙殿堂的景象。王勃《滕王阁序》："物华天宝，龙光射斗牛之墟。"

【参商】

"参"指西方白虎七宿中的参宿，"商"指东方苍龙七宿中的心宿。参宿在西，心宿在东，二者在星空中此出彼没、彼出此没，因此常用来比喻人分离后不得相见。如杜甫诗云："人生不相见，动如参与商。"

【月亮的别称】

月亮是古诗文经常描写的对象。它的别称如下：

(1) 因初月如钩，故称银钩、玉钩。

(2) 因弦月如弓，故称玉弓。

(3) 因满月如轮、如盘、如镜，故称金轮、玉轮、银盘、玉盘、金镜、玉镜。

(4) 因传说月中有兔和蟾蜍，故称银兔、玉兔、玉蟾、银蟾、蟾宫。

(5) 因传说月中有桂树，故称桂月、桂轮、桂宫、桂魄。

(6) 因传说月中有广寒、清虚两座宫殿，故称广寒、清虚。

(7) 因传说为月亮驾车之神名望舒，故称月亮为望舒。

(8) 因传说嫦娥住在月中，故称月亮为嫦娥。

(9) 因人们常把美女比作月亮，故称月亮为婵娟。

【北斗】

北斗又称北斗七星，指在北方天空排列成斗形的七颗亮星。七颗星的名称是：天枢、天璇、天玑、天权、玉衡、开阳、摇光。因排列如斗杓，故称"北斗"。根据北斗星便能找到北极星，故又称"指极星"。如《古诗十九首·明月皎夜光》："玉衡指孟冬，众星何历历。"玉衡是北斗星中的第五星。《小石潭记》中用"斗折蛇行"，形容像北斗星的曲线一样弯弯曲曲。

【银河】

银河又名银汉、长河、天河、星河、星汉、云汉，是横跨星空的一条乳白色亮带，由上千亿颗恒星组成。陈子昂《春夜别友人》："明月隐高树，长河没晓天。"秦观《鹊桥仙》："纤云弄巧，飞星传恨，银汉迢迢暗度。"其中的"长河""银汉"即指银河。

【流火】

流，下行。火，指大火星，即东方苍龙七宿中的心宿。《诗经》云："七月流火，九月授衣。"七月相当于公历的八月，流火是说大火星的位置已由中天逐渐西降，表明暑气已退。

【农历】

农历是我国现今依旧广泛使用的一种传统历法，它以朔望的周期来定月，用设置闰月的办法使年平均长度接近太阳回归年。因这种历法安排了二十四节气以指导农业生产活动，故称农历，又叫中历、夏历，俗称阴历。古人写文章，凡用序数纪月的，大多以农历为据。如《游褒禅山记》"至和元年七月某日"；《石钟山记》"元丰七年六月丁丑"。农历的六月、七月相当于公历的七月、八月。

【干支】

天干、地支的合称。天干：甲、乙、丙、丁、戊、己、庚、辛、壬、癸。地支：子、丑、寅、卯、辰、巳、午、未、申、酉、戌、亥。十干和十二支依次相配，组成六十个基本单位，古人以此作为年、月、日、时的序号，叫"干支纪法"。如《冯婉贞》："咸丰庚申，英法联军自海入侵。"咸丰：皇帝的年号；庚申：干支纪年。

【纪年法】

我国古代纪年法主要有以下四种：

(1) 王公即位年次纪年法。以王公在位年数来纪年。如《左传·崤之战》："三十三年春，秦师过周北门。""三十三年"指鲁僖公三十三年。

(2) 年号纪年法。从汉武帝开始有年号，此后每个皇帝即位都要改元，并以年号纪年。如《岳阳楼记》中的"庆历四年春"。

(3) 干支纪年法。如《五人墓碑记》："予犹记周公之被逮，在丁卯三月之望。""丁卯"是干支纪年。

(4) 年号干支兼用法。纪年时皇帝年号置前，干支列后。如姜夔《扬州慢·淮左名都》中的"淳熙丙申"。"淳熙"为南宋孝宗赵昚年号，"丙申"是干支纪年。

【二十四节气】

二十四节气是我国古代历法的重要组成部分。古人根据太阳一年内的位置变化及其所引起的地面气候的演变次序，把一年十二个月平均分成二十四份，并给每一份取了个专有名称，以反映四季、气温、物候等情况，这就是二十四节气。一个月分为两段，月首叫"节气"，月中叫"中气"。二十四节气的名称和顺序为：立春、雨水、惊蛰、春分、清明、谷雨、立夏、小满、芒种、夏至、小暑、大暑、立秋、处暑、白露、秋分、寒露、霜降、立冬、小雪、大雪、冬至、小寒、大寒。为了便于记忆，人们编出了歌谣《二十四节气歌》：**"春雨惊春清谷天，夏满芒夏暑相连，秋处露秋寒霜降，冬雪雪冬小大寒。"**古诗文中常用二十四节气来纪日，如姜夔《扬州慢·淮左名都》："淳熙丙申至日，予过维扬。"因夏至白天最长、冬至白天最短，故古人称夏至、冬至为至日，这里指冬至。

【年号、谥号、尊号、庙号】

年号：汉武帝时开始有年号，是用来纪年的。也有用年号来称呼皇帝的，如乾隆皇帝。

谥号：古代帝王、诸侯、卿大夫等死后，朝廷根据他们生前的行为给予一种称号，以褒贬善恶，该种称号称为谥号。如汉武帝、隋炀帝。

尊号：皇帝、皇后在世时的称呼，一般用于外交、礼仪等场合。如唐玄宗于开元二十七年(739年)受尊号"开元圣文神武皇帝"。

庙号：皇帝死后在宗庙中被供奉时所称呼的名号，称为祖或宗。一般被称为高祖或太祖的为开国皇帝。

【生辰八字】

生辰八字简称八字，指一个人出生时的年、月、日、时，各有天干、地支相配，每项两个字，四项共八个字。古人认为，根据这八个字可推算出一个人的命运。遇有大事，都需推算八字。按旧俗，订婚时男女双方要互换庚帖，上有生辰八字，双方各自卜问对方的生辰八字吉凶如何，以确定能否成婚。

例题精讲

单选题

1. 我国传统的表示次序的“地支”共有（　　）个字。

A. 8　　B. 10　　C. 12　　D. 14

【答案】C

【解析】地支：子、丑、寅、卯、辰、巳、午、未、申、酉、戌、亥。

2. 我国农历以干支纪年，1976 年是农历丙辰年，据此推算，1977 年是（　　）。

A. 农历丁巳年　　B. 农历戊午年

C. 农历丙寅年　　D. 农历辛亥年

【答案】A

【解析】天干：甲、乙、丙、丁、戊、己、庚、辛、壬、癸；地支：子、丑、寅、卯、辰、巳、午、未、申、酉、戌、亥。十干和十二支依次相配，组成六十个基本单位，古人以此作为年、月、日、时的序号，叫“干支纪法”。1976 年为农历丙辰年，据此推算，1977 年应该是顺着天干地支向后分别推一位，即为农历丁巳年。

考点详解

考点 2：山水地理

内容提要：山水地理常识是历年考试的热门命题点，包括中国在古代的称谓和古代地理名称。

一、中国在古代的称谓

【中国】

“中国”现为中华人民共和国的简称，但是在古代文献中它是一个多义性的词组，从春秋战国至宋元明清，其多用来泛指中原地区。如司马光《资治通鉴·赤壁之战》：“若能以吴、越之众与中国抗衡，不如早与之绝。”

【中华】

古代华夏族多建都于黄河南北，以其在四方之中，故称为中华，后常借指中国。如陈寿《三国志》：“其地东接中华，西通西域。”

【九州】

相传，我国上古时期划分为九个州，分别为：冀、兖、青、徐、扬、荆、豫、梁、雍。九州后来成为中国的别称。如贾谊《过秦论》：“序八州而朝同列。”秦国居雍州，加上其他八州即九州。

【赤县】

古人把中国称作“赤县神州”。如毛泽东《浣溪沙·和柳亚子先生》：“长夜难明赤县天。”

【中原】

中原又称中土、中州。狭义的中原指今河南省一带，广义的中原指黄河中下游地区或整个黄河流域。如陆游《示儿》：“王师北定中原日，家祭

无忘告乃翁。”这里的“中原”指整个黄河流域。

【海内】

古人认为我国疆土四面环海，故称国境之内为海内。如王勃《送杜少府之任蜀州》：“海内存知己，天涯若比邻。”

【六合】

六合即上下和四方，泛指天下。如李白《古风》(其三)：“秦王扫六合，虎视何雄哉！”

【八荒】

八荒也叫八方，指东、西、南、北、东南、东北、西南、西北八个方向，在古文中有天下之意。如贾谊《过秦论》：“囊括四海之意，并吞八荒之心。”梁启超《少年中国说》：“纵有千古，横有八荒。”

二、中国古代地理名称

【江河】

江河，古代许多文章中专指长江、黄河。如《史记·鸿门宴》：“将军战河北，臣战河南。”《左传·崤之战》：“公使阳处父追之，及诸河。”

【江东】

江东指长江以东地区。因长江在今安徽南部境内向东北方向斜流，而以此段江为标准确定东西和左右。“江东”所指区域有大小之分，可指南京一带，也可指安徽芜湖以下的长江下游南岸地区(即今苏南、浙江及皖南部分地区)。如李清照诗云：“至今思项羽，不肯过江东。”

【江南】

江南即长江以南的总称，所指区域因时而异。如白居易词云：“江南好，风景旧曾谙。”王安石诗云：“春风又绿江南岸，明月何时照我还。”

【关中】

关中所指范围不一，古人习惯上将函谷关以西地区称为关中。如《史记·鸿门宴》：“沛公欲王关中，使子婴为相。”《过秦论》：“始皇之心，自以为关中之固。”

【五岳】

五岳是五大名山的总称，即东岳泰山、西岳华山、中岳嵩山、北岳恒山、南岳衡山。如李白《梦游天姥吟留别》：“势拔五岳掩赤城。”

【三秦】

三秦指潼关以西的秦朝的故地关中地区。项羽灭秦后曾将此地封给秦军三位降将，故得名。如《送杜少府之任蜀州》：“城阙辅三秦，风烟望五津。”

【郡】

郡为古代的行政区域，始见于战国时期。秦统一天下设三十六郡；隋唐后，州郡互称；明清称府。如《过秦论》：“北收要害之郡。”《琵琶行》序：“元和十年，予左迁九江郡司马。”

【州】

州，参见“郡”条。如《隆中对》：“自董卓已来，豪杰并起，跨州连郡者不可胜数。”《资治通鉴·赤壁之战》：“荆州之民附操者，逼兵势耳。”

【山水阴阳】

古代以山南、水北为阳，以山北、水南为阴。如《列子·汤问·愚公移山》：“指通豫南，达于汉阴。”“汉阴”指汉水南面。

【一些城市的古称或别称】

南京又称建康、金陵、江宁、白下。如《柳敬亭传》：“尝奉命至金陵。”《病梅馆记》：“江宁之龙蟠……皆产梅。”《梅花岭记》：“吴中孙公兆奎以起兵不克，执至白下。”

扬州又称广陵、维扬。如李白《送孟浩然之广陵》：“烟花三月下扬州。”姜夔《扬州慢·淮左名都》：“淳熙丙申至日，予过维扬。”

杭州又称临安、武林。如《柳敬亭传》：“余读《东京梦华录》《武林旧事》。”

苏州又称姑苏。如《枫桥夜泊》：“姑苏城外寒山寺，夜半钟声到客船。”

成都又称锦官城。如《春夜喜雨》：“晓看红湿处，花重锦官城。”

福州又称三山。如《〈指南录〉后序》：“自海道至永嘉来三山，为一卷。”

例题精讲

单选题

古代地理中划分阴阳有一套理论，其中表述山川河流的“阴”的是（　　）。

A. 山南水北　　B. 山北水南

C. 山南水南　　D. 山北水北

【答案】B

【解析】古代以山南、水北为阳，以山北、水南为阴。

考点详解

考点3：风俗礼仪

内容提要：风俗礼仪主要包括汉族的传统节日，如春节、元宵节、寒食节、清明节、端午节、七夕节、中秋节、重阳节、腊八节等；还有少数民族的节日，如泼水节、那达慕、火把节；以及婚姻礼仪等内容。

一、汉族传统节日礼仪

我国早在商朝就有了完备的历法纪年。把一年分为12个月，又将一年按气候的变化分为“二十四节气”，这就构成了岁时节令的计算基础。同时，随着生产、生活和信仰活动的发展，逐渐形成了民族传统节日。

【春节】

春节是农历的岁首，又叫阴历（农历）年，俗称“过年”，是中华民族最隆重、最热闹的一个古老的传统节日。春节起源于殷商时期年头岁尾的祭神、祭祖活动。

【元宵节】

每年农历正月十五是中国人民传统的元宵节。元宵节因其节俗活动在一年的第一个月（元）的第十五日夜晚（宵）举行而得名。元宵节也叫“灯节”“灯夕”，因为这个节日的主要活动是夜晚放灯。此外，元宵节也叫“上元”“上元节”。

【寒食节】

寒食节为我国民间传统节日，在清明节的前一二日。节日里严禁烟火，只能吃冷食。

【清明节】

在春光明媚的三四月，中国传统习俗中最重要的节日要数“清明节”了。从节气来讲，清明是中国农历二十四节气的第五个小节气。由于二十四节气较客观地反映了一年四季在气温、降水等方面的变化，因此劳动人民利用它来安排农事活动。在中国传统的二十四节气中，清明是唯一演变为节日的节气。清明的主要节俗活动有禁火、吃寒食、扫墓、踏青、荡秋

千、蹴鞠（踢球）、放风筝、拔河、打马球等。

【端午节】

农历五月初五为端午节。关于端午节的来历有四五种说法，比如纪念屈原说、吴越民族图腾祭说等。迄今为止，被广泛接受的为纪念屈原说。在端午节，人们通常要悬挂钟馗像，挂艾叶、菖蒲，赛龙舟，吃粽子，饮雄黄酒，佩香囊。

【七夕节】

七夕节又叫乞巧节、少女节。相传起源于牛郎织女鹊桥相会的神话传说。据《荆楚岁时记》载："七月七日为牵牛织女聚会之夜。是夕，人家妇女结彩缕，穿七孔针，或以金银玉石为针，陈瓜果于庭中以乞巧。"这种乞巧既是游戏，也是许愿，希望心灵手巧。

【中秋节】

农历八月十五是中秋节。中秋节是仅次于春节的第二大传统节日。按中国古代历法的解释，八月是秋季的第二个月，称"仲秋"，八月十五又在仲秋之中，所以叫"中秋"。中秋节月亮圆满，象征团圆，因而又叫"团圆节"。从时令上来说，中秋是"秋收节"，春播夏种的谷物到了秋天就该收获了，人们便在这个季节饮酒、跳舞，喜气洋洋地庆祝丰收。

【重阳节】

农历九月初九是中国一个古老的传统佳节——重阳节。中国古人以九为阳数，九月初九，两阳相重，故叫"重阳"。重阳节又有"老人节"之称。重阳登高是节日里的主要活动，人们成群结队地去爬山。相传，住在江南平原的百姓苦于无山可登、无高可攀，就制作糕点，在糕点上面插上彩色的小三角旗，借以示登高（糕）避灾之意。

【腊八节】

农历十二月初八是中国传统的腊八节。"腊"本是中国远古时代一种祭礼的名称，用于祭祀祖先和天地神灵，祈求来年五谷丰登，家人平安、吉祥。由于腊祭活动常在十二月举行，故称该月为腊月。腊祭的神有八种，于是初八慢慢成了固定的祭日，古称"腊日"，俗称腊八节。

【祭灶】

祭灶就是家家户户祭拜灶王，俗称"过小年"。关于祭灶的时间，有"官三民四船家五"的说法。也就是说，官府在腊月二十三祭灶；一般百姓家在腊月二十四祭灶；水上人家则在腊月二十五祭灶。后来，人们多在腊月二十三祭灶。鲁迅小说《祝福》中的"祝福"指的就是这个节日。

【除夕】

除夕是我国民间传统节日，为腊月的最后一天。除夕晚上，人们在打扫得干干净净的家里，摆上丰盛的菜肴，家人团聚吃着"年夜饭"。此夜大家通宵不眠，或喝酒聊天，或猜谜下棋，嬉戏游乐，谓之"守岁"。零点时，众人争相奔出，在庭前拢火（古称"庭燎"，取其兴旺之意），并在"岁之元、月之元、时之元"的"三元"之时放出三个"冲天炮"，以求首先发达、大吉大利。此时，爆竹声、欢笑声响成一片，一派"爆竹声中除旧岁"的景象。

二、少数民族的重要节日

【泼水节】

泼水节也称宋干节，时间为 4 月 13 日至 4 月 16 日，是泰语民族和东南亚地区最盛大的传统节日。在泰国、老挝、缅甸、柬埔寨等国以及中国云南傣族聚居地，节日的首日清晨，人们便沐浴礼佛，开始了连续几日的庆祝活动。节日期间，大家用纯净的清水相互泼洒，祈求洗去一年的不顺，新的一年事事顺意。泼水节也是傣族的新年，节日持续 3～7 天，第一天与农历的除夕相似，第三天是新年，意为岁首，人们把这一天视为最美好、吉祥、欢乐的日子。

【那达慕】

那达慕，蒙古语意为"游戏"或"娱乐"，原指蒙古族传统的男子三项——摔跤、赛马和射箭。

在每年的七八月举行，规模一般依当年牧业的生产情况而定，小丰收规模小，大丰收规模大。活动内容除了传统的男子三项外，还有文艺演出、田径比赛和各类经济文化展览及订货洽谈、物资交流等。

【火把节】

火把节是彝族、白族、纳西族、基诺族、拉祜族等民族古老而重要的传统节日，有着深厚的民俗文化内涵，蜚声海内外，被称为“东方的狂欢节”。不同民族过火把节的时间也不同，一般是农历六月二十四。

三、婚姻礼仪

【婚姻“六礼”】

六礼是周代形成的一种婚姻缔结过程中的礼制规定。《仪礼·士昏礼》云：“婚有六礼，纳采、问名、纳吉、纳征、请期、亲迎。”它包括从提亲到迎亲、成婚的整个过程。由于儒家特别强调礼制，六礼也成为人们遵守的规范，并对社会上的世俗婚礼产生很大的影响。

四、其他

【伯（孟）仲叔季】

兄弟行辈中长幼排行的次序。伯（孟）是老大，仲是老二，叔是老三，季是老四。古代贵族男子的字前常加伯（孟）、仲、叔、季表示排行，字的后面加“父”或“甫”字表示男性，构成男子字的全称，如伯禽父、仲尼父、叔兴父等。

【孝悌】

孝，指对父母要孝顺、服从；悌，指对兄长要敬重、顺从。孔子非常重视孝悌，把孝悌作为实行“仁”的根本，提出“三年无改于父道”“父母在，不远游”等一系列孝悌主张。孟子也把孝悌视为基本的道德规范。秦汉时的《孝经》则进一步提出“孝为百行之首”。儒家提倡孝悌的目的是维护宗法等级秩序。

【牺牲】

古代祭祀用的纯色全体的牲畜，色纯为“牺”，体全为“牲”。如《左传·曹刿论战》：“牺牲玉帛，弗敢加也，必以信。”

【三牲】

三牲指古代用于祭祀的牛、羊、猪。后来也称鸡、鱼、猪为三牲。

【太牢、少牢】

古代帝王祭祀社稷时，牛、羊、豕（猪）三牲全备为“太牢”。古代祭祀所用牺牲，行祭前需先饲养于牢，故这类牺牲称为牢；又根据牺牲搭配的种类不同而有太牢、少牢之分，少牢只有羊、豕，没有牛。由于祭祀者和祭祀对象不同，所用牺牲的规格也有所区别：天子祭祀社稷用太牢，诸侯祭祀用少牢。

【顿首】

顿首为古时汉族的一种交际礼仪，为“九拜”之一，俗称磕头。行礼时，头碰地即起。因头接触地面时间短暂，故称顿首。通常用于下对上及平辈之间，如官僚间的拜迎、拜送，民间的拜贺、拜望、拜别等。也常用于书信中的开头或末尾，如丘迟《与陈伯之书》：“迟顿首。陈将军足下无恙，幸甚幸甚……丘迟顿首。”

【稽首】

稽首为古代的拜礼，为“九拜”之一。行礼时，施礼者屈膝跪地，左手按右手，拱手于地，头也缓缓至于地。头至地须停留一段时间，手在膝前，头在手后。这是九拜中最隆重的拜礼，常为臣子拜见君王时所用。后来，子拜父、拜天、拜神、新婚夫妇拜天地、拜父母、拜祖、拜庙、拜师、

拜墓等，也都用此大礼。

【冠礼】

按周制，古代男子二十岁要行加冠礼。冠礼要在宗庙里举行，由男子的氏族长辈主持仪式，并由指定的大宾给行冠礼的青年加冠三次，先后加缁布冠、皮弁、爵弁，分别表示有治人、为国出力、参加祭祀的权利。加冠后，由大宾向受冠者宣读祝辞，并给其起一个与学识德行相当的“字”。因为男子二十岁行冠礼，所以后世将二十岁称作“弱冠”。

【婚冠礼】

古代嘉礼之一。如《周礼》：“以婚冠之礼亲成男女。”古代贵族男子二十岁行冠礼后即可成婚并享受成人待遇，女子十五岁行笄礼（笄：束发用的簪子。古时女子满十五岁把头发绾起来，戴上簪子）后也可结婚，所以把婚礼、冠礼合称为婚冠礼。

【斋戒】

古代参加祭祀或进行重大活动前，要先沐浴、更衣、独居，戒其嗜欲，以示心地诚敬，这些活动叫“斋戒”。“斋”又称“致斋”，致斋三日，宿于内室，要求“五思”（思其居处、笑语、志意、所乐、所嗜），这主要是为了使思想集中、统一。“戒”又称“散斋”，散斋七日，宿于外室，停止参加一切娱乐活动，也不参加哀吊丧礼，以防“失正”“散思”。古人斋戒时忌荤，但并非忌食鱼肉荤腥，而是忌食有刺激气味的食物，如葱、蒜等，这主要是为了防止祭祀时口中发出的不好闻的气味对神灵、祖先有所亵渎。

【秦晋之好】

春秋时，秦、晋两国国君几代都通婚，后称两姓联姻为“秦晋之好”。

【讳称】

古人对“死”有许多讳称，主要的有：

（1）天子、太后、公卿王侯之死称薨、崩、百岁、千秋、晏驾、山陵崩等。

（2）父母之死称见背、孤露、弃养等。

（3）佛道徒之死称涅槃、圆寂、坐化、羽化、仙游、仙逝等。“仙逝”现也用于称被人尊敬的人物的死。

（4）一般人的死称亡故、长眠、长逝、过世、谢世、寿终、殒命、捐生、就木、溘逝、老、故、逝、终等。

例题精讲

单选题

1. 下列节日中，“江边枫落菊花黄，少长登高一望乡”所描写的是（　　）。

A. 清明节　　B. 端午节　　C. 中秋节　　D. 重阳节

【答案】D

【解析】重阳节在农历九月初九，中国古人以九为阳数，九月初九，两阳相重，故叫“重阳”。重阳节又有“老人节”之称。登高是重阳节的主要活动。

2. 下列关于我国传统节日的描述，与古代的说法或传说不相符的是（　　）。

A. 元宵节挂灯最早跟佛教仪式有关联

B. 清明节吃寒食最早是为了纪念一位先皇

C. 中秋节吃月饼曾与反抗元朝的统治有关

D. 古代的春节叫元旦，意为一年的第一天

【答案】B

【解析】清明节吃寒食是晋文公重耳为了纪念介子推而定下的规矩，不是为了纪念一位先皇。

第二章 历史常识

考点详解

一、夏、商、西周时期

约公元前2070年，禹建立了我国历史上第一个奴隶制王朝——夏朝，定都阳城。我国漫长的原始社会到此结束，奴隶社会开始。禹死后，他的儿子启继位，从此王位世袭制代替了禅让制。

约公元前1600年，商汤战桀，夏朝灭亡，商朝建立，建都在亳。因为水患和政治动乱，商朝曾几次迁都。约公元前1300年，商王盘庚把都城迁到殷，国都才稳定下来。因此，后代又把商朝称为“殷商”。商朝后期政治混乱，最后一个王是商纣王，是个有名的暴君。

商朝衰败之时，西边渭水流域的周国迅速发展起来。公元前1046年，武王伐纣，牧野之战击败商军，商亡。周武王建立周朝，都城在镐，历史上称为西周。西周后期，政局混乱，终于发生了国人暴动。公元前771年，西周灭亡。

考点1：历史常识——先秦

内容提要：我国第一个奴隶制王朝是夏朝，定都阳城。商汤打败桀，建立了商朝，定都亳，后迁都殷。武王伐纣，胜利后建周朝，定都镐，史称西周。后周平王迁都洛邑，史称“东周”。东周分为春秋和战国，春秋有五霸，战国有七雄。

二、春秋战国时期

（一）春秋争霸和战国七雄

公元前771年，犬戎攻破镐京，周幽王被杀，西周灭亡。公元前770年，周平王迁都洛邑，史称“东周”。东周分为春秋和战国两个时期。

1. 春秋争霸

春秋五霸：齐桓公、宋襄公、晋文公、秦穆公、楚庄王。

齐桓公任用管仲为相，积极改革内政，发展生产；同时改革军制，组建强大的军队，以“尊王攘夷”为号召，扩充疆界。公元前7世纪中期，齐桓公召集诸侯会盟，周天子派人参加。齐桓公成为春秋时期第一个霸主。

公元前7世纪后期，晋、楚双方在城濮大战（相关成语：退避三舍），晋军大败楚军。从此，晋文公成为中原霸主。晋楚争霸，持续了百余年。后来，楚庄王打败晋军，做了中原霸主。

2. 战国七雄

战国七雄：齐、楚、秦、燕、赵、魏、韩。

战国时期三次大战：公元前353年，齐魏桂陵之战（相关成语：围魏救赵）；公元前341年，齐魏马陵之战（减灶计）；公元前260年，秦赵长平之战（相关成语：纸上谈兵）。

（二）春秋战国时期的变法

战国时期，新兴地主阶级的经济和政治势力越来越大，纷纷要求在政治上进行改革，废除奴隶主贵族的特权，发展封建经济，建立地主阶级统治。秦国商鞅的变法是比较彻底的一次。

例题精讲

单选题

1.《三字经》写道：“周武王，始诛纣，八百载，最长久。”下列与“始诛纣”相关的史事是（　　）。

A. 牧野之战　　B. 城濮之战

C. 长平之战　　D. 巨鹿之战

【答案】A

2. 战国初期，三家分晋的卿大夫是（　　）。

（1）韩　（2）赵　（3）楚　（4）魏

A.（1）（2）（3）　　B.（1）（2）（4）

C.（1）（3）（4）　　D.（2）（3）（4）

【答案】B

3. 诺贝尔奖获得者汉内斯·阿尔文曾说：“如果人类要在 21 世纪生存下去，必须回到 2 500 年前，去汲取孔子的智慧。”文中的“智慧”是指（　　）。

A.“无为而治”　　B.“兼爱”和“非攻”

C.“仁”和“德治”　　D. 实行“法治”

【答案】C

考点详解

考点 2：

历史常识——秦汉

内容提要：从公元前 230 年到公元前 221 年，秦王嬴政陆续灭掉六国（韩、赵、魏、楚、燕、齐），建立起我国历史上第一个统一的中央集权的封建国家——秦朝，定都咸阳。秦推行中央集权，最终在二世结束。公元前 202 年，刘邦称帝，建立汉朝，定都长安，史称“西汉”。公元 25 年，西汉皇族刘秀称帝，定都洛阳，史称“东汉”，刘秀就是光武帝。

一、秦的统一

公元前 260 年，秦国在长平之战中大胜赵国军队。之后，六国再无力抵御秦国的攻势。从公元前 230 年到公元前 221 年，秦王嬴政陆续灭掉六国（韩、赵、魏、楚、燕、齐），建立起我国历史上第一个统一的中央集权的封建国家——秦朝，定都咸阳。

二、大一统的汉朝

（一）西汉

1. 建立

公元前 202 年，刘邦称帝，建立汉朝，定都长安，史称“西汉”。刘邦就是汉高祖。

汉初，实行郡国并行制度。

2. 汉初的黄老之学

背景：经济萧条，百业待兴，黄老之学符合休养生息政策的需要。

内容：黄帝的学说——治身（养生）；老子的学说——治国（无为而无不为，积极无为）。

作用：成为西汉初年治国的指导思想。由于汉初实行休养生息政策，经过文帝和景帝时期的经济恢复，出现了“文景之治”。

（二）东汉

西汉后期，政权越来越腐朽，土地兼并日益严重，社会动荡不安。8 年，外戚王莽夺取政权，西汉灭亡。不久，王莽政权被农民起义推翻。

25 年，西汉皇族刘秀称帝，定都洛阳，史称“东汉”。刘秀就是光武帝。

为了使社会安定，刘秀多次下令减轻农民的赋役负担，惩处贪官污吏，任用清廉官吏。光武帝末年，社会安定，经济状况明显好转，这个时期的统治史称“光武中兴”。

三、秦汉时期的民族关系与对外关系

（一）昭君出塞

西汉初期，匈奴不断南下进攻，由于国力有限，汉朝不得不与匈奴和亲，进行贸易往来。到汉武帝时，西汉国力强盛，于是对匈奴展开了长达十年的军事反击。匈奴受到重创后，迁徙至漠北。

1 世纪中期，匈奴分裂为几部，彼此厮杀不休。汉元帝时期，其中一部的首领呼韩邪单于向汉朝称臣，与西汉订立了和好盟约。汉元帝时期，将宫女王昭君远嫁呼韩邪单于。

（二）张骞出使西域及丝绸之路

公元前 138 年，汉武帝为了联合西域的大月氏夹击匈奴，派张骞出使西域。司马迁将此行称为“凿空”。公元前 119 年，汉武帝派张骞第二次出使西域。张骞出使西域，加强了汉朝与西域各国的联系，汉朝和西域的交往从此日趋频繁。

张骞出使西域之后，逐渐形成沟通东西方的陆上要道——丝绸之路。通过丝绸之路，西域的天马、汗血马等良种马，葡萄、石榴、核桃、苜蓿等植物，以及乐器和歌舞等传入中原。汉族的铸铁、开渠、凿井等技术，以及丝绸、漆器、金属工具等也传到了西域。

例题精讲

单选题

1. 下列不属于秦始皇历史功绩的是（　　）。

A. 统一六国，建立我国历史上第一个统一的、多民族的封建国家

B. 创立了一套封建专制主义的中央集权制度

C. 统一了货币、文字、度量衡

D. 开通了大运河，大大促进了我国南北经济的交流

【答案】 D

2. 为实现国家大一统，汉武帝在思想文化方面采取的措施是（　　）。

A. 罢黜百家，独尊儒术　　B. 颁布“推恩令”

C. 盐铁官营　　D. 派张骞出使西域

【答案】 A

3. 俗语“家家观世音，人人阿弥陀”一定程度上反映了佛教在中国民间的盛行。佛教在（　　）传入我国。

A. 秦朝时期　　B. 西汉时期

C. 魏晋时期　　D. 隋唐时期

【答案】 B

考点详解

一、三国鼎立

东汉末年，各地出现了许多割据一方的势力，它们彼此长期混战。

200年，曹操以少胜多打败袁绍，取得了官渡之战的胜利，后来统一了黄河中下游地区。此战之后，曹操消灭了袁绍的残余力量，又陆续消灭了一些其他势力，基本上统一了北方。

208年，赤壁之战，孙权、刘备联军以少胜多大败曹操。经过此战，曹操退守黄河流域一带，不敢再轻易南下，孙权在长江中下游的势力得到巩固。刘备趁机占领了湖北、湖南的大部分地区，又西进占据了四川，从而形成了三国鼎立的雏形。

220年，**曹丕**废掉汉献帝，自称皇帝，国号**魏**，定都**洛阳**，东汉灭亡。221年，**刘备**建立**汉**（史称“蜀”），定都**成都**。222年，**孙权**封王，建立**吴**，定都**建业**。三国鼎立的局面形成。

二、政权的更替

（一）西晋的短暂统一

曹丕死后，大臣司马懿逐渐控制了魏国的大权。三国中国力最弱的蜀汉最先被魏国灭亡。265年，司马懿的孙子司马炎废掉了魏帝曹奂，自立为帝，国号为晋，自称晋武帝，以洛阳为都城，史称“西晋”。

280年，吴国灭亡，西晋统一了全国。西晋统一全国后，统治阶级迅速腐朽，皇族纷纷起兵争夺皇权，史称“八王之乱”，耗竭了西晋的国力。316年，西晋灭亡。

（二）东晋和南北朝

317年，司马睿重建晋朝，都城在建康，史称“东晋”。

东晋建立之时，北方地区仍陷于严重的战乱之中。4世纪后期，氐族人建立了前秦政权，前秦的苻坚重用汉人王猛为丞相，励精图治，迅速强大，消灭了其他割据政权，统一了黄河流域。

淝水之战以后，前秦的统治瓦解，北方地区重新陷入割据混战的状态。东晋在南方获得暂时稳定，为经济发展提供了有利条件。

420年，大将刘裕自立为帝，国号宋，结束了东晋的统治。此后，南方经历了四个王朝——宋、齐、梁、陈，总称为“南朝”。

与南朝的更替相对，北方自439年北魏灭北凉开始，至589年隋灭陈为止，经历北魏、东魏西魏对峙、北齐北周对峙三个时期，史称“北朝”。

考点3：历史常识——魏晋南北朝

内容提要：220年，曹丕建立魏，定都洛阳；221年，刘备建立汉（史称“蜀”），定都成都；222年，孙权建立吴，定都建业，自此三国鼎立。265年，司马炎建立晋，定都洛阳，史称“西晋”。317年，司马睿重建晋朝，都城在建康，史称“东晋”。

例题精讲

单选题

1. 曹操统一北方的关键性战役是（ ）。

A. 白马之战　　B. 官渡之战

C. 赤壁之战　　D. 淝水之战

【答案】B

2. 下列历史事件中，与“胡人汉服”“汉人胡食”有关的是（　　）。

A. 齐桓公改革　　B. 商鞅变法

C. 李悝变法　　D. 孝文帝改革

【答案】D

考点详解

一、繁盛一时的隋朝

（一）隋朝的建立

581 年，杨坚夺取北周政权，建立隋朝，定都长安。589 年，隋灭陈，结束了南北朝对峙局面，统一了全国。

（二）隋朝的统治

隋朝创立了三省六部制和科举制。隋文帝杨坚统治时期，史称“开皇之治”。

为加强南北交通，巩固隋朝对全国的统治，从 605 年起，隋炀帝开凿一条纵贯南北的大运河。

二、唐朝的建立及繁荣盛世

（一）唐朝的建立

隋炀帝统治后期，暴虐无道，终于导致隋末农民大起义。在起义军的打击下，隋王朝瓦解。618 年，隋炀帝在江都被部将杀死，隋朝灭亡。同年，在太原起兵反隋的贵族李渊进入长安，建立唐朝。李渊就是唐高祖。李渊退位后，传位李世民。李世民就是唐太宗，年号贞观。

（二）繁荣盛世

1. 贞观之治

唐太宗李世民是我国古代杰出的政治家，贞观之治是唐太宗在位期间的清明政治，为唐朝全盛时期的到来奠定了基础。

2. 贞观遗风

武则天是我国历史上唯一的女皇帝。她本是唐高宗的皇后，晚年称帝，改国号为周。武则天统治期间，继续实行唐太宗发展农业生产、选拔贤才的政策，使唐朝社会经济进一步发展，国力不断增强，史称“贞观遗风”。

3. 开元盛世

唐玄宗李隆基统治的前期，年号“开元”，政局稳定，经济繁荣，被誉为“开元盛世”。

唐玄宗任用富于改革精神的姚崇为宰相，重视地方吏治，把中央优秀的官吏下放到地方任职，并亲自考核县令的政绩。但唐玄宗后期不问政事、贪图安逸享乐，政治统治日益腐化。由于边镇军事力量扩大，府兵制日益瓦解，地方割据势力拥兵自重，导致“安史之乱”爆发，唐朝自此日趋衰落。9 世纪后期，爆发了唐末农民起义，唐朝瓦解。907 年，唐朝灭亡。

考点 4：

历史常识——隋、唐

内容提要：581 年杨坚夺取北周政权，建立隋朝，定都长安。589 年，隋灭陈，结束了南北朝对峙局面，统一了全国。618 年，隋炀帝在江都被部将杀死，隋朝灭亡。同年，在太原起兵反隋的贵族李渊进入长安，建立唐朝。907 年，唐朝灭亡。

例题精讲

单选题

1. 唐太宗时嫁给松赞干布的唐朝公主是（　　）。

A. 太平公主　　B. 文成公主

C. 永泰公主　　D. 金城公主

【答案】B

2. 晋初刘毅在《请罢中正除九品疏》中说："上品无寒门，下品无势族。"改变这一局面的制度是（　　）。

A. 世袭制　　B. 察举制

C. 科举制　　D. 九品中正制

【答案】C

考点详解

一、北宋的建立

960年，赵匡胤在陈桥发动兵变，建立宋朝，定都汴梁（今河南开封），史称"北宋"，赵匡胤就是宋太祖。979年，宋太宗消灭割据政权北汉，结束了五代十国的分裂局面。

二、政权的并立与和战

（一）辽

1. 辽的建立

隋唐时期，契丹族逐步强大。907年，耶律阿保机被推举为可汗。916年，耶律阿保机自立为帝，建立契丹国，都城在上京。耶律阿保机就是辽太祖。耶律德光时期改国号为辽。

2. 宋辽的和战

1004年，辽军大举南侵，逼近东京（开封）。宰相寇准力劝宋真宗亲征，宋真宗到达前线，宋军士气大振。最后辽宋议和，宋每年给辽岁币，辽撤兵；双方约为兄弟之国，各守边界，史称**"澶渊之盟"**。

（二）西夏

1. 西夏的建立及统治

1038年，党项族首领元昊自称大夏国皇帝，都城在兴庆，史称"西夏"。

2. 宋夏的和战

元昊称帝以后，不断与宋交兵，双方损失都很惨重，元昊请和。1044年，双方订立和议：元昊取消帝号，北宋册封元昊为夏国主，夏对宋称臣；宋每年给夏岁币；重开边境贸易。此后，宋、夏之间基本维持了和平局面，民族融合得到加强。

（三）金

1. 金的建立及统治

北宋中后期，女真族的完颜部日益强盛，逐步统一女真各部。1114年，完颜阿骨打举兵抗辽，取得初步胜利。1115年，阿骨打称帝，建立金朝，

考点5：

历史常识——宋、元

内容提要：960年赵匡胤在陈桥发动兵变，建立宋朝，定都东京，史称北宋。916年，耶律阿保机自立为帝，建立契丹国，都城在上京。耶律阿保机就是辽太祖。耶律德光时期改国号为辽。

1038年，党项族首领元昊自称大夏国皇帝，都城在兴庆，史称西夏。1115年完颜阿骨打称帝，建立金朝，定都会宁。1127年，北宋皇族赵构在应天府称帝，后来定都临安，史称南宋。赵构就是宋高宗。

1206年，铁木真建立蒙古政权。1271年，忽必烈建立元朝，次年定都大都。

定都会宁。完颜阿骨打就是金太祖。

2. 宋金的和战

金与北宋联合抗击辽，1125 年，辽天祚帝为金军所俘，辽灭亡。辽灭亡后，金军两度南下攻打宋。1127 年，金统治者俘获宋徽宗和宋钦宗，北宋灭亡，史称“靖康之变”。

（四）南宋

1. 南宋的建立

1127 年，北宋皇族赵构（康王）在应天府称帝，后来定都临安（今杭州），史称“南宋”。赵构就是宋高宗。

2. 宋金对峙局面的形成

南宋初年，抗金英雄岳飞在郾城大败金军，收复许多失地。

1141 年，宋金签订“绍兴和议”：南宋对金称臣；割让部分土地；向金送交岁币。至此形成宋金南北对峙局面。后来，金把都城迁到燕京，改名中都。

三、元的建立与统治

1206 年，铁木真统一蒙古各部，建立蒙古政权，被尊称为成吉思汗。

1234 年，蒙古灭金。1271 年，忽必烈建立元朝，次年定都大都，元朝的统治中心完全向中原转移。

例题精讲

单选题

1. 民族政权并立是两宋时期的重要特征，与南宋对峙的女真族政权是（　　）。

A. 辽　　B. 西夏　　C. 金　　D. 元

【答案】 C

2. 西藏正式成为中国的一个行政区域，开始于（　　）。

A. 唐朝　　B. 宋朝　　C. 元朝　　D. 明朝

【答案】 C

考点详解

考点 6：

历史常识——明、清

内容提要：1368 年，朱元璋在应天（南京）称帝，建立明朝。明政府规定科举考试只许在四书五经的范围内命题，实行“八股取士”。1644 年，清军入关，迁都北京，逐步建立起对全国的统治。

一、明朝的建立

1368 年，朱元璋在应天（南京）称帝，建立明朝。朱元璋就是明太祖。

为了选拔听命于皇帝的官吏，明政府规定科举考试只许在四书五经的范围内命题，实行“八股取士”。

二、清朝的建立

1644 年 1 月，李自成在西安建立大顺政权。4 月，进攻北京，明崇祯皇帝自缢于万岁山（景山）。明朝灭亡。

明朝后期，女真族杰出首领努尔哈赤统一了女真各部。1616 年，努尔哈赤建立后金政权，后迁都沈阳，改称盛京。皇太极即位后，改族名为满

洲族。1636 年，改国号为清，皇太极就是清太宗。1644 年，清军入关，迁都北京，逐步建立起对全国的统治。

三、明清时期的对外关系和民族关系

（一）对外关系

1. 郑和下西洋

1405—1433 年，郑和奉命率领船队七次出使亚非三十多个国家和地区，是中国航海史和外交史上的重大事件。船队从南京下关宝船厂出发，沿江、浙、闽、粤海岸南下复西行，最远到达非洲东岸肯尼亚的蒙巴萨。

2. 戚继光抗倭

元末明初，日本的武士、商人和海盗经常骚扰我国沿海地区，沿海居民称他们为“倭寇”。明政府派戚继光到浙东沿海抗倭。戚继光率领戚家军在台州九战九捷，取得抗倭的重大胜利。后来，他又率军开赴福建、广东，与俞大猷合作，连续重创倭寇。到 1565 年，东南沿海的倭寇基本被肃清。

3. 收复台湾

明末，荷兰殖民者侵占我国台湾。1662 年，郑成功收复了台湾。1683 年，清军进入台湾，郑成功的后代归顺清朝。1684 年，清朝设置台湾府，隶属福建省。台湾府的设置，加强了台湾同祖国内地的联系，巩固了祖国的东南沿海。

（二）统一多民族国家的巩固

1. 达赖、班禅和驻藏大臣

清朝中央政府对达赖、班禅进行册封，顺治册封五世达赖为“达赖喇嘛”，康熙赐五世班禅为“班禅额尔德尼”。1727 年，清朝设立驻藏大臣同达赖、班禅共同管理西藏，加强了对西藏的管辖。乾隆年间，推行金瓶掣签制。

2. 平定准噶尔叛乱

17 世纪中期，漠西蒙古准噶尔部噶尔丹称汗后，势力渐强，占据天山南北。清军与噶尔丹及其后继者进行了约七十年的斗争，于 1757 年将噶尔丹贵族割据势力粉碎，统一了天山北路。清朝在乌里雅苏台设将军，在科布多设参赞大臣，直接掌管蒙古各部的军政大权。

3. 平定大小和卓的叛乱

1757 年，居住在天山南路的回部贵族发生叛乱。乾隆平定大小和卓兄弟的叛乱，在伊犁等地设立伊犁将军，管辖包括巴尔喀什湖在内的整个新疆地区。清军驻扎新疆各地，设置哨所，加强对西北地区的管辖。

4. 土尔扈特部回归

清朝前期，我国疆域北接西伯利亚，西跨葱岭，西北达巴尔喀什湖，东北至黑龙江以北的外兴安岭和库页岛，东临太平洋，东南到台湾及其附属岛屿钓鱼岛、赤尾岛等，南至南海诸岛，成为亚洲最大的国家。

四、明清时期社会经济的发展

（一）“海禁”政策

海禁政策是指明清政府实行的严格限制对外交往和贸易的政策。它包括两方面的内容：一方面，禁止国人出海贸易；另一方面，限制外商来华贸易。

（二）朝贡贸易

明代官方的对外贸易称为朝贡贸易。朝贡贸易即贡赐贸易，指周边各国向明朝皇帝进贡，明朝皇帝回赐。这种贡赐关系不是明朝首创，而是古已有之，但在明朝成为主要的对外贸易形式。

（三）闭关锁国政策

清朝实行“闭关锁国”政策，主要表现为对对外贸易实行严格限制。清政府闭关锁国，对抵御西方殖民者的侵略起到一定的作用。清朝初年，政府实行严厉的海禁政策，从1757年开始，只留广州一处口岸与外国通商，几乎与世隔绝，既看不到世界形势的变化，也未能适时地向西方学习先进的科学知识和生产技术，使中国在世界上逐渐落伍。

例题精讲

单选题

1.“封侯非我意，但愿海波平”表明了他为驱逐倭患，保卫海防，拯救百姓于水火，而并非追求个人功名的崇高品质。文中的“他”是指（　　）。

A. 戚继光　　B. 郑和
C. 郑成功　　D. 岳飞

【答案】 A

2. 历史上，清政府为了加强对西藏的管理而设置了（　　）。

A. 宣政院　　B. 达赖喇嘛
C. 驻藏大臣　　D. 伊犁将军

【答案】 C

考点详解

考点7：历史常识——列强的侵略与中国人民的抗争

内容提要：第一次鸦片战争，中国开始沦为半殖民地半封建社会。第二次鸦片战争，中国丧失了更多的领土。甲午中日战争，北洋舰队全军覆没。八国联军侵华战争之后，清政府完全沦为帝国主义统治中国的工具。

一、第一次鸦片战争

（一）过程

英国政府以遏制贸易、危害英国臣民为借口发动了侵略中国的鸦片战争。1840年6月，英国舰队开到广东海面进行挑衅，鸦片战争爆发。林则徐积极防御，英军无隙可乘，就沿海北上。那时，清军在福建以北防务空虚，英军攻陷浙江定海后继续北上，直逼天津。道光帝十分惊恐，派直隶总督琦善与英军谈判，后将林则徐撤职查办。1841年初，英军占领香港岛。清政府感到有失尊严，又同英军作战。但战斗一年多，清军节节失利，英国舰队到达南京长江江面，清政府被迫派人向英军求和。

（二）结果

清政府战败，于1842年签订了《南京条约》。之后，又相继签订了《望厦条约》（美国侵略者与中国签订的第一个不平等条约）、《黄埔条约》（法国侵略者与中国签订的第一个不平等条约）。

二、第二次鸦片战争

1856年，英法联军发动战争；1856年10月至1858年6月占领天津；1859年至1860年攻入北京，火烧圆明园，与清政府签订了《天津条约》《北京条约》，中国丧失了更多的主权和领土，进一步沦为半殖民地半封建社会。

三、中日甲午战争

1894 年 7 月 25 日清晨，日本海军在朝鲜丰岛海面袭击中国的运兵船，不宣而战。

由于日本蓄谋已久，而清朝仓促应战，加上清廷中主和派势力较强，这场战争以中国战败、北洋舰队全军覆没告终。

1895 年清政府与日本签订了《马关条约》，中国社会半殖地化的程度进一步加深。

四、八国联军侵华战争

1900 年，英、法、美、日、俄、德、意、奥八国组成联军，在英国海军中将西摩尔的率领下从天津进犯北京，悍然发动侵华战争。8 月，联军攻占北京。

清政府战败，1901 年被迫与 11 国签订了《辛丑条约》，标志着中国完全沦为半殖民地半封建社会。

例题精讲

单选题

1. 有人认为，道光皇帝应该愧对先祖，因为在他手上曾丢失了土地，这里的“土地”是指（　　）。

A. 钓鱼岛

B. 香港岛

C. 台湾岛

D. 辽东半岛

【答案】B

2. 下图的残垣断壁坐落于北京西郊，这里曾经是中国著名的皇家园林。它毁于（　　）。

A. 鸦片战争期间

B. 第二次鸦片战争期间

C. 甲午中日战争期间

D. 八国联军侵华期间

【答案】B

3. 台湾人民发布文告声明：“惟台湾土地，非他人所能干预。设（日本）以干戈从事，台民惟集万众御之。愿人人战死而失台，决不愿拱手而让台。”这一文告发布的历史背景是（　　）。

A.《南京条约》的签订

B.《瑷珲条约》的签订

C.《马关条约》的签订

D.《辛丑条约》的签订

【答案】C

考点详解

考点8：
历史常识——
近代化的艰难起步

内容提要：闭关锁国使中国逐渐落后于世界的发展，一些开明人士主张开眼看世界，比如林则徐、徐继畲等；清朝官僚进行洋务运动力图挽回局势；戊戌变法的失败让政局再次陷入黑暗；辛亥革命彻底推翻了封建王朝的统治。思想上的大变革最重要的就是新文化运动。

一、新思想的萌发

（1）林则徐：开眼看世界第一人，代表作有《四洲志》《各国律例》，主张学习西方的船舰技术。

（2）徐继畲：著有《瀛寰志略》，本书与魏源的《海国图志》同为中国较早的世界地理志。徐继畲建议清政府加强沿海与边疆防务，以抵御外国侵略。

二、洋务运动

在两次鸦片战争和太平天国农民革命运动的双重打击下，清政府为了解除内忧外患，维护统治，实现富国兵强，开展了洋务运动。中央以恭亲王奕䜣为代表，地方以曾国藩、李鸿章、左宗棠、张之洞为代表，主张学习西方先进的科学技术，前期以自强为口号，后期以求富为口号。总理衙门是推动洋务运动的中央机构。

注务运动进行了30多年，虽未使中国富强起来，但引进了西方先进技术，创办了一批近代企业，客观上对中国民族资本主义的产生和发展起到了促进作用。

三、戊戌变法

1895年，《马关条约》签订的消息传来，康有为、梁启超联合在北京参加科举会试的1 300多名来自各省的举人，联名上书光绪帝，反对同日本议和，请求变法，史称“公车上书”。这次上书是资产阶级维新思潮转变为爱国救亡政治运动的标志，揭开了维新变法的序幕。

1898年（戊戌年）6月11日，光绪帝颁布《定国是诏》，实行变法，史称“戊戌变法”。这次变法历时103天后失败，因此又称“百日维新”。

四、辛亥革命

辛亥革命有狭义和广义之分。狭义的辛亥革命是指1911年的武昌起义；广义的辛亥革命是指从1894年兴中会成立到1912年袁世凯窃取革命果实期间，革命者为实现资产阶级民主而进行的一系列斗争。

五、新文化运动

1915年9月，陈独秀在上海创办《青年杂志》（从第二卷起改名为《新青年》），后成为新文化运动的主要阵地。代表人物有陈独秀、李大钊、鲁迅等。

1917年，蔡元培任北京大学校长，提出“思想自由，兼容并包”，推动了新文化运动的发展。

例题精讲

单选题

1.2014年5月4日，中共中央总书记习近平来到五四运动的策源地——北京大学，与北大学子共度青年节，纪念五四运动95周年。北京大学

的前身是戊戌变法时期创办的、中国近代第一所国家建立的最高学府（　　）。

A. 京师同文馆　　B. 京师大学堂
C. 清华学堂　　D. 黄埔军校

【答案】B

2. “公车上书”的主要发起人是（　　）。

（1）严复　（2）谭嗣同　（3）康有为　（4）梁启超

A.（1）（2）　　B.（3）（4）
C.（1）（2）（3）　　D.（2）（3）

【答案】B

3. 辛亥革命中首次取得胜利的起义是（　　）。

A. 南昌起义　　B. 武昌起义
C. 广州起义　　D. 秋收起义

【答案】B

4. 新文化运动兴起的标志是（　　）。

A. 陈独秀创办《新青年》
B.《新青年》迁往北京
C. 胡适发表《文学改良刍议》
D. 陈独秀提出“文学革命”口号

【答案】A

考点详解

考点 9：历史常识——新民主主义革命的兴起

内容提要：中国在巴黎和会上的外交失败，导致了五四运动的爆发。1921 年 7 月，中国共产党正式成立，掀开了历史的新篇章。

一、五四运动

因巴黎和会上中国政府外交失败，1919 年 5 月 4 日，北京大学等十几所学校的学生在天安门前集会，举行示威游行，高呼“外争国权，内惩国贼”“还我山东”“废除二十一条”“拒绝和约签字”等口号，五四运动爆发。

1919 年 6 月 5 日，为支援学生的爱国斗争，上海工人首先罢工。随后，各地工人相继罢工。

五四运动是一次彻底的反帝反封建的爱国运动。青年学生在运动中起了先锋作用；工人阶级在运动后期发挥了主力军作用。

二、中国共产党的成立

1921 年 7 月 23 日，各地共产主义派代表在上海举行中国共产党第一次全国代表大会，伟大的中国共产党诞生。中国共产党的成立，是中国历史上开天辟地的大事。自从有了中国共产党，中国革命的面貌从此焕然一新。

三、红军长征

1934 年 10 月，第五次反“围剿”失利后，中央红军被迫进行战略性转移，进行长征，行程约二万五千里，经历了四渡赤水、强渡大渡河（飞夺泸定桥）、过雪山及草地等难关。

1935 年 10 月，红一方面军到达陕北吴起镇，同陕北红军胜利会师。1936 年 10 月，红四方面军、红二方面军分别与红一方面军在甘肃会宁、会宁以东的将台堡胜利会师。红军长征终于取得了胜利。

例题精讲

单选题

1919年5月2日，北京《晨报》发表《外交警报，敬告国民》一文，指出："胶州亡矣！山东亡矣！国不国矣！"为了挽救民族危机，随后在北京爆发的一次爱国运动是（　　）。

A. 新文化运动　　　　B. 五四运动

C. 护国运动　　　　D. 护法运动

【答案】B

考点详解

考点10：历史常识——抗日战争

内容提要："九一八事变"是中国人民局部抗战的开始。华北事变后，中日民族矛盾上升为主要矛盾。1936年12月12日，张学良、杨虎城逼蒋抗日，史称"西安事变"，又称为"双十二事变"。卢沟桥的烽火，揭开了全面抗日战争的序幕。1945年8月15日，日本宣布无条件投降。1945年9月2日，日本签署投降书，抗日战争胜利结束。

一、局部侵华与局部抗战

（一）"九一八事变"

1931年9月18日夜，日本关东军策划炸毁了南满铁路沈阳北部柳条湖附近的一段路轨，反诬是中国军队所为，随即炮击东北军驻地北大营，19日占领沈阳全城，这就是"九一八事变"。蒋介石政府实行不抵抗政策，十多万东北军按照蒋介石"绝对不抵抗"的命令退入关内。不到半年，东北三省完全沦陷，变成了日本的殖民地。1932年3月，日军建立"伪满洲国"，企图把东北从中国分裂出去。日本帝国主义的侵略，激起了全国各界同胞的抗日怒潮，"九一八事变"是中国人民局部抗战的开始。

（二）西安事变

1935年，日本帝国主义利用国民党政府的不抵抗政策，加紧侵略华北，中华民族危机空前严重。在中国共产党的抗日民族统一战线政策的感召下，张学良、杨虎城接受"停止内战，一致抗日"的主张，要求蒋介石联共抗日。1936年12月12日，张学良、杨虎城派兵到华清池扣押了蒋介石，向全国发出通电，提出抗日救国八项主张，呼吁停止内战、联共抗日。这次逼蒋抗日的行动，史称"西安事变"，又称为"双十二事变"。西安事变后，国内局势紧张，中国共产党从全民族利益出发，提出了和平解决西安事变的正确方针。周恩来与张学良、杨虎城共同努力，经过谈判、斗争，迫使蒋介石接受了停止内战、联共抗日的条件，促成了西安事变的和平解决。西安事变的和平解决标志着十年内战（1927—1936年）基本结束，促进了国共合作抗日局面的出现。

二、全面抗战

（一）七七事变

1937年7月7日深夜，日本借口一名士兵在军事演习中失踪，要求进入桥东宛平县城搜查。在中日双方交涉期间，日军于8日凌晨向宛平县城开枪射击，接着又炮轰卢沟桥，挑起全面侵略中国的战争，这就是"七七事变"，又称"卢沟桥事变"。

卢沟桥的中国驻军奋起抵抗，双方在桥头展开了激烈的争夺战，事变中涌现出的民族英雄佟麟阁、赵登禹等的英勇壮举激励了全国人民的抗战。

7 月底，平津陷落。卢沟桥的烽火，标志着中华民族抗日战争的全面开始。

（二）正面战场抗战

1. 防御阶段的抗战

淞沪会战：1937 年 8 月，日军对上海发动了大规模进攻，史称“八一三事变”。淞沪会战打破了日本三个月灭亡中国的迷梦。

太原会战（平型关大捷）：1937 年 9 月，八路军一一五师在平型关东侧伏击，歼灭日军一千多人，缴获大批物资。平型关大捷是抗战以来首次大捷。

徐州会战（台儿庄大捷）：1938 年春，日军分两路进攻徐州。第五战区总司令李宗仁指挥中国军队在台儿庄展开激战。中国军队共歼敌一万多人，取得抗战初期国民党正面战场的最大一次胜利。

武汉会战（1938 年 6 月—10 月）：抗战以来战线最长、规模最大、持续时间最长的一次会战，广州、武汉失守，从此抗日战争进入相持阶段。

2. 相持阶段的抗战

枣宜会战（1940 年 5 月—6 月）：枣宜会战虽然最终失败了，但以张自忠将军为代表的中国爱国军人伟大的抗战精神给日军以强烈震撼。

豫湘桂战役（1944 年 4 月—12 月）：日军为了打通中国大陆交通线而发动战争，中国国民党军队在河南、湖南、广西等地进行抗击。此次战役是日军在溃败前夕一次回光返照式的挣扎。

（三）敌后战场抗战

（1）1937 年 8 月洛川会议制定全面抗战路线，建立抗日根据地。

（2）百团大战（1940 年 8—12 月）：为了粉碎敌人的“囚笼政策”，八路军在彭德怀的指挥下，组织一百多个团，在华北两千多千米的战线上向日军发动大规模攻击，主要目标是破坏敌人的交通线，摧毁日伪军的据点。百团大战是抗日战争中中国军队主动出击日军的最大规模的战役。

三、抗日战争的胜利

（1）中共七大召开。1945 年 4 月，中国共产党第七次全国代表大会在延安召开，主要讨论夺取抗战胜利和抗战胜利后中国将走什么道路的重要问题。（中心任务）

中共七大的内容：1）毛泽东在会上作了《论联合政府》的政治报告。2）大会制定了党的政治路线：放手发动群众，壮大人民力量，在中国共产党的领导下，打败日本侵略者，解放全国人民，建立一个新民主主义国家。大会通过的新党章规定，把毛泽东思想作为党的指导思想。3）大会选举了以毛泽东为主席的新的中央委员会。

（2）中、美、英发表《波茨坦公告》，促令日本投降。

（3）美国在广岛、长崎投下两颗原子弹。

（4）苏联对日宣战，出兵中国东北。

（5）毛泽东发表《对日寇的最后一战》，在正面战场和敌后战场进行反攻。

1945 年 8 月 15 日，大反攻全面开始。8 月 15 日，日本宣布无条件投降。1945 年 9 月 2 日，日本签署投降书，抗日战争胜利结束。

例题精讲

单选题

1. 中国共产党领导的全国人民的抗日中心是（　　）。

A. 晋察冀抗日根据地　　B. 晋冀豫抗日根据地

C. 晋绥抗日根据地　　D. 陕甘宁革命根据地

【答案】D

2. 1937 年 8 月至 11 月，中国军队与侵华日军之间的激烈交战是（　　）。

A. 徐州会战　　　　B. 台儿庄战役

C. 武汉会战　　　　D. 淞沪会战

【答案】D

考点 11：历史常识——新中国成立

内容提要：1949 年 10 月 1 日中华人民共和国成立，中国共产党领导中国各族人民开始进行社会主义现代化建设。

考点详解

抗战胜利后，国共之争再次成为国内外关注的焦点。1945 年 8 月，毛泽东在周恩来等人陪同下，到重庆同国民党进行谈判，达成“双十协定”。1946 年 6 月，蒋介石在美帝国主义支持下，撕毁“双十协定”，全面内战爆发。经过三大战役，国民党主力军被消灭殆尽，中共在西柏坡召开了七届二中全会。

人民政治协商会议于 1949 年 9 月召开，会议决定把北平改名为北京，作为中华人民共和国首都；采用公元纪年；决定中华人民共和国国旗为五星红旗。

1949 年 10 月 1 日，首都 30 万群众在天安门广场集会，隆重举行开国大典。毛泽东庄严宣告：中华人民共和国中央人民政府成立。10 月 1 日成为我国的国庆纪念日。

考点 12：历史常识——四大文明古国

内容提要：四大文明古国包括古埃及、古巴比伦、古印度和古中国。

考点详解

四大文明古国包括古埃及、古巴比伦、古印度和古中国，由于前文对古中国有比较详细的介绍，此处列出其余三大文明古国的概况，详见下表。

古埃及、古巴比伦、古印度概况

<table>
<tr><td rowspan="4">古埃及</td><td>位置</td><td>非洲东北部，尼罗河流域（埃及是尼罗河的馈赠）</td></tr>
<tr><td>历史概况</td><td>（1）约公元前 3500 年开始，尼罗河两岸陆续出现几十个奴隶制小国。
（2）约公元前 3000 年，初步统一的古埃及国家建立。
（3）公元前 15 世纪，古埃及国力强盛，成为地跨亚非的大帝国。
（4）公元前 6 世纪，古埃及被波斯所灭</td></tr>
<tr><td>金字塔</td><td>功能：古埃及国王的陵墓，是权力的象征。（最大的金字塔：胡夫金字塔）
意义：一方面，是古埃及劳动人民留给后人的一座艺术丰碑，因为它充满了古埃及劳动人民的智慧；另一方面，是古埃及劳动人民受统治者剥削和压迫的历史见证</td></tr>
<tr><td>文字</td><td>（1）距今约 5 000 年前，古埃及出现了象形文字。
（2）商博良——罗塞塔石碑</td></tr>
<tr><td rowspan="3">古巴比伦</td><td>位置</td><td>亚洲西部，底格里斯河和幼发拉底河流域（两河流域、美索不达米亚平原）</td></tr>
<tr><td>历史概况</td><td>（1）公元前 3500 年以后，苏美尔人在两河流域南部建立起许多奴隶制小国。
（2）公元前 18 世纪，古巴比伦王国国王汉谟拉比统一了两河流域，建立起中央集权的奴隶制国家。
空中花园——尼布甲尼撒二世</td></tr>
<tr><td>《汉穆拉比法典》</td><td>（1）制定目的：维护奴隶主的利益。
（2）实质：一部保护奴隶主阶级私有财产、维护奴隶主阶级利益的法典。
（3）内容：由序言、正文、结语组成，对诉讼程序、私有财产及高利贷等作了规定。
（4）意义：世界上现存的古代第一部比较完备的成文法典</td></tr>
</table>

古印度	位置	亚洲南部，印度河流域和恒河流域
	历史概况	(1) 约公元前 2500 年，开始出现一些小国。 (2) 后来，雅利安人入侵古代印度，建立起奴隶制国家 (《史记》称其为身毒，《汉书》称其为天竺，唐代玄奘始译为印度。)
	种姓制度	(1) 内容：社会分为四个等级，即婆罗门、刹帝利、吠舍、首陀罗，四个等级之间高低贵贱有别，不同等级的人不得通婚。 (2) 特点：各等级职业世袭，父子世代相传；各等级实行内部同一等级通婚，严格禁止低等级之男与高等级之女通婚；首陀罗没有参加宗教生活的权利；各等级在法律上是不平等的。 (3) 影响：种姓制度激化了当时的社会矛盾，并给后来的印度社会的发展带来了不良影响
古代亚非文明的共同点		(1) 亚非文明都以农业为基础，属于农业文明。 (2) 亚非文明都具有封闭性的特点

例题精讲

单选题

1. 亚非文明古国创造了灿烂的文明成就。下列属于两河流域文明成就的是（　　）。

A. 金字塔　　B. 种姓制度

C. 《汉穆拉比法典》　　D. 四大发明

【答案】 C

2. 胡夫和汉穆拉比结伴来到古印度旅游，发现自己在种姓制度中属于（　　）。

A. 婆罗门　　B. 刹帝利

C. 吠舍　　D. 首陀罗

【答案】 B

【解析】 古印度的种姓制度把社会分为婆罗门、刹帝利、吠舍、首陀罗四个等级，婆罗门是掌管宗教的祭司；刹帝利是军事贵族和行政贵族；吠舍是雅利安人的自由平民阶层；首陀罗从事最低贱的职业。胡夫和汉穆拉比是国王，掌管军事和行政大权，所以属于第二等级刹帝利。

考点详解

考点 13：
历史常识——
资本主义的兴起

内容提要：资本主义的兴起包括新航路的开辟及早期的殖民扩张。

新航路的开辟具体见下表。

航海家	国籍	支持国	时间	成就
迪亚士	葡萄牙	葡萄牙	1487 年	到达非洲最南端好望角，开辟由大西洋进入印度洋的航路
哥伦布	意大利	西班牙	1492 年	横渡大西洋，到达美洲大陆，发现印第安人
达·伽马	葡萄牙	葡萄牙	1497—1498 年	到达印度，人类第一次完成从西欧绕经非洲到达东方的航线
麦哲伦	葡萄牙	西班牙	1519—1522 年	欧洲→大西洋→太平洋→印度洋→欧洲（环球航行）

支持新航路开辟的主要是西班牙和葡萄牙，它们借机对外掠夺、扩张，进行奴隶贸易，完成资本原始积累。继二者之后的是荷兰和英国的崛起。

例题精讲

单选题

1. 下列航海家的远航活动按时间顺序排列，正确的是（　　）。

（1）达·伽马到达印度；（2）迪亚士到达好望角；（3）哥伦布到达美洲；（4）麦哲伦环球航行

A.（1）（2）（3）（4）　　B.（2）（1）（3）（4）

C.（3）（1）（2）（4）　　D.（2）（3）（1）（4）

【答案】D

2. 最先进行殖民扩张和掠夺的国家是（　　）。

A. 英国和法国　　B. 西班牙和葡萄牙

C. 法国和荷兰　　D. 英国和荷兰

【答案】B

3. 2014 年世界足球赛在巴西举行，广大球迷的目光不约而同地汇集到物产丰富的美洲大地。16 世纪至 19 世纪中期在美洲、欧洲、非洲之间盛行一种贸易，它为美洲提供了大量劳动力，这种贸易在历史上被称为（　　）。

A. 商品贸易　　B. 军火贸易

C. 三角贸易　　D. 鸦片贸易

【答案】C

考点详解

一、文艺复兴

（一）核心——人文主义

人文主义是一种反对教会控制精神世界的思潮，它要求以人为中心，而不是以神为中心；提倡发扬人的个性，肯定人的价值和尊严，追求人在现实生活中的幸福。

实质：反映欧洲新兴资产阶级要求的思想解放运动。

（二）成就

文艺复兴的成就见下表。

代表人物	代表作品	作品的思想
但丁	《神曲》	率先对教会的丑恶现象表达了憎恶
彼特拉克	《歌集》	最早提出要以“人的学问”代替“神的学问”，第一个提出人文主义口号，被称为“人文主义之父”
薄伽丘	《十日谈》	抨击了封建道德和教会的禁欲思想，宣传人类平等，主张发展人的个性，具有明显的现实主义特点
达·芬奇	《蒙娜丽莎》《最后的晚餐》	注重描画人物的内心世界，善于利用光的作用，通过明暗对比和阴影烘托人物形象。他的作品一扫中世纪呆板拘谨的宗教气息
莎士比亚	《罗密欧与朱丽叶》《哈姆雷特》	讴歌人的伟大和高贵，深刻批判封建道德伦理观念和社会陋习，集中体现了人文主义精神
马基亚维利	《君主论》	阐述为君之道和政治的本质，表达了“强权政治”的理论；要求扫除教会和封建割据势力，建立统一的、强大的民族国家

考点 14：历史常识——西方人文主义精神的发展

内容提要：文艺复兴中出现的“前三杰”和“后三杰”，启蒙运动中的康德、卢梭等人，其思想和艺术成就迄今依然影响着全世界。

二、启蒙运动

（一）概况

（1）时间和范围：17 世纪至 18 世纪，起源于英国，以法国为中心，波及整个欧洲。最初在思想领域，后发展到政治领域。

（2）性质：是继文艺复兴之后，资产阶级掀起的一场反封建、反教会的思想解放运动，是欧洲第二次思想解放运动。

（3）指导思想：理性主义，提倡人的独立思考和判断；反对专制王权、宗教神权、贵族特权、愚昧和迷信；追求主权在民、自由平等和科学。

（二）内容与代表人物

1. 启蒙运动的兴起——英国（17 世纪）

启蒙运动兴起的代表人物及主张见下表。

代表人物	主张	代表作品
霍布斯	（1）首倡社会契约论，但不反对君主专制 （2）提倡无神论，但主张宗教维护社会秩序	《利维坦》
洛克	（1）首倡分权学说 （2）赞成君主立宪、社会契约	《政府论》 《人类理解论》

2. 启蒙运动的高潮——法国（18 世纪）

启蒙运动高潮的代表人物及主张见下表。

代表人物	思想主张	评价	代表作品
伏尔泰	（1）抨击天主教会 （2）倡导君主立宪 （3）提倡天赋人权、自由平等 （4）法律面前人人平等	法国启蒙运动的领袖	《哲学通讯》 《路易十四时代》
孟德斯鸠	（1）提出“三权分立”学说 （2）反君主专制，主张君主立宪 （3）法律是理性的体现	否定封建专制制度的合理性，奠定了资产阶级有关国家与法的理论基础	《论法的精神》
卢梭	（1）社会契约论和人民主权说 （2）人类不平等的根源是财产私有 （3）主张天赋人权、民主共和制	最激进的民主主义者，代表中小资产阶级的利益	《社会契约论》
康德	（1）独立思考，理性批判 （2）主权在民 （3）要自由也要自律	对启蒙运动进行总结	《纯粹理性批判》

例题精讲

单选题

1. 为但丁赢得“中世纪最后一位和新时代最初一位诗人”美誉的作品是（　　）。

A.《哈姆雷特》　　B.《神曲》

C.《最后的晚餐》　　D.《蒙娜丽莎》

【答案】 B

2. 下列关于启蒙运动的叙述，正确的是（　　）。

A. 起源于 16 世纪的法国

B. 涌现了但丁、莎士比亚等一大批启蒙思想家

C. 是资产阶级思想解放运动，为欧美资产阶级革命作了思想和理论准备

D. 伏尔泰提出了三权分立学说

【答案】C

考点详解

考点 15：历史常识——资本主义政治制度的确立

内容提要：17 世纪至 19 世纪，世界主要的资本主义国家，如英国、美国、法国、日本等，相继进行了资产阶级革命，意在推翻老旧的封建王朝的统治，建立起新的民主的社会制度。

一、英国资产阶级革命

1638 年，苏格兰人民为了反抗查理一世的宗教迫害，举行起义。

1640 年 4 月，国王查理一世召集议会开会，希望能够筹集军费，镇压苏格兰人民起义。资产阶级和新贵族联合起来，利用议会同国王进行斗争，他们要求限制王权，取消国王的专制权，监督国王和大臣的活动，国王和议会最后决裂。

1642 年，查理一世向议会宣战，内战爆发。1645 年，纳西比战役，议会军几乎全歼敌军，是内战的转折点。1649 年，建立共和国。1660 年，斯图亚特王朝复辟。

1688 年，资产阶级和新贵族联合其他不满国王专制统治的人士发动宫廷政变，史称“光荣革命”，推翻了专制统治，标志着革命的结束。

1689 年，英国议会通过了《权利法案》。《权利法案》以明确的法律条文，限制国王的权力，保证议会的立法权、财政权等。英国建立起君主立宪制的资产阶级专政。

二、美国独立战争和南北战争

（一）独立战争

由于英国一直以来对殖民地进行剥削，对北美经济发展造成严重阻碍，北美人民奋起抗争。

1775 年 4 月，莱克星顿的枪声标志着北美独立战争的开始。

1775 年 5 月，北美召开第二届大陆会议，决定组建大陆军同英国军队战斗，华盛顿被任命为总司令。

1776 年 7 月 4 日，大陆会议通过了杰斐逊等人起草的《独立宣言》，宣告英属北美 13 个殖民地独立。《独立宣言》是世界上第一次以国家的名义宣布天赋人权的思想，马克思称其为“第一个人权宣言”。

1783 年，英国承认美国独立。

（二）南北战争

1861 年，南方一些州成立南部同盟，发动叛乱，内战爆发。

1862 年，为扭转形势，林肯颁布《宅地法》并发表《解放黑人奴隶宣言》。1863 年，葛底斯堡战役后，北方获得战争的主动权。1865 年，南方投降，内战结束。

三、法国大革命和拿破仑帝国

1789 年 7 月 14 日，巴黎人民起义，攻占了象征封建统治的巴士底狱，法国大革命爆发。

8 月 26 日制宪会议通过《人权宣言》，宣布：人生来是而且始终是平等的；自由、财产、安全和反抗压迫都是不可动摇的人权；法律是公共意志的表现，法律面前人人平等；私有财产神圣不可侵犯。

1792 年 8 月 10 日，巴黎人民发动第二次武装起义，推翻了君主制度。

1794 年 7 月 27 日，热月政变，法国大革命的高潮结束。

1799 年 11 月，拿破仑以解除雅各宾派的威胁为借口，发动兵变，历史上称为“雾月政变”。

1804 年拿破仑称帝，建立资产阶级军事独裁的法兰西帝国，史称“法兰西第一帝国”。

四、日本明治维新

19 世纪 60 年代末，日本在受到西方资本主义工业文明冲击下，进行由上而下、具有资本主义性质的全盘西化的现代化改革运动——明治维新。1868 年，明治天皇建立新政府，推行近代化政治改革，建立君主立宪政体。经济上推行“殖产兴业”，学习欧美技术，进行工业化浪潮，并且提倡“文明开化”、社会生活欧洲化，大力发展教育等。这次改革使日本成为亚洲第一个走上工业化道路的国家，逐渐跻身于世界强国之列，是日本近代化的开端。

例题精讲

单选题

1. 1689 年，英国议会颁布了一部法律文献，使君主立宪制在英国确立。该文献是（　　）。

A. 《人权宣言》　　B. 《权利法案》

C. 《1787 年宪法》　　D. 《法典》

【答案】 B

2. 列宁指出：现代美国史，是由一次伟大的、真正解放的、真正革命的战争开始的。它结束了英国的殖民统治，实现了国家独立，有利于美国资本主义的发展。这场战争就是（　　）。

A. 独立战争　　B. 美西战争

C. 南北战争　　D. 太平洋战争

【答案】 A

3. 一百二十多年前的甲午战争，成功走上资本主义发展道路的日本打败了仍固守封建统治的清政府。使日本逐步转变为资本主义国家的改革是（　　）。

A. 大化改新　　B. 明治维新

C. 1861 年改革　　D. 百日维新

【答案】 B

4. 19 世纪中期，资本主义性质的革命和改革中不包括（　　）。

A. 美国南北战争　　B. 俄国农奴制改革

C. 中国太平天国运动　　D. 日本明治维新

【答案】 C

考点详解

一、工业革命

（一）开始标志

18 世纪 60 年代，**哈格里夫斯**发明“珍妮机”。工业革命的主要部门在棉纺织业。

（二）主要成就

（1）纺织部门：凯伊发明飞梭；哈格里夫斯发明“珍妮机”；克隆普顿发明骡机；卡特莱特发明水力织布机。

（2）动力部门：瓦特改进蒸汽机，1785 年首先在纺织部门投入使用，受到广泛欢迎，人类进入蒸汽时代。

（3）交通部门：1807 年，美国人富尔顿发明蒸汽机船。1814 年，英国人史蒂芬孙发明蒸汽机车。

（三）完成的标志

机器生产基本取代手工劳动，工厂取代手工工场，资本主义工厂制确立。

二、第二次工业革命

标志性发明：电力的应用。

开始部门：重工业。

（一）电力的广泛应用（显著表现）

（1）1866 年，德国人西门子制成发电机。

（2）19 世纪 70 年代，实际可用的发电机问世。

（3）美国人爱迪生发明电灯。

世界开始进入“电气时代”。

（二）内燃机和新交通工具的创制

（1）19 世纪 80 年代，德国人卡尔·本茨创制内燃机驱动的汽车。

（2）19 世纪 90 年代，柴油机创制成功。

（三）新通信手段的发明

（1）19 世纪 70 年代，美国人贝尔发明电话。

（2）19 世纪 90 年代，意大利人马可尼实验无线电报取得成功。

（四）化工技术的进步

1867 年，诺贝尔发明炸药；1884 年，改良成无烟火药。

考点 16：历史常识——资本主义经济制度的确立和发展

内容提要：西方世界通过两次工业革命变得异常强大，世界市场也在这个错综复杂的时期陆续形成。蒸汽机和电力的发明，无疑是人类文明史上不可磨灭的一笔。

例题精讲

单选题

1. 英国工业革命最先出现在（　　）。

A. 毛纺织业　　B. 棉纺织业

C. 机器制造业　　D. 交通运输业

【答案】 B

2. 像鸟一样在天空飞翔是人类长期的梦想，最早将人类这一梦想变成现实是在（　　）。

A. 1870 年，英国　　B. 1885 年，德国

C. 1901 年，中国　　D. 1903 年，美国

【答案】D

3. 在当今社会生活中，下列选项与第二次工业革命中的创造发明无关的是（　　）。

A. 打电话拜年　　B. 乘公交车上班

C. 用电脑办公　　D. 坐飞机旅游

【答案】C

考点详解

考点 17：

历史常识——两次世界大战

内容提要：20 世纪发生了两次世界大战，给全世界人民带来了深重的灾难。

一、第一次世界大战

1914 年 6 月 28 日，塞尔维亚青年普林西普为了维护国家和民族的利益刺杀了在波斯尼亚首府萨拉热窝参加指挥军事演习的奥匈帝国皇太子斐迪南，这就是著名的“萨拉热窝事件”。这一偶然发生的事件成为第一次世界大战的导火线。

1914 年 7 月，奥匈帝国以萨拉热窝事件为借口，向塞尔维亚宣战，德、俄、法、英相继投入战争，第一次世界大战爆发。战争主要在同盟国和协约国之间进行。德国、奥匈帝国、奥斯曼帝国等属于同盟国，英国、俄国、美国、意大利等属于协约国。

1918 年 11 月 11 日，停战协定在法国巴黎郊外的一节火车车厢（福熙车厢）里签署。这一协定的签署标志着第一次世界大战以同盟国的失败而告终。

二、第二次世界大战

1939 年 9 月 1 日，德国闪击波兰，英、法对德宣战，第二次世界大战爆发。

1940 年 9 月，德、日、意在柏林签订了《柏林协定》，正式结成轴心军事同盟，妄图瓜分世界。

1941 年 6 月 22 日，德军突袭苏联。

1941 年 12 月 7 日，日军偷袭珍珠港，美、英对日宣战，太平洋战争爆发。

1942 年 1 月 1 日，26 个国家的代表在华盛顿共同签署了《联合国家共同宣言》，该宣言的发表标志着国际反法西斯统一战线的最终形成。国际反法西斯联盟的建立鼓舞了各国人民的斗志，增强了反法西斯力量，为最终打败法西斯奠定了坚实的基础。

1945 年 5 月 8 日，德国正式签署无条件投降书，欧洲战场的战事结束。8 月 15 日，日本法西斯走投无路，宣布无条件投降。9 月 2 日，日本正式签署了无条件投降书。至此，第二次世界大战结束。

例题精讲

单选题

1. 第一次世界大战中被称为“绞肉机”“屠场”的战役是（　　）。

A. 索姆河战役　　B. 马恩河战役

C. 坦能堡战役　　D. 凡尔登战役

【答案】D

2. 1919 年，巴黎和会的中心内容是（　　）。

A. 成立国际联盟

B. 签订《限制海军军备条约》

C. 签署《九国公约》

D. 签订《凡尔赛条约》

【答案】D

3. 世界反法西斯联盟形成的标志是（　　）。

A.《联合国家共同宣言》的签署

B. 太平洋战争的爆发

C. 苏联参加反法西斯战争

D. 雅尔塔会议

【答案】A

考点详解

考点 18：历史常识——两极格局下的世界

内容提要：雅尔塔体系是第二次世界大战后建立的战后国际体制。1945 年 6 月 26 日，联合国正式成立。

一、雅尔塔体系的确立

雅尔塔体系是第二次世界大战后期至战后初期，美、苏、英三大国就结束战争、处理战争遗留问题及战后世界秩序安排等问题，通过德黑兰会议、雅尔塔会议和波茨坦会议等国际会议达成的一系列协议而建立的战后国际体制。

二、联合国的成立

1945 年 10 月 24 日，联合国家组织会议在美国旧金山举行。1945 年 6 月 26 日，《联合国宪章》正式生效，标志着联合国的正式成立。

考点详解

考点 19：历史常识——当今世界的政治经济格局

内容提要：布雷顿森林体系的形成标志着以美元为中心的国际货币金融体系的建立。20 世纪 90 年代，形成了三大区域经济集团：欧洲联盟、北美自由贸易区和亚太经合组织。世界局势继续变化，东欧剧变，苏联解体，多极化的趋势明显。

一、经济的全球化趋势

（一）战后资本主义世界经济体系的形成

（1）背景。

1）1929 年经济大危机和第二次世界大战的惨痛教训。

2）世界经济格局发生变化，英国在第二次世界大战中遭受巨大损失和破坏，以英镑为中心的世界货币体系已经难以维系。

3）美国崛起，企图建立以自己为主导的资本主义世界货币体系。

（2）概况。

1）布雷顿森林体系会议：1944 年夏，美、英、中等 44 国在美国的布雷顿森林召开联合国货币金融会议，会议按照美国的方案通过了《联合国货币金融会议最后议定书》及附件，合称《布雷顿森林协定》。

1945 年，根据协定，国际货币基金组织和国际复兴开发银行相继成立。

2）国际货币基金组织：1945 年成立，该组织规定了美元与黄金直接挂钩的原则，使美元得到了高于其他国家货币的地位。

3）世界银行：1945 年，国际复兴开发银行（通称世界银行）成立，世

界银行最初主要向西欧国家提供贷款，后来也面向亚非拉国家。

根据《布雷顿森林协定》成立的国际货币基金组织和世界银行，确立了第二次世界大战后的国际货币金融体系，通称布雷顿森林体系。

（二）世界经济区域集团化

20 世纪 90 年代，形成了三大区域经济集团：欧洲联盟、北美自由贸易区和亚太经合组织。

1. 欧洲联盟

欧洲联盟，简称欧盟（EU），总部设在比利时首都布鲁塞尔，是由欧洲共同体发展而来的，创始成员国有 6 个，分别为德国、法国、意大利、荷兰、比利时和卢森堡。1991 年 12 月，欧洲共同体马斯特里赫特首脑会议通过《欧洲联盟条约》，通称《马斯特里赫特条约》。1993 年 11 月 1 日，《马斯特里赫特条约》正式生效，欧盟正式诞生。

2. 北美自由贸易区

在全球化和经济区域一体化趋势下，1988 年，美国、加拿大签订《美加自由贸易协定》；1992 年，签订《北美自由贸易协定》，1994 年，北美自由贸易区正式成立。

3. 亚太经合组织

亚洲太平洋经济合作组织，简称亚太经合组织（APEC），是亚太地区重要的经济合作论坛，也是亚太地区最高级别的政府间经济合作机制。该组织在推动区域贸易投资自由化、加强成员间经济技术合作等方面发挥了不可替代的作用，是亚太区内各地区之间促进经济成长、合作、贸易、投资的论坛。

（三）世界经济全球化——世界贸易组织的成立

1995 年 1 月 1 日，世界贸易组织（WTO）正式运转，标志着一个以贸易自由化为中心，囊括当今世界经济各领域的多边贸易体制建立。

2001 年 11 月 11 日，中国正式加入世界贸易组织。这标志着中国对外开放进入一个新的阶段，标志着世界大市场对中国的开放，对中国来说机遇与挑战并存，推动了全球经济的繁荣与发展。

二、政治的多极化趋势

（一）两极格局的瓦解

1. 东欧剧变

波兰是第一个发生剧变的国家。接着，除罗马尼亚以外的东欧国家，都通过自由选举的和平方式发生了剧变。

政权更迭之后，民主德国并入联邦德国（1990 年 10 月）；多民族的南斯拉夫联邦一分为五；捷克斯洛伐克一分为二。

2. 苏联解体

苏联解体是指 20 世纪 90 年代初苏联共产党失去执政地位及由 15 个加盟共和国组成的苏维埃社会主义共和国联盟瓦解的事件。1991 年 9 月 6 日，爱沙尼亚、拉脱维亚、立陶宛三个加盟共和国独立；12 月 8 日，俄罗斯联邦、白俄罗斯、乌克兰三国领导人签署《独立国家联合体协议》，宣布组成“独立国家联合体”。

（二）多极化趋势的出现

1. 走向联合的欧洲

1967 年，欧共体成立。20 世纪 70 年代，欧共体国家加强了政治上的联合，在一系列重大国际问题上采取了共同政策，推动了世界多极化趋势的出现。

2. 日本谋求政治大国地位

第二次世界大战后至20世纪70年代初，日本一直追随美国的外交政策，在世界事务中几乎没有发言权。随着经济实力的增强，日本开始介入国际事务。20世纪70年代中后期，日本开始谋求政治大国地位。自20世纪90年代以来，随着军费的逐年增加，日本以国际合作的名义，常常向海外派遣军队。日本军事力量的膨胀，引起亚洲各国人民的高度警惕。

3. 不结盟运动的兴起

1961年，在南斯拉夫等国的倡议下，第一次不结盟国家和政府首脑会议在贝尔格莱德举行，不结盟运动正式形成。目前，不结盟运动的成员国已达100多个，是发展中国家重要的国际组织。

例题精讲

单选题

1. 与两极格局瓦解直接相关的事件是（　　）。

A. 杜鲁门主义的提出　　B. 欧共体的成立

C. 马歇尔计划的提出　　D. 苏联的解体

【答案】D

2. 由欧洲共同体发展而来的目前世界上最大的经济体是（　　）。

A. 三国同盟　　B. 三国协约

C. 联合国　　D. 欧洲联盟

【答案】D

第三章

科技常识

考点详解

> **考点1：**
> **科技常识——**
> **中国古代的四大发明**
> 内容提要：四大发明是中国古代科技史上的重要成就，包括造纸术、印刷术、指南针和火药。

一、造纸术

造纸术是中国古代的四大发明之一，中国是世界上最早发明纸的国家。纸是中国劳动人民经验和智慧的结晶，是人类文明史上的一项杰出的发明创造。

西汉先后出现絮纸和麻纤维纸。甘肃天水放马滩出土的绘有地图的纸是目前世界上所知的最早的纸。东汉宦官蔡伦改进造纸术，制造植物纤维纸。他用树皮、麻头、渔网等原料，经过挫、捣、抄、烘等工艺制造的纸，是现代纸的起源。这种纸原料容易找到，制造成本很低，纸的质量也得到了提高，逐渐被广泛使用。为了纪念蔡伦的功绩，后人把这种纸叫作“蔡侯纸”。

造纸术于6世纪传到朝鲜、越南和日本，8世纪传到中亚，又经阿拉伯人传到了非洲和欧洲。

造纸术的发明，尤其是东汉蔡伦改进后的造纸术，是书写材料的一次革命。它使纸张更便于携带，生产原料取材广泛，推动了中国、阿拉伯、欧洲乃至整个世界的文化发展。

二、印刷术

印刷术也是中国古代劳动人民的发明。

早在隋唐时期，已有雕版印刷的佛经、日历和诗文等。我国868年印制的《金刚经》是世界上现存最早的雕版印刷品。五代时，已经可以利用雕版印刷制作整部书籍。

到宋代，雕版印刷业已经非常发达。北宋时期（11世纪左右），毕昇发明活字印刷术，比欧洲早400年，后人称毕昇为印刷术的始祖。中国的活字印刷术是印刷史上一次伟大的技术革命，是人类近代文明的先导，为知识的广泛传播与交流创造了条件。活字印刷的方法是先制成单字的阳文反文字模，然后按照稿件把单字挑选出来，排列在字盘内，涂墨印刷，印完后再将字模拆除，留待下次排印时再次使用。

元朝出现锡、铅活字，后来又出现了铜、铅活字印书。

活字印刷术发明后，向东传入朝鲜、日本，向西传入埃及和欧洲，改变了当时欧洲只有僧侣才能读书和接受高等教育的状况。

三、指南针

中国是世界公认的发明指南针的国家。据《古矿录》记载，指南针最早出现于战国时期的磁山一带。当时的指南针称为司南，司南是现代指南针（磁罗盘）的雏形。“指南”是张衡在《东京赋》中第一次提出来的，以后经过魏晋、南北朝、隋、唐和宋代一千多年才逐渐发展起来。北宋时，人们已会使用磁针指南，后来把磁针装在罗盘上制成指南针用于航海。

南宋时，指南针传到印度、阿拉伯、波斯等国，促进了各国航海事业的发展，并为新航路的开辟和实现环球航行提供了重要条件。

四、火药

火药源于炼丹术。唐朝时《真元妙道要略》一书最早提到了火药，唐朝末期火药开始用于军事。

到了宋代，战争接连不断，促进了火药武器的快速发展。北宋政府建立了火药作坊，在开封设立“广备攻城作”，先后制造了火药箭、火炮等以燃烧性能为主的武器和霹雳炮、震天雷等爆炸性较强的武器。1259 年，南宋寿春地区有人造出了以巨竹为筒、内装火药的管形火器突火枪。管形火器的发明是武器史上的又一次大飞跃。元代又出现铜铸火铳，称为铜将军。这些以火药的爆炸为推动力的武器，在战争中显示了前所未有的威力。

13 世纪中期，我国发明的火药传入阿拉伯，之后又由阿拉伯传入欧洲。火药的发明对人类社会的文明进步，对经济和科学文化的发展起了推动作用。据记载，英、法等国直到 14 世纪中叶才开始使用火药和火器。

例题精讲

单选题

1. 火药是我国四大发明之一。唐朝末期火药开始用于军事，南宋时发明了管形火器（　　），管形火器的发明是武器史上的又一次大飞跃。

A. 管型火箭　　B. 突火枪

C. 火铳　　D. 黑药集火

2. 下列不属于四大发明的是（　　）。

A. 指南针　　B. 火药

C. 印刷术　　D. 针灸

【答案】 B；D

【解析】 考试一般考查与四大发明相关的知识点。

考点详解

考点 2：
科技常识——
农业、手工业论著

内容提要：我国古代农业、手工业论著主要有以下几本：北魏贾思勰的《齐民要术》；北宋沈括的《梦溪笔谈》；明末徐光启的《农政全书》；明末清初宋应星的《天工开物》。

一、北魏贾思勰著 《齐民要术》

贾思勰（生卒年不详），汉族，生活于我国北魏末期和东魏（6 世纪），曾经做过高阳郡（今山东临淄）太守，是中国古代杰出的农学家。

《齐民要术》是贾思勰所著的一部综合性农学著作，也是世界农学史上最早的专著之一，是中国保存得最完整的古农书巨著。书名中的“齐民”

指平民百姓，“要术”指谋生方法。

二、北宋沈括著《梦溪笔谈》

沈括（1031—1095年），北宋科学家、政治家。他撰写的《梦溪笔谈》是一部涉及古代汉族自然科学、工艺技术及社会历史现象的综合性笔记体著作，也是我国科学发展史上的宝贵财富，被英国科学技术史专家李约瑟誉为中国科学史上的里程碑。

三、明末徐光启著《农政全书》

徐光启（1562—1633年），明末杰出的科学家。徐光启的科学成就是多方面的，但其一生用力最勤、收集最广、影响最深远的还是对农业与水利方面的研究。

《农政全书》成书于明朝万历年间，基本上囊括了中国古代汉族农业生产和人民生活的各个方面，而其中又贯穿着一个基本思想，即徐光启的治国治民的“农政”思想，这也是《农政全书》不同于其他大型农书的特色之所在。《农政全书》按内容大致上可分为农政措施和农业技术两部分。前者是全书的纲，论述了农学理论；后者是实现纲领的技术措施。《农政全书》是我国优秀的农学著作。

四、明末清初宋应星著《天工开物》

宋应星（1587—1661年），明末清初科学家。

《天工开物》是世界上第一部关于农业和手工业生产的综合性著作。有人也称它为百科全书式的著作，外国学者称它为“中国17世纪的工艺百科全书”。作者在书中强调了人类要和自然相协调、人力要与自然力相配合的观点。

《天工开物》共三卷十八篇，记录了机械、砖瓦、陶瓷、硫黄、兵器、火药、纺织、染色、制盐、采煤、榨油等生产技术。尤其是《机械》篇，详细记录了立轴式风车、糖车、牛转绳轮汲卤等农业机械工具的名称、形状和工序等，具有极高的科学价值。

《天工开物》是中国科技史料保留得最为丰富的一部著作，它更多地着眼于手工业，反映了中国明代末年资本主义萌芽时期的生产力状况。

单选题

1.（　　）的作者是贾思勰，它是我国现存的第一部完整的农学著作，在世界农学史上具有重要地位。

A.《齐民要术》

B.《水经注》

C.《本草纲目》

D.《天工开物》

2. 下列著作中，中国古代科学家宋应星所写的是（　　）。

A.《梦溪笔谈》

B.《本草纲目》

C.《天工开物》

D.《九章算术》

【答案】 A；C

【解析】 这两道题都比较简单，只要了解知识点即可。

考点详解

一、夏朝

夏朝的历法即“夏历”，是我国最早的历法。当时，人们已经能够依据北斗星斗柄所指的方位来确定月份。《大戴礼记》中的《夏小正》就是现存的有关“夏历”的重要文献，是我国最早的天文历法著作。

《夏小正》按12个月的顺序分别记述了当月星象、气象、物候，以及应该从事的农业生产和其他活动。

二、商朝

干支纪日法是商朝历法的最大成就。商朝在夏朝天干纪日的基础上，进一步使用干支纪法，从而把十天干和十二地支配合在一起，形成六十循环的纪日法。即将甲、乙、丙、丁、戊、己、庚、辛、壬、癸十天干和子、丑、寅、卯、辰、巳、午、未、申、酉、戌、亥十二地支顺序配对，组成甲子、乙丑、丙寅、丁卯等六十干支，六十日一周期循环使用。商朝使用干支纪日、数字纪月；月有大、小之分，大月30日，小月29日；有闰月，亦有连大月；闰月置于年终，称为十三月；季节和月份有较为固定的关系。干支纪日法是世界上延续时间最长的纪日方法。

商朝甲骨文保留了我国最早的日食、月食和新星的记录。

三、春秋

《春秋》记载，公元前613年，“有星孛（指哈雷彗星）入于北斗”，这是世界公认的关于哈雷彗星的首次确切记录，这一记录比欧洲早了670多年。

春秋时期，我国历法已经形成了自己固定的系统，基本上确立了19年7闰的原则，这比西方早160年。

四、战国

战国时期，在长期观测天象的基础上，楚国人甘德、魏国人石申各写出一部天文学著作，后人把这两部著作合起来，称为《甘石星经》。这是世界上最早的天文学著作，其中有丰富的天文记载，反映了那个时期人们对天文的认识。

五、西汉

汉武帝时，天文学家制定出中国第一部较为完整的历书“太初历”，开始以正月为岁首。

西汉关于太阳黑子的记录，是世界公认的关于太阳黑子的最早记录。

六、东汉

张衡是东汉时期伟大的天文学家、数学家、发明家、地理学家、文学家，他为中国天文学、机械技术、地震学的发展作出了杰出的贡献，发明了浑天仪、地动仪，是东汉中期浑天说的代表人物之一。由于张衡的贡献突

考点3：科技常识——中国古代的天文历法成就

内容提要：“夏历”是我国最早的历法；干支纪日法是商朝历法的最大成就；《甘石星经》是世界上最早的天文学著作；张衡是东汉中期浑天说的代表人物之一；僧一行是世界上用科学方法实测地球子午线长度的创始人，在世界上首次推算出子午线纬度1°之长；郭守敬主持编订《授时历》，以365日为一岁，一年的周期与现行公历基本相同。

出，联合国天文组织将月球背面的一个环形山命名为“张衡环形山”，将太阳系中的1802号小行星命名为“张衡星”。

张衡从日、月、地球所处的不同位置，对月食做了最早的科学解释。张衡发明制作的地动仪可以遥测千里以外地震发生的方向，比欧洲早1 700多年。

七、隋唐

隋朝天文学家刘焯编制的《皇极历》创立了计算日月运行的新方法，是当时最先进的历法。

唐朝杰出天文学家僧一行（本名张遂）在《皇极历》的基础上制定的《大衍历》系统周密，比较准确地反映了太阳运行的规律。《大衍历》的出现表明中国古代历法体系的成熟。

僧一行还是世界上用科学方法实测地球子午线长度的第一人，在世界上首次推算出了子午线纬度1°的长度。

八、宋元

北宋科学家沈括的突出贡献主要在天文学方面，他把四季二十四节气和十二个月完全统一起来的“十二气历”更加简洁，有利于农事安排。

元初，设立太史局编制新历法。元朝杰出天文学家郭守敬提出“历之本在于测验，而测验之器莫先仪表”的正确主张，改进了简仪和圭表等近二十件天文观测仪器，主持了全国范围的天文测量。

郭守敬主持编订的《授时历》，以365日为一岁，一年的周期与现行公历基本相同，比西方早了300多年。

例题精讲

单选题

下列人物中，发明地动仪的是（　　）。

A. 哥白尼　　B. 毕昇　　C. 张衡　　D. 布鲁诺

【答案】 C

【解析】 张衡为中国天文学、机械技术、地震学的发展作出了杰出的贡献，发明了浑天仪、地动仪，是东汉中期浑天说的代表人物之一。

考点详解

一、西周

《周髀算经》约成书于公元前1世纪，是我国最早的天文著作，系统地记载了为适应天文需要而逐步积累的科技成果。该书的主要内容是周代传下来的有关测天、量地的理论和方法，主要阐明当时的盖天说和四分历法。

《周髀算经》也是中国最古老的算书，在数学上的主要成就是介绍了勾股定理、勾股定理在测量上的应用及怎样将勾股定理应用到天文计算中。

相传，《周髀算经》所记载的勾股定理的公式与证明，是在商代由商高发现的，故又称为商高定理；三国时的赵爽对《周髀算经》所载的勾股定

考点4：
科技常识——
中国古代的数学成就

内容提要：《周髀算经》是中国最古老的算书；早在春秋战国时期，就已经有九九乘法歌诀；《九章算术》是中国古代第一部数学专著；刘徽是中国最早明确主张用逻辑推理的方式来论证数学命题的人，他运用极限理论，提出计算圆周率的正确方法；祖冲之精确地算出圆周率的范围为3.141 592 6～3.141 592 7，这一成果比欧洲早1 000年。

理作出了详细注释，并给出了另外一个证明。

二、春秋战国

在春秋战国时期就已经有乘法口诀，即九九乘法歌诀。在《荀子》《管子》《淮南子》《战国策》等书中就能找到“三九二十七”“六八四十八”“四八三十二”“六六三十六”等句子。

九九乘法表是中国古代筹算中进行乘法、除法、开方等运算的基本计算规则，后来传入朝鲜和日本，经过丝绸之路传到印度和波斯，继而流行全世界。欧洲直到13世纪初才知道这种简单的乘法表。九九乘法表是古代中国对世界文化的一大贡献。

三、西汉

刘歆是西汉后期的著名学者，古文经学的开创者，他在儒学、校勘学、天文历法学、史学、诗歌等方面都堪称大家。他编制的《三统历谱》被认为是世界上最早的天文年历的雏形。此外，刘歆在圆周率的计算上也有贡献，他是第一个不沿用“周三径一”的中国人，并推算出圆周率为3.154 71。

四、东汉

《九章算术》成书于1世纪左右，是中国古代第一部数学专著，系统总结了战国、秦汉时期的数学成就。《九章算术》在数学上有其独到的成就，不仅最早提到了分数问题，也最先记录了“盈不足”等问题，“方程”章还在世界数学史上首次阐述了负数及其加减的运算法则。《九章算术》是一部综合性的数学著作，它的出现标志着中国的古代数学已形成了完整的体系。

五、魏晋

刘徽是魏晋时期我国伟大的数学家，也是中国古典数学理论的奠基人之一。他编写的《九章算术注》和《海岛算经》是我国宝贵的数学遗产。

刘徽是我国最早明确主张用逻辑推理的方式来论证数学命题的人，他运用极限理论提出计算圆周率的正确方法。

六、南北朝

祖冲之是我国南北朝时期杰出的数学家、天文学家，其主要贡献在数学、天文历法和机械制造方面。

祖冲之精确地算出圆周率的范围为3.141 592 6～3.141 592 7，这一成果比欧洲早1 000年。他还为《九章算术》作注，著有《缀术》一书（现已失传）。

祖冲之在天文历法方面的成就是创制了《大明历》。

七、唐朝

唐朝著名数学家王孝通撰写的《缉古算经》首次提出三次方程式正根的解法，解决了当时工程建设土木和水利工程施工计算的实际问题，为古代的数学理论作出了卓越贡献。

八、明朝

程大位是明朝的数学家，他所编著的《算法统宗》是一部应用数学书，以珠算为主，成为后世民间珠算家最基本的读本。

《算法统宗》详述了传统的珠算规则，确立了算盘用法，完善了珠算口诀，收集有595道数学应用题并记载了解题的方法，堪称中国16世纪至17世纪数学领域集大成的著作，是我国古代最完善的珠算经典之作，开创了珠算计数的新纪元。

该书明朝末期传入日本，清朝前期传入朝鲜、东南亚和欧洲，成为东方古代的数学名著。

九、清朝

明安图是清朝杰出的天文学家、数学家和地理测绘学家。在数学方面，他结合西方数学的成果，论证了三角函数幂级数展开式和圆周率的无穷级数表示式等九个公式，成功地解析了九个求圆周率的公式，即“割圆九术”。明安图写成《割圆密率捷法》一书，该书在清代数学界被誉为“明氏新法”，在我国数学史上占有重要地位。

例题精讲

单选题

我国最早介绍勾股定理的数学著作是（　　）。

A.《九章算术》　B.《算法统宗》　C.《缉古算经》　D.《周髀算经》

【答案】D

【解析】《周髀算经》在数学上的主要成就是介绍了勾股定理及其在测量上的应用以及怎样应用到天文计算中。

考点详解

考点5：科技常识——中国古代的医药成就

内容提要：扁鹊，后代医学家奉之为“脉学之宗”，是我国有文字记载以来的第一位伟大的医学家。《黄帝内经》是我国现存较早的重要医学文献，东汉的《神农本草经》，是我国第一部完整的药物学专著。东汉末年的张仲景和华佗，是中国古代著名的医学家。唐朝杰出医学家孙思邈著的《千金方》，在我国医药学史上占有重要地位。明朝的李时珍写成巨著《本草纲目》，被誉为“东方医药巨典”。

一、商周

在商朝和西周时期，我们的祖先已有较丰富的医药学知识。在甲骨文中所见的疾病有数十种，包括眼、耳、口腔、肠和胃等各种分科。同时，在商朝遗址中还出土了石砭镰（用石器磨制的用于对外伤进行治疗的器具——剔皮断骨的“扁状”手术刀）等医疗用具等。

二、战国

战国时期，我国医学已有很高的成就，并有了医学分科。扁鹊，又名秦越人，他是当时的名医，被后代医学家奉为“脉学之宗”，是我国有文字记载的第一位伟大的医学家。他发明的“望、闻、问、切”四诊法成为中国中医药传统的诊病法。扁鹊著有著名的医学著作《难经》。

三、西汉

西汉时编订的《黄帝内经》是我国现存较早的重要医学文献，此书原名为《内经》，因假托黄帝所作，故名为《黄帝内经》。它反映了我国古代医学的早期成就，奠定了我国医学的理论基础。

西汉马王堆汉墓出土的帛书《医方经》中记载了几百个药方。

四、东汉

东汉的《神农本草经》是我国第一部完整的药物学专著。

东汉末年的张仲景和华佗是我国古代著名的医学家。张仲景的《伤寒杂病论》（分成《伤寒论》与《金匮要略》两部书）是后世中医的重要经典，为中医临床的辨证施治奠定了基础，后人尊张仲景为“医圣”。

华佗擅长外科手术，被誉为“神医”。他发明的**麻沸散**，是一种从植物中提取的麻醉药，适用于外科手术。这一发明比西方早 1 600 多年。同时，华佗还创造了“五禽戏”，是一种通过模仿虎、鹿、猿、熊、鸟的动作形成的健身操。

五、唐朝

唐朝杰出医学家孙思邈所著的《千金方》，记录了 800 多个药方，全面总结了历代和当时的医药学成果，颇具创见性，在我国医药学史上占有重要地位。

盛唐时，吐蕃名医元丹贡布编著的《四部医典》，在国内外有重要影响。

唐太宗李世民在位时创办了分科较细的医学学校；唐高宗时编修的《唐本草》是世界上最早的由国家颁行的药典。

六、明清

明朝的李时珍用了 27 年的时间，对我国古代医学进行了一次全面总结，写成巨著《本草纲目》，其中记载了药物 1 800 多种、方剂 10 000 多个，有图解，有注释，考订详细，被誉为“东方医药巨典”。

明末清初科学家宋应星的著作《天工开物》记载了可以用明矾等矿物质治疗眼疾等复杂的疾病。

例题精讲

单选题

1. 我国古代发明“望、闻、问、切”四诊法的医学家是（　　）。

A. 张仲景　　B. 扁鹊

C. 华佗　　D. 孙思邈

2. 被誉为“东方医药巨典”的医学著作是（　　）。

A.《黄帝内经》　　B.《神农本草经》

C.《千金方》　　D.《本草纲目》

【答案】B；D

【解析】考试考查的是与医药成就相关的重要知识点。

考点详解

考点 6：

科技常识——

中国古代的地理成就

内容提要：《周易》一书首先提出了“地理”一词。《水经注》的作者是北魏晚期的地理学家郦道元。徐弘祖的《徐霞客游记》是一部以日记体为主的地理著作。

一、商朝

《周易》一书中首先提出了“地理”一词。

二、春秋

《禹贡》是《尚书》中的一篇，是我国古代文献中最古老、拥有最系统性地理观念的著作。《禹贡》大约成书于公元前 5 世纪，即春秋末期和战国初期。《禹贡》全书 1 193 字，以自然地理实体（山脉、河流等）为标志，将全国划分为 9 个区（即“九州”），并对每区（州）的疆域、山脉、河流、植被、土

壤、物产、贡赋、少数民族、交通等自然和人文地理现象作了简要的描述。全书分以下五部分：

（1）九州。

叙述上古时期洪水横流，不辨区域，大禹治水以后则划分为冀、兖、青、徐、扬、荆、豫、梁、雍九州，并简要地描述了各州的地理概况。

（2）导山。

分九州山脉为四列，叙述主要山脉的名称、分布特点及治理情形，并说明导山是为了治水。

（3）导水。

叙述 9 条主要河流和水系的名称、源流、分布特征，以及疏导的情形。

（4）水功。

总括九州水土经过治理以后，河川皆与四海相通，再无壅塞溃决之患。

（5）五服。

叙述在国力所及范围内，以京都为中心，由近及远，分为甸、侯、绥、要、荒五服。

三、战国

《山海经》是我国先秦时期的重要古籍，反映了那个时期人们对中外地理的认识。该书作者不详。

《山海经》传世版本共计 18 卷，包括《山经》5 卷、《海经》13 卷，其中 14 卷为战国时的作品，4 卷为西汉初年的作品。《山海经》的内容主要是民间传说中的地理知识，包括山川、矿物、民族、物产、药物等，汇集了夸父逐日、女娲补天、精卫填海、大禹治水等脍炙人口的远古神话传说和故事。

四、魏晋

魏晋时期的制图学家裴秀绘制了《禹贡地域图》，提出绘制地图的 6 项原则，即“制图六体”。这一理论一直沿用到明朝末期。“制图六体”成为我国明朝以前地图制图学理论的基础，在我国和世界地图制图学史上有重要地位。

五、南北朝

《水经注》的作者是北魏晚期的地理学家郦道元。《水经注》共四十卷，因注《水经》而得名，但其看似为《水经》之注，实则以《水经》为纲，详细记载了一千多条大小河流及有关的历史遗迹、人物掌故、神话传说等，是我国古代很全面、很系统的综合性地理著作。

六、明朝

徐霞客，名弘祖，明末地理学家，也是我国历史上著名的旅行家和文学家。

《徐霞客游记》是以日记体为主的地理著作。徐霞客根据 34 年的旅行经历，写有天台山、雁荡山、黄山、庐山等名山游记 17 篇和《浙游日记》《江右游日记》《楚游日记》《粤西游日记》《黔游日记》《滇游日记》等，除佚散者外，遗有 60 余万字游记资料，经后人整理成为《徐霞客游记》。世传本有 10 卷、12 卷、20 卷等版本，主要记述了徐霞客在 1613 年至 1639 年旅行期间的所见、所闻及所得，对地理、水文、地质、植物等均作了详细记录，在地理学和文学上具有重要的价值。书中对石灰岩溶蚀地貌的观察和记述，早于欧洲约两个世纪。

单选题

我国古代文献中最古老、拥有最系统性地理观念的著作是（　　）。

A.《山海经》　　B.《水经注》
C.《禹贡》　　D.《周易》

【答案】 C

【解析】 考试一般考查的都是与地理成就相关的知识点。

考点详解

一、核技术

（1）1958 年 6 月，中国第一座原子能反应堆建成，两年后正式运转，标志着中国跨入原子能时代。

（2）1964 年 10 月 16 日下午 3 时，中国研制的第一颗原子弹成功爆炸，中国成为世界上第五个拥有核武器的国家。

（3）1967 年 6 月 17 日，中国研制的第一颗氢弹成功爆炸，这是中国核武器发展史上的又一次飞跃。

（4）1970 年 7 月 30 日，中国第一座潜艇核动力装置陆上模式堆达到满功率；同年 12 月 26 日，第一艘核潜艇下水。

（5）1991 年 12 月 15 日，中国第一座核电站秦山核电站并网发电。

二、航天技术

（1）1970 年 4 月 24 日，中国成功发射第一颗人造地球卫星“东方红一号”。卫星用 20 009 兆周的频率播放《东方红》乐曲。中国成为世界上第五个能够自主研制并成功发射人造地球卫星的国家。

（2）1986 年 2 月 1 日，中国用“长征三号”运载火箭成功发射一颗实用通信广播卫星；当月 20 日，卫星定点成功。

（3）1988 年 9 月 7 日，中国发射一颗试验性卫星“风云一号”。这是中国自行研制并发射成功的第一颗极地轨道气象卫星。

（4）1999 年 11 月 20 日，“神舟一号”飞船在酒泉卫星发射基地顺利升空。

（5）2003 年 10 月 15 日，“神舟五号”载人飞船成功发射，并于 16 日安全返回。中国成为继俄罗斯、美国之后，第三个能够靠本国的力量将人送上太空的国家。

（6）2007 年 10 月 24 日，中国第一颗自主研制的月球探测卫星“嫦娥一号”发射升空。

（7）2008 年 9 月 25 日，“神舟七号”成功发射，翟志刚等 3 名航天员顺利升空。

（8）2009 年 6 月 4 日，中国国家重大科学工程“LAMOST 望远镜”通过国家竣工验收。

（9）2010 年 10 月 1 日，“嫦娥二号”卫星成功发射升空，揭开了中国探月工程二期的序幕。通过完成轨道修正、月球面前空中“刹车”等动作，“嫦娥二号”一步步靠近月球，从距月面 100 千米的轨道突然探身至近月面 15 千米，给月面虹湾拍下了特写。

（10）2011 年 9 月 29 日，“天宫一号”发射升空，于 2011 年 11 月与“神舟八号”飞船成功对接，但并没有载人。

考点 7：
科技常识——
新中国的科技成就

内容提要：1964 年 10 月 16 日，中国成功爆炸了第一颗原子弹，成为世界上第五个拥有核武器的国家。2003 年 10 月 15 日，“神舟五号”载人飞船成功发射，并于 16 日安全返回。我国成为第三个有能力独立将人送上太空的国家。2012 年 9 月 25 日，我国第一艘航空母舰辽宁号交付中国人民解放军海军。2015 年 10 月，屠呦呦获得诺贝尔生理学或医学奖，理由是她发现了青蒿素，可以有效降低疟疾患者的死亡率。屠呦呦成为首位获科学类诺贝尔奖的中国人。

新中国成立后，科技事业得到了迅猛的发展，其中核技术和航天技术取得了令世界瞩目的成绩。

(11) 2012 年 6 月 16 日 18 时 56 分，执行我国首次载人交会对接任务的“神舟九号”载人飞船，在酒泉卫星发射中心发射升空后准确进入预定轨道，顺利将 3 名航天员送上太空。

(12) 2013 年 6 月 11 日，“神舟十号”发射成功，并于 2013 年 6 月 26 日顺利返回，在轨飞行 15 天，其中 12 天与“天宫一号”组成组合体在太空中飞行，并完成一系列太空实验。

三、国防科技

(1) 1954 年 7 月，新中国自行制造的第一架飞机“初教-5”在南昌飞机制造厂研制完成并首次试飞成功。

(2) 1960 年 11 月 5 日，中国第一枚地对地近程导弹“东风 1 号”发射成功，标志着中国在导弹技术的研发方面迈出了突破性的一步。

(3) 1988 年 9 月 14—27 日，中国自行研制的导弹核潜艇在东海海域进行水下发射运载火箭试验并取得成功。

(4) 1995 年 4 月，中国第一架超音速无人驾驶飞机首次试飞成功。

(5) 2007 年 4 月 14 日，中国成功发射了第一颗北斗导航卫星。

(6) 2011 年 1 月 11 日中午，在成都中航工业公司的飞机场，“歼-20”成功完成首飞落地。“歼-20”是世界上第 4 款进入试飞阶段的第四代隐形战斗机。中国第三代战斗机“歼-10”刚刚列装空军 5 年，第四代战斗机“歼-20”就已面世，这表明我国电子信息、新材料等各产业取得了飞速进步。

(7) 2012 年 6 月 27 日，“蛟龙号”在 7 000 米级海试、第五次下潜试验中，最大下潜深度达到 7 062 米，并在海底发现有丰富的生物多样性和地质多样性。

(8) 2012 年 9 月 25 日，我国第一艘航空母舰辽宁号交付中国人民解放军海军。

四、生物医药

(1) 1961 年，中国通过接种牛痘疫苗消灭了天花。天花是世界上传染性最强的疾病之一。

(2) 1965 年 9 月 17 日，中国首次人工合成了结晶牛胰岛素，成为第一个合成蛋白质的国家。

(3) 1973 年，袁隆平用九年时间选育了首个在生产上大面积应用的强优高产杂交水稻组合，被誉为“杂交水稻之父”。

(4) 1985 年，台湾第 1 例试管婴儿出生；1986 年，香港首例试管婴儿出生；1988 年，大陆首例试管婴儿出生。

(5) 1999 年 7 月 7 日，中科院遗传所人类基因组中心注册参与国际人类基因组计划。

(6) 2015 年 10 月，屠呦呦获得诺贝尔生理学或医学奖，理由是她发现了青蒿素，其可以有效降低疟疾患者的死亡率。屠呦呦成为首位获科学类诺贝尔奖的中国人。

五、数学与计算机

(1) 1966 年 5 月，中国数学家陈景润发表《表达偶数为一个素数及一个不超过两个素数的乘积之和》(简称“1+2”)，成为哥德巴赫猜想研究上的里程碑。他的成果被国际数学界称为“陈氏定理”。

(2) 1978 年 8 月，王选等科学家研制成功了计算机激光汉字编辑排版系统，这是首个应用大屏幕整页编排组版中文报纸的系统。

(3) 1983 年 12 月 22 日，中国第一台每秒运算一亿次以上的巨型计算机“银河Ⅰ型”由国防科技大学研制成功。

(4) 1997 年 6 月 19 日，“银河-3”百亿次巨型计算机系统通过国家技术鉴定。

六、物理学

1988 年 10 月 16 日，中国首座高能加速器——北京正负电子对撞机对撞成功，这是中国高科技领域又一重大突破。

七、交通运输

(1) 1953 年 7 月 15 日，中国第一座汽车制造厂——长春第一汽车制造厂在吉林长春奠基，新中国汽车工业开始起步。

(2) 2006 年 7 月 1 日，青藏铁路全线建成并通车。青藏铁路全长 1 956 千米。

八、南极科学考察

(1) 1984 年 11 月 20 日，中国南极科考队首次乘中国自行制造的远洋考察船——“向阳红 10 号”向南极进发。

(2) 1985 年 2 月 20 日，我国第一座南极考察站——**长城站**建成。

(3) 1989 年 2 月 26 日，中国赴南极考察队在南极大陆的拉斯曼谷陵上建成了中国南极**中山站**。

(4) 2005 年，在中国第 21 次南极科考期间，13 名队员首次到达冰穹 A 最高点。

(5) 2009 年 1 月 27 日，建成南极第 3 科考站——**昆仑站**。

(6) 2014 年 2 月 8 日，建成我国南极**泰山站**。

例题精讲

单选题

1. 我国第一座核电站是（　　）。

A. 泰山核电站　　B. 大亚湾核电站

C. 秦山核电站　　D. 秦皇岛核电站

2. 下列飞船中，与“天宫一号”完成首次载人对接任务的是（　　）。

A. 神舟九号　B. 神舟七号　C. 神舟六号　D. 神舟八号

3. 被誉为“杂交水稻之父”的中国科学家是（　　）。

A. 杨振宁　B. 袁隆平　C. 王淦昌　D. 钱学森

4. 我国第一艘航空母舰的名称是（　　）。

A. 武汉号　B. 上海号　C. 辽宁号　D. 重庆号

5. 1970 年 4 月 24 日，我国自行设计制造的第一颗人造地球卫星由“长征一号”火箭成功发射。我国第一颗人造地球卫星的名字是（　　）。

A. 神舟一号　B. 东方红一号　C. 银河一号　D. 黄河一号

【答案】 C、A、B、C、B

【解析】 考试一般考查的都是与新中国科技成就相关的知识点，多以选择题的形式出现。

考点详解

一、古代时期

外国古代时期的科学技术，影响最为深远的当属希腊。近代科学诞生的思想根源来自古希腊。

考点 8：
科技常识——外国科技代表人物及其成就

内容提要：近代科学诞生的思想根源来自古希腊。亚里士多德是世界古代史上最伟大的哲学家、科学家和教育家之一。阿基米德被称为“力学之父”。欧几里得被称为“几何之父”。近现代西方在不同领域都有不同的领军人物出现，引领着全世界的科技发展。

（一）亚里士多德

亚里士多德是世界古代史上最伟大的哲学家、科学家和教育家之一。他一生勤奋治学，研究领域涉及物理学、生物学、教育学等，并写了大量的著作，如《工具论》《形而上学》《物理学》等。亚里士多德创立的形式逻辑学，丰富和发展了哲学的各个分支学科，对科学发展作出了巨大的贡献。

（二）阿基米德

阿基米德是古希腊伟大的数学家、天文学家、物理学家，被称为**“力学之父”**。在几何学方面，阿基米德得出了球体、圆柱体的体积和表面积的正确计算公式，提出了抛物线所围成的面积和弓形面积的计算方法。在力学方面，阿基米德证明了杠杆定律，为静态力学奠定了基础，并利用这一原理设计制造了许多机械。阿基米德在研究浮体的过程中发现了浮力定律，即著名的“阿基米德定律”，并著有《浮体》一书。

（三）欧几里得

欧几里得是古希腊数学家，被称为**“几何之父”**。他的数学巨著《几何原本》是欧洲数学的基础，开创了古典数论的研究，创立了欧几里得几何学体系，成为用公理化方法建立起来的数学演绎体系的最早典范。欧几里得是世界上最伟大的数学家之一。

二、近代时期

（一）数学、天文与物理学

1. 哥白尼

波兰天文学家，1543 年发表了天文学著作《天体运行论》，确立了**“日心说”**。“日心说”曾引起一场巨大的、持久的和深刻的学术思想革命，使人类开始重新认识宇宙、地球、物体的运动乃至人类自身在宇宙中的位置。

2. 开普勒

德国天文学家，他根据丹麦天文学家第谷·布拉赫等人的观测资料和星表，通过观测和分析后发现了行星运动定律，即**“开普勒三定律”**。

3. 伽利略

意大利物理学家、天文学家。在天文方面，伽利略发现了木星的四颗卫星，为哥白尼学说找到了确凿的证据，标志着哥白尼学说开始走向胜利；在物理方面，伽利略在比萨斜塔上做了“两个铁球同时落地”的著名实验，推翻了亚里士多德“物体下落速度和重量成比例”的学说，纠正了这个延续了 1 900 年之久的错误结论。

4. 牛顿

英国物理学家，他在著作《自然哲学的数学原理》里用数学方法阐明了宇宙中最基本的法则——**“万有引力定律”**和**“三大运动定律”**。这几个定律构成了一个统一的体系，被认为是“人类智慧史上最伟大的成就”，由此奠定了之后三个世纪里物理界的科学观点，并成为现代工程学的基础。

5. 笛卡尔

法国哲学家、科学家和数学家，他对现代数学的发展作出了重要的贡献，因将几何坐标体系公式化而被称为**“解析几何之父”**。

6. 胡克

英国物理学家、天文学家，他最重要的发现之一是**“胡克定律”（弹性定律）**，这也是力学的重要基本定律之一，在现代仍然是物理学的重要基本理论。

7. 惠更斯

荷兰物理学家、天文学家、数学家，在碰撞、钟摆、离心力和光的波动说、光学仪器等多方面作出了贡献。

8. 帕斯卡

法国数学家、物理学家。在数学方面，最突出的成就是著名的“帕斯卡定律”，即圆锥曲线内接六边形其三对边的交点共线；在物理学方面，他在“帕斯卡定律”的基础上发明了注射器，并发明了水压机。为了纪念帕斯卡，国际单位制规定压强单位为“帕斯卡”，简称“帕”。

9. 富兰克林

美国科学家、发明家。他最先提出了避雷针的设想，并制造使用了**避雷针**，使人们在避免了雷击灾难的同时，也消除了对雷电的迷信。

10. 拉普拉斯

法国天文学家。1796 年，他在著作《宇宙体系论》中提出了第一个科学的太阳系起源理论——**星云说**。康德的星云说是从哲学角度提出的，而拉普拉斯则从数学、力学角度充实了星云说。

11. 赫歇尔

英国天文学家，恒星天文学的创始人，被誉为**“恒星天文学之父”**。他用自己设计的大型反射望远镜发现天王星及其两颗卫星、土星的两颗卫星、太阳的空间运动、太阳光中的红外辐射；编制成第一个双星和聚星表；出版星团和星云表；研究了银河系结构。

12. 加勒

德国天文学家。他的伟大功绩是首先发现了海王星，并且证实它是一颗新行星。

13. 瓦特

英国著名发明家。1776 年，他制造出第一台有实用价值的蒸汽机，以后又经过一系列重大改进，使之成为“万能的原动机”，在工业上得到广泛应用。

14. 伏特

意大利物理学家。1800 年他发明了伏特电堆。

15. 安培

法国物理学家，电流的国际单位“安培”即以其姓氏命名。他在物理学方面的主要贡献是对电磁学中的基本原理有重要发现，如安培定律和分子电流等。

16. 欧姆

德国物理学家，他提出了经典电磁理论中著名的“欧姆定律”。为纪念其重要贡献，人们将“欧姆”作为电阻单位。

17. 法拉第

英国物理学家、化学家，近代电磁学的奠基人，也是著名的自学成才的科学家。他的主要成就是提出**电磁感应学说**；发现电场与磁场的联系；提出磁场力线的假说；发现电解定律；推广专业用语等。

18. 焦耳

英国物理学家，测定了热功当量的关系。后人为了纪念他，把能量或功的单位命名为“焦耳”，简称“焦”。

19. 开尔文

英国物理学家，热力学的主要奠基人之一，在热力学的发展中作出了一系列的重大贡献。他根据盖-吕萨克、卡诺和克拉珀龙的理论，于 1848 年创立了热力学温标，这是现代科学上的标准温标。

20. 富尔顿

美国著名工程师，世界上第一艘蒸汽轮船“克莱蒙特号”的制造者。

21. 史蒂芬孙

英国工程师，世界上第一台蒸汽机车的制造者。

22. 伦琴

德国物理学家，1895 年在维尔茨堡大学发现了 **X 射线**。

23. 奥托

德国工程师，于1876年制造出第一台四冲程内燃机。

24. 本茨

现代汽车工业的先驱者之一，被称为“汽车之父”。经过多年努力，他研制成单缸汽油发动机，并将其安装在自己设计的三轮车架上。本茨取得了世界上第一个“汽车制造专利权”。

25. 贝尔

美国发明家，他的主要成就是发明了有线电话，被誉为“电话之父”。

26. 爱迪生

美国发明家，拥有众多重要的发明专利，有“世界发明大王”之称，拥有2 000余项发明，包括对世界影响极大的留声机、电影摄影机和钨丝灯泡等。

27. 路易·卢米埃尔

世界上第一部电影的发明者、导演。1895年，他在巴黎大咖啡馆的印度厅第一次公开放映了自己拍摄的影片《工厂大门》《火车到站》等，标志着电影的诞生。

28. 马可尼

意大利无线电工程师、企业家，远距离无线电通信的发明者。1901年，他在英国与纽芬兰之间（3 540千米）实现横过大西洋的无线电通信，使无线电达到实用阶段。

29. 汤姆逊

英国物理学家，因其发现电子而被载入科学史册。

（二）生物学与医学

1. 维萨里

著名的医生和解剖学家，近代人体解剖学的创始人。1543年，他出版了《人体构造》一书，该书总结了当时解剖学的成就。

2. 哈维

英国生理学家，血液循环理论的提出者。他根据实验，证实了动物体内的血液循环现象，并阐明了心脏在循环过程中的作用，指出血液受心脏推动，沿着动脉血管流向全身各部，再沿着静脉血管返回心脏，环流不息。

3. 列文虎克

荷兰显微镜学家、微生物学的开拓者。他是成功制造出高分辨率显微镜的第一人，利用显微镜首次发现了微生物。

4. 琴纳

英国医学家，天花疫苗接种的先驱。他从产生在11世纪的我国宋朝时的“人痘”接种法（后来流传到欧洲）中得到启发，发明了牛痘接种法。之后，牛痘接种法又传遍世界各地（包括中国）。

5. 达尔文

英国博物学家，进化论的奠基人。1859年，他出版了著作《物种起源》，提出了生物进化论，从而摧毁了各种唯心的神造论和物种不变论。恩格斯将“进化论”列为19世纪自然科学的三大发现之一。

6. 施莱登

德国植物学家，细胞学说的创始人之一。1838年，施莱登提出了一个关于细胞的生命特征、细胞的生理过程及细胞的生理地位的理论，标志着第一个较为系统的细胞学说的建立。

7. 巴斯德

法国科学家，近代微生物学奠基人。他研究了微生物的类型、习性、营养、繁殖、作用等，奠定了工业微生物学和医学微生物学的基础，并开创了微生物生理学。他发明的**巴氏消毒法**现在仍被应用。

8. 科赫

德国医生和细菌学家，病原细菌学的奠基人和开拓者。他的重要贡献是首次证明了一种特定的微生物是特定疾病的病原，阐明了特定细菌会引起特定的疾病。

9. 孟德尔

奥地利神父，遗传学的奠基人，被称为**“遗传学之父”**。孟德尔通过豌豆实验，发现了遗传规律、分离规律及自由组合规律。

10. 莫顿

美国牙科医生，是世界上最早将乙醚应用于外科手术麻醉的人。

11. 利斯特

英国医学家，外科消毒法的创始人之一，他发明了消毒药。

12. 法布尔

法国著名昆虫学家、科普作家，被称为“科学诗人”。其代表作《昆虫记》誉满全球，在法国自然科学史与文学史上都有一定的地位，被誉为“昆虫的史诗”。

13. 巴甫洛夫

俄国生理学家、心理学家、医师、高级神经活动学说的创始人、高级神经活动生理学的奠基人。他的主要成就是创立**条件反射学说**，提出了两个信号系统学说。

14. 弗洛伊德

奥地利著名神经病学家、精神病医生、精神分析学派的创始人。1900 年，他出版了《梦的解析》。

（三）化学

1. 罗蒙诺索夫

俄国著名科学家，被誉为**“俄国科学史上的彼得大帝”**。罗蒙诺索夫是最早应用天平来测量化学反应质量关系的化学家。经过大量的实验之后，1756 年，罗蒙诺索夫得到了这样一个结论：参加反应的全部物质的质量，等于全部反应产物的质量。这就是今天我们所熟知的、作为化学科学基石的质量守恒定律。

2. 拉瓦锡

法国著名化学家，近代化学的奠基人之一，氧化学说（燃烧的氧学说）的提出者。拉瓦锡根据化学实验的经验，用清晰的语言阐明了质量守恒定律及其在化学中的运用。

3. 舍勒

瑞典著名的化学家，近代西方有机化学的奠基人，其最为突出的贡献是发现了氧气和氯气。

4. 道尔顿

英国科学家，确立科学原子论，被恩格斯誉为**“近代化学之父”**。值得一提的是，道尔顿患有色盲症，这种病的症状引起了他的好奇心，他开始研究这个课题并最终发表了第一篇关于色盲的论文。

5. 达盖尔

法国发明家、艺术家和化学家，**照相机的发明者**。他发明了实用摄影术（达盖尔银版法，又称达盖尔摄影法）。

6. 维勒

德国化学家，他最早用无机物合成了有机物——尿素。

7. 诺贝尔

瑞典化学家、工程师、发明家、军工装备制造商和炸药的发明者。诺贝尔在遗嘱中，用其巨额

财富设立了“诺贝尔奖”。

8. 门捷列夫

俄国化学家，他发现元素周期律并制定了**元素周期表**。

三、现代时期

（一）数学、天文学与物理学

1. 齐奥尔科夫斯基

俄国著名科学家，现代航天学和火箭理论的奠基人。他最先论证了利用火箭进行星际交通、制造人造地球卫星和近地轨道站的可能性，指出发展宇航和制造火箭的合理途径，找到了火箭和液体发动机结构的一系列重要工程技术解决方案。

2. 普朗克

德国物理学家，量子力学的创始人，因发现能量量子而对物理学的进步作出了重要贡献。

3. 居里夫人

法国著名科学家，研究放射性现象，发现镭和钋两种天然放射性元素。她因为在天然放射性领域的贡献而成为获得诺贝尔奖的第一位女性。

4. 卢瑟福

英国物理学家，在放射性和原子结构等方面都作出了重大的贡献。他经过研究确立了放射性是源自原子内部的变化。卢瑟福和化学家索迪合作，完成了放射性元素衰变实验。1902 年，他首先提出“半衰期”的概念。他用小粒子轰击氮原子，成功地将氮原子核转变成氧原子核，从而开辟了核物理的广阔天地。1911 年，卢瑟福提出“行星式原子结构模型”。

5. 莱特兄弟

美国人，飞机的发明者，为人类交通工具的发展作出了巨大的贡献。1903 年，莱特兄弟制造的第一架飞机“飞行者 1 号”在美国北卡罗来纳州试飞成功。

6. 爱因斯坦

美国物理学家，现代物理学的开创者。他的主要成就是提出相对论及质能方程，解释光电效应，推动了量子力学的发展。爱因斯坦的相对论已经成为原子能科学、宇宙航行和天文学的理论基础，被广泛运用于理论科学和应用科学之中。

7. 魏格纳

德国的气象学家、地球物理学家，1910 年提出了“大陆漂移说”，被誉为“大陆漂移学说之父”。

8. 戈达德

美国的发明家，液体火箭的发明者。他于 1926 年成功发射了世界上第一枚液体燃料火箭。

9. 玻尔

丹麦物理学家，被誉为**“原子结构学说之父”**。他提出了新的原子模型，后来被称为“玻尔理论”，该理论成功地解释了氢光谱并排出了新的元素周期表，为量子力学的发展奠定了基础。

10. 哈勃

美国天文学家，银河外现代观测宇宙学的开创者。他发现了银河系外星系存在及宇宙不断膨胀，是提供宇宙膨胀实例证据的第一人。

11. 海森堡

德国物理学家，量子力学的创立者。他对物理学的主要贡献是给出了量子力学的矩阵形式（矩阵力学），提出了“测不准原理”（又称“不确定性原理”）和 S 矩阵理论等。

12. 冯·布劳恩

德国著名的火箭专家，在火箭技术和太空探索等方面均有突出成就，被誉为**“现代航天之父”**。1969 年，他领导研制的“土星号”巨型火箭，将第一艘载人飞船“阿波罗 11 号”送上了月球。

1981 年 4 月，首次试飞成功的航天飞机，也是在布劳恩手里发端的。

13. 霍金

英国著名数学家、理论物理学家。1973 年，霍金的“黑洞”理论一经发表，立即轰动了科学界。20 世纪 70 年代，霍金和著名科学家彭罗斯一起证明了著名的奇性定理，为此他们共同获得了 1988 年的沃尔夫物理学奖。

14. 蒂姆·伯纳斯·李

英国计算机科学家，万维网的发明者，被誉为**“互联网之父”**。1989 年，他成功开发出世界上第一个 Web 服务器和第一个 Web 客户机。1989 年，蒂姆将他的发明正式定名为 World Wide Web（万维网），也就是我们熟悉的 WWW。1991 年，万维网正式向公众开放。此后，万维网科技获得迅猛发展，极大地改变了人类的生活面貌。

（二）生物学与医学

1. 摩尔根

美国生物学家、遗传学家，他发现了染色体的遗传机制，创立了染色体遗传理论。

2. 兰德斯坦纳

奥地利著名医学家、生理学家。1900 年，他发现了人类的 A、B、O 三种血型，并因此获得诺贝尔生理学或医学奖。

3. 弗莱明

英国细菌学家、生物化学家、微生物学家，青霉素的发现者。他与英国病理学家弗劳雷、德国生物化学家钱恩一起经过进一步的研究改进，成功地将青霉素用于医治人类的疾病，三人因此共获诺贝尔生理学或医学奖。

4. 班廷

加拿大生理学家、外科医师。他因成功提取可供临床应用的胰岛素而荣获诺贝尔生理学或医学奖。

5. 沃森

美国生物学家，被称为**“DNA 之父”**。他提出 DNA 双螺旋结构，标志着现代遗传科学的诞生，并因此获得诺贝尔生理学或医学奖。

例题精讲

单选题

1. “这一定律体现了天上运动与地上运动的统一性，它把天体运动纳入根据地面上的实验得到的力学原理之中。这是物理学史上第一次伟大的综合，也是人类认识上一次巨大的飞跃。”引文中“一次巨大的飞跃”指的是（　　）。

A. 电磁学理论的建立　　B. 进化论的出现

C. 牛顿力学的建立　　D. “日心说”的提出

2. 在 19 世纪 50 年代马克思就曾经预言，“电力的火花”将取代“蒸汽大王”而统治世界。促使这一“取代”实现的理论突破是（　　）。

A. 法拉第发现的电磁感应现象　　B. 西门子成功研制的发电机

C. 格拉姆发明的电动机　　D. 爱迪生发明的电灯

3. 在生物学中，首次将“造物主”从生命现象的研究领域中驱逐出去的是（　　）。

A. 经典力学体系　　B. 植物学与动物学

C. 细胞学说　　D. 生物进化论

4. 罐头是一种常见的食品。罐头的制作方法是将食物加热杀菌，再进行密封包装。这种方法最早是由（　　）提出的。

A. 林耐　　B. 哈维

C. 巴斯德　　D. 达尔文

5. 下列选项中，由美国发明家亚历山大·格雷厄姆·贝尔发明的是（　　）。

A. 天文望远镜　　B. 互联网

C. 电子计算机　　D. 电话

【答案】 C、A、D、C、D

【解析】 本部分的知识点多以选择题的形式考查，考生需要了解外国科技代表人物及其主要成就。

考点详解

考点9：科技常识——天文常识

内容提要：科技常识中的天文常识是近两年综合素质的高频考点，包括宇宙与天体、太阳与太阳系、地球与地球运动等内容。

一、宇宙与天体

（一）宇宙的起源

美国天文学家**伽莫夫**于1948年正式提出了**宇宙起源的大爆炸学说**。伽莫夫认为，宇宙最初是个温度极高、密度极大、由最基本粒子组成的“原始火球”。根据现代物理学，这个火球必定迅速膨胀，它的演化过程好像一次巨大的爆发。由于迅速膨胀，宇宙密度和温度不断降低，在这个过程中形成了一些化学元素（原子核），然后形成由原子、分子构成的气体物质，气体物质又逐渐凝聚起星云，最后从星云中逐渐产生各种天体，成为现在的宇宙。由于大爆炸学说比其他宇宙学说能够更多更好地解释宇宙观测事实，因此越来越显示出它的生命力。

（二）恒星

恒星是宇宙中最基本的天体，是由炽热气体组成的能自行发光的球状天体，主要成分是**氢和氦**。

（三）恒星日

即天空某一恒星连续两次经过上中天的时间间隔，可用来观测地球自转周期。一个恒星日，即地球自转一周360°，所需的时间是23时56分4秒，这是地球自转的真正周期。

二、太阳与太阳系

（一）太阳

太阳是由炽热的气体组成的球状天体，主要成分是**氢和氦**，是距离地球最近的恒星。太阳的大气结构即太阳的外部结构，从里向外分为光球层、色球层、日冕层。太阳活动包括黑子、光斑、耀斑。黑子是太阳活动的主要标志，呈周期性变化，其常见周期为11年。光斑是与黑子相反的一种光球现象。有些光斑和黑子联系密切，常常相互伴随。耀斑爆发是太阳活动最激烈的显示。太阳活动对地球的影响：（1）扰乱地球大气的电离层；（2）产生“磁暴”现象；（3）产生极光。

（二）太阳系

太阳系是由太阳、行星及其卫星、小行星、彗星、流星和行星际物质构成的天体系统，太阳是太阳系的中心。太阳系中有八大行星，按距离太阳由近及远分别为水星、金星、地球、火星、木星、土星、天王星、海王星。

（三）行星

行星是在椭圆轨道上绕太阳运行的、近似球形的天体，它们不发光，质量比太阳小得多。

（四）小行星

小行星是太阳系中沿椭圆轨道绕日运行的小天体。众多小行星运行在火星和木星之间，形成小行星带。

三、地球与地球运动

（一）地球的形状和大小

地球是一个两极稍扁、赤道略鼓的不规则球体。地球的平均半径为 6 371 千米；赤道周长为 4 万千米；地球表面积为 5.1 亿平方千米。

（二）纬线与纬度

在地球仪上，顺着东西方向，环绕地球仪一周的圆圈，叫作纬线。所有的纬线都是圆，可称为纬线圈；纬线圈的长度不一，赤道最长，往两极逐渐缩短，最后成一点。纬线都指示东西方向。纬度是指某点与地球球心的连线和地球赤道面所成的纬面角，其数值为 0°～90°。

（三）赤道

赤道是最长的纬线，长约 4 万千米。它与两极之间的距离相等，把地球分为南、北两个半球。赤道是地球仪上的 0°纬线。赤道以北的纬度，叫北纬，习惯上用“N”作代号；赤道以南的纬度，叫南纬，习惯上用“S”表示。

（四）经线和经度

在地球仪上，连接南北两极并同纬线垂直相交的线叫作经线，也叫子午线。所有的经线都是半圆状，长度都相等，都指示南北方向。两条经线之间的夹角称作经度。

（五）本初子午线

地球仪上的零度经线叫作本初子午线。从本初子午线向东、向西，各分作 180°，以东的 180°属于东经，习惯上用“E”为代号；以西的 180°属于西经，习惯上用“W”为代号。国际上习惯用 20° W 和 160°E 的经线圈，作为划分东、西半球的界线。

（六）地球的公转

地球绕太阳的运动，叫作公转。地球公转的方向和自转相同，都是自西向东。地球公转的轨道（也就是公转所走的路线）是一个椭圆，地球在这个巨大的椭圆轨道上，绕太阳公转一周的时间为 365 日 5 时 48 分 46 秒，为天文上通常所说的一个回归年。

（七）地球的自转

地球自西向东绕地轴在不停地旋转着，这是地球的自转。自转的周期是一个恒星日，即 23 时 56 分 4 秒。由于地球不停地自西向东自转，地球表面就产生了昼夜交替的现象。

（八）日食

当太阳、月球、地球运行约成一直线时，如月球阴影掠过地球，会形成日食。根据目视太阳被月球遮掩的多少，可分为日偏食、日全食和日环食。当日全食发生时，我们在地球上可看到平日因强烈阳光而不易看出的闪焰、日珥等太阳表面现象。

（九）月食

当太阳、地球、月球运行约成一直线时，如月球运行到地球阴影内，则会形成月食。根据地球

遮蔽阳光照射到月面的大小，可分为月偏食和月全食。当月全食发生时，我们在地球上仍可看到地球大气折射到月面的阳光，此刻会呈现出暗红色月面的天文奇观。

（十）极昼和极夜

极昼又称“永昼”，指极圈以内地区太阳终日不落的现象。当太阳直射北半球时，北极圈以内的地区会出现极昼；当太阳直射南半球时，南极圈以内的地区将出现极昼。极昼的时间长短因纬度而不同，极昼在极圈上为一天，向两极逐渐加长，在南、北两极，每年有半年之久。除了南、北两极以外，极昼期间的太阳在一日内仍有高度和方位的变化。极夜又称“永夜”，是指极圈以内地区，太阳终日不出的现象。当太阳直射北半球时，南极圈以内的地区出现极夜；当太阳直射南半球时，北极圈以内的地区出现极夜。极夜的时间长短也因纬度的不同而不同，极夜在极圈上为一天，向两极逐渐加长，在南北两极，每年有半年之久。

（十一）极光

极光是一种大气光学现象。当太阳黑子、耀斑活动剧烈时，太阳发出大量强烈的带电粒子流，沿着地磁场的磁力线向地球南北两极移动，以极快的速度进入地球大气的上层；在带电粒子流的高速碰撞下，空气中原子外层的电子便获得能量，当这些电子获得的能量释放出来，会辐射出一种可见的光束，这便是极光。

（十二）区时

1884 年，国际经度会议决定，全世界按统一标准划分时区，实行分区计时。按这种办法，每隔经度 15°为一个时区，全球共划分成 24 个时区；以本初子午线即 0°经线为中央经线的时区为中时区或零时区，往东、往西各划分成 12 个时区。

（十三）日界线

国际上规定，原则上以 180°经线作为地球上“今天”和“昨天”的分界线，叫作“国际日期变更线”，简称“日界线”。在日界线西侧的东十二区在任何时刻，总是比日界线东侧的西十二区早 24 小时，这样东、西十二区虽为一个时区、钟点相同，但日期总是相差一天，即东十二区任何时候都比西十二区要早一天。所以，自西向东过日界线，日期要减一天；自东向西过日界线，日期要加一天。

例题精讲

单选题

1. 在下列太阳系行星中，距太阳最近的是（　　）。

A. 水星　　B. 地球　　C. 火星　　D. 土星

2. 太阳活动有多种类型，其中最主要的是（　　）。

A. “磁暴”　　B. 电离层扰动　　C. 黑子和耀斑　　D. 极光和太阳风

3. 太阳系中离太阳最近的两大行星是（　　）。

A. 水星、金星　　B. 地球、火星　　C. 火星、金星　　D. 地球、水星

4. 下列对“日食”发生原因的解释，正确的一项是（　　）。

A. 月亮挡在地球与太阳之间　　B. 太阳挡在月亮与地球之间

C. 地球挡在太阳与月亮之间　　D. 金星挡在地球与太阳之间

5. 下列天文知识的表述不正确的是（　　）。

A. 星星的发光能力不同，距离地球远近也不同，所以看上去有的暗、有的亮

B. 因为冬天时地球转到了和夏天不同的位置，所以冬夜的天空星星稀少

C. 天空星座的形状不会改变

D. 天空的星星之所以看起来会眨眼，是因为我们是透过云层看它

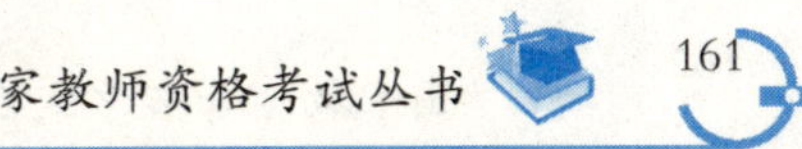

6. 下列关于日食的表述不正确的是（　　）。

A. 一次完整的日食过程的程序是：初亏、食既、食甚、生光、复圆

B. 中国的《尚书》中有世界上最早的日食记录

C. 日食主要有日全食、日偏食和日环食

D. 日全食是因为地球挡住了太阳光线

【答案】A、C、A、A、C、D

【解析】这部分主要考查基础性的知识。

考点详解

一、地图

（一）地图三要素

地图三要素即**比例尺、图例与注记**。在地图上所画地区的范围越小，要表示的内容越详细，选用的比例尺应越大；反之，选用的比例尺越小。在地图上，通常是“上北下南，左西右东”。

（二）世界海陆的分布

地球上海洋面积占71%，陆地面积仅占29%。大陆和它附近的岛屿合起来叫作大洲。全部位于北半球的有欧洲、北美洲。大部分人习惯把乌拉尔山脉、乌拉尔河和大高加索山脉一线作为欧洲和亚洲大陆的分界线。亚洲和非洲以苏伊士运河作为分界线。北美洲和南美洲在西半球，全称为美洲。巴拿马运河是北美洲和南美洲的分界线。南极洲主要位于南极圈内，四周被大洋环绕。

二、地形

（一）陆地地形

人们把地形分为山地、平原、高原、盆地和丘陵五种基本类型。

（二）山地

山地海拔较高，一般在500米以上，地面峰峦起伏，坡度陡峻，有的山地呈条带状分布。其中，最突出的是两条由若干条高大山脉组合而成的巨大山系：一条是横穿亚欧大陆中南部的阿尔卑斯-喜马拉雅山系；另一条是纵贯南北美洲的科迪勒拉山系，由落基山、安第斯山等山脉组成。

（三）平原

平原海拔较低，一般在200米以下，地面平坦或起伏较小。世界上面积最大的平原是南美洲的亚马孙平原。

（四）高原

高原与平原在外貌上有类似之处，但海拔一般在1 000米以上，地表起伏不大，但边缘处比较陡峭。高原的地形特点：海拔较高，起伏小，面平边陡。

（五）丘陵

丘陵海拔一般在200米以上、500米以下，起伏较缓。丘陵的地形特点：海拔较低，崎岖不平，坡度较缓。

考点10：
科技常识——
自然地理常识

内容提要：地图三要素包括比例尺、图例与注记。地形分为山地、平原、高原、盆地和丘陵五种基本类型。地球的内力作用对地壳的发展变化起着主导作用，主要表现为地壳运动、岩浆活动、地震等，使地表产生高山或洼地。地壳的外力作用的主要表现形式为风化作用、侵蚀作用、搬运作用、沉积作用与固结成岩作用等。

（六）盆地

盆地四周被群山环绕，其地形特点为四周高、中间低。

（七）海底地形

海底地形通常分为大陆架、大陆坡和大洋底三部分。大陆架是大陆向海洋自然延伸的地带，一般深度不大，坡度平缓。目前开发的海洋资源，主要在大陆架上。大陆坡是大陆架向大洋深处急剧变陡的部分，深度自 200 米到 2 500 米的海底。大洋底是大陆坡以下的部分。大洋底地形复杂，有海岭、洋盆、海沟等。海岭是大洋底上绵延很长的高地，又叫作海底山脉。洋盆是大洋底的盆地，是大洋的主体部分。海沟是大洋底的狭小山地，多分布在大洋的边缘。

（八）大陆架

由绕大陆的浅海地带构成，从海岸线（多指低潮线）起，直到海底坡度显著增加的陆架坡折处都属大陆架。大陆架是陆地向海洋的自然延伸部分，也称“陆棚”，总面积约占世界大洋的 7.5%。大陆架平均水深 130 米，有些地方超过 200 米。大陆架的宽度不等，有的几乎为零，有的宽达1 000 千米，平均宽度 78 千米。一般情况下，与平原相连的大陆架较宽，与山地相连的大陆架较窄。全世界的大陆架共有 2 710 万平方千米，以亚洲大陆架面积最大。大陆架的外缘常有堤状隆起，称大陆架边缘堤，堤外即为大陆坡。浅海大陆架一般都拥有丰富的鱼类和矿产资源。

三、地球内力作用

（一）地球的内力作用

地球的内力作用对地壳的发展变化起着主导作用。内力作用的能量来自地球本身，主要是放射性元素蜕变产生的热能。内力作用主要表现为地壳运动、岩浆活动、地震等。内力作用主要使地表产生高山或洼地。火山爆发是地热或内能释放的强烈显示。

（二）地震

地震是构造运动的一种特殊形式，即大地的快速震动。当地球聚集的应力超过岩层或岩体所能承受的限度时，地壳发生断裂、错动，急剧地释放积聚的能量，并以弹性波的形式向四周传播，引起地表的震动。地震只发生在地球表面至 700 千米深度以内的脆性圈层中。地震时，地下岩石最先开始破裂的部位叫震源。震源在地面上的垂直投影位置叫震中。从震源发出的地震波在地球内部传播的称为体波（纵波和横波），沿地面传播的称为面波，实际上也是一种纵波，对地表建筑物破坏性最大。地震释放能量的大小用震级表示，通常以美国里克特提出的标准来划分，称为里氏级。世界地震区呈带状分布并与板块边界非常一致，板块间的相互作用是引起地震的主要因素。

（三）板块构造学说

板块构造学说认为，地球的岩石圈不是整体一块，而是被一些构造带（如海岭、海沟等）分割成许多单元，叫作板块。全球岩石圈分为六大板块：亚欧板块、非洲板块、美洲板块、太平洋板块、印度洋板块和南极洲板块。板块处于不断运动之中，两个板块之间的交界处是地壳比较活跃的地带。板块相对移动而发生的碰撞或张裂，形成了地球表面的基本面貌。在板块张裂的地区，常形成裂谷或海洋；在板块相撞挤压的地区，常形成山脉。

（四）褶皱

岩层受到地壳运动产生的强大的挤压作用，产生波状弯曲，称为褶皱。褶皱的基本形式分为背斜和向斜。背斜是指褶皱中心岩层向上隆起，两侧岩层向外倾斜；向斜是指褶皱中心向下凹陷，两侧岩层向中心倾斜。背斜成山，向斜成谷，但也可能出现背斜是谷、向斜成山的地形。这是因背斜中心部分岩层向上变曲产生张力，导致岩层破裂，易受风化和剥蚀，被蚀成谷，称次成谷；向斜部分受挤，凹地接受风化崩落物堆积，基岩受保护，最后反而残留成山，称次成山。

（五）断层

断层是地壳岩层受力而产生断裂的现象。地壳岩层的承受力是有一定限度的，当地壳运动时产生的挤压力和拉伸力超出了岩层脆弱部的承受力时，岩层便会破裂，破裂两侧的岩块会出现显著的相互位移和错动现象，从而产生断层。在地貌上，大的断层常常形成裂谷或陡崖，如著名的东非大裂谷、我国华山北坡大断崖等。断层一侧上升的岩块，常成为块状山体或高地，这种由断层造就的山体被称作断层山，又叫断块山，如我国的华山、庐山等；另一侧则常形成谷地或低地，如我国的渭河平原、汾河谷地。在断层构造地带，由于岩石破碎，易受风化侵蚀，常常发育成沟谷、河流。

四、地球外力作用

（一）地壳的外力作用

外力作用的能量来自地球外部，主要是太阳辐射能、重力及生物活动等，可使大气、水和生物等发生变化，从而引起地壳表层物质的破坏。外力作用的表现形式为风化作用、侵蚀作用、搬运作用、沉积作用和固结成岩作用等。

（二）喀斯特地貌

喀斯特地貌是在碳酸盐类岩石地区，地下水和地表水对可溶性岩石溶蚀与沉淀、侵蚀与沉积以及重力崩塌、塌陷、堆积等作用形成的地貌。以南斯拉夫喀斯特高原命名，在我国也叫岩溶地貌，广泛分布于桂、黔、滇。岩溶作用在地表和地下均可形成喀斯特地貌。

（三）丹霞地貌

丹霞地貌是 20 世纪 30 年代以丹霞山为代表而命名的一类地貌类型。形成丹霞地貌的岩层是一种在内陆盆地沉积的红色屑岩，后来地壳抬升，岩石被流水切割侵蚀，随着山坡的崩塌后退，保留下来的岩层就构成了红色山块。丹霞地貌最突出的特点是“赤壁丹崖”广泛发育，形成了顶平、身陡、麓缓的方山、石墙、石峰、石柱等奇险的地貌形态。丹霞地貌主要分布在中国、美国西部、中欧和澳大利亚等地，以我国分布最广，其中又以丹霞山面积最大、发育最典型、类型最齐全、形态最丰富、风景最优美。

（四）冰川地貌

冰川地貌是对第四世纪古冰川及现代冰川作用形成的各种侵蚀地貌形态和堆积地貌形态的总称，包括冰蚀地貌、冰碛地貌和冰水堆积地貌三大类型。

（五）风成地貌

风力对地表物质的侵蚀、搬运、堆积所形成的侵蚀形态和堆积形态，称为风成地貌，包括风蚀地貌和风积地貌。世界上的风成地貌主要分布在干旱、半干旱的热带、温带荒漠区。风积地貌主要指各种沙丘，可分为三种基本类型：横向沙丘、纵向沙丘和多风向形成的沙丘。风力对地面物质的吹蚀和风沙的磨蚀作用，统称风蚀。风蚀作用形成风蚀地貌，风蚀地貌主要有风蚀石窝、风蚀蘑菇、雅丹地形、风蚀城堡等。

（六）海蚀地貌

海蚀地貌指海水运动对沿岸陆地侵蚀破坏所形成的地貌。由于波浪对岩岸岸坡进行机械性的撞击和冲刷，岩缝中的空气被海浪压缩因而对岩石产生巨大的压力，波浪挟带的碎屑物质对岩岸进行研磨，以及海水对岩石的溶蚀作用等，统称海蚀作用。海蚀多发生在基岩海岸。海蚀的程度与当地波浪的强度、海岸原始地形有关，组成海岸的岩性及地质构造特征对海蚀亦有重要影响。海蚀作用所形成的海蚀地貌有海蚀崖、海蚀台、海蚀穴、海蚀拱桥、海蚀柱等。

（七）河口三角洲

在河流入海（湖）地段，河流和海洋（湖泊）水体存在强烈的交互作用。在河流和海洋的共同

作用下，由河流携带的泥沙在河口地区的陆上和水下形成的平面形态近似三角形的堆积体，称为河口三角洲。河口三角洲可分为四类：扇形三角洲（尼罗河、黄河）、鸟足状三角洲（密西西比河）、多岛状三角洲（珠江、恒河）、尖头状三角洲（意大利的台伯河）。

（八）冰川

冰川是指发生在陆地上，由大气固态降水演变而成的，通常处于运动状态，能自行流动的天然冰体。它随气候的变化而变化，但不会在短时间内形成或消亡。雪线触及地面是发生冰川的必要条件，故冰川是极地气候和高山冰雪气候的产物。

（九）雪线

多年积雪区和季节积雪区之间的界线叫雪线。雪线上年降雪量等于年消融量，所以雪线也就是降雪和消融的零平衡线。雪线以上年降雪量大于年消融量，降雪逐年加积，形成常年积雪（或称万年积雪），进而变成粒雪和冰川冰，发育成冰川。雪线是一种气候标志线。

五、地球上的水

（一）流域

流域指一条河流或水系的集水区域，即分水线包围的区域，包括供河流地表水源的地面集水区和地下水源的地下集水区。如果地面集水区和地下集水区一致，称为闭合流域；如果不一致，则称为非闭合流域。流域面积是流域的重要特征，它不仅决定河流的水量，且影响径流的形成过程。在其他条件相同的情况下，流域面积越大，河流水量也越大。

（二）领海

领海是国家主权管辖的临接海岸的海域。目前，国际上对领海的宽度没有统一的标准。根据联合国 1981 年的统计，148 个沿海国家中有 81 个国家规定领海宽度为 12 海里，其余为 3 海里或 200 海里。

（三）堰塞湖

堰塞湖是由火山熔岩流或地震活动等原因引起山崩滑坡体等堵截河谷或河床后贮水而形成的湖泊。中国东北的镜泊湖是典型的熔岩堰塞湖。

（四）植被

植被指的是某一地区内全部植物群落的总体。陆地表面分布着由许多植物组成的各种植物群落，如森林、灌木丛、草原、荒漠、苔原、草甸、沼泽等，总称为该地区的植被。植被分为自然植被和人工（栽培）植被。

（五）水循环

地球表面的水在太阳辐射能的作用下，在水圈、大气圈、岩石圈和生物圈中通过各种途径循环往复的运动过程，称为水循环。自然界水循环每时每刻都在全球范围内进行，按其进行的领域分为海陆间循环、海上内循环和内陆循环。

（六）河流径流的变化

1. 季节变化

河流径流一年内有规律的变化，叫河流径流的季节变化，它同河流补给密切相关。以雨水补给为主的河流，主要随降雨量的季节变化而变化；以冰雪和冰川融水补给为主的河流，主要随气温变化而变化。径流季节变化大的河流，容易发生洪涝灾害和用水紧张，因而通过修建水利工程来调节径流的季节变化，是保证人们生产和生活用水的必要措施。

2. 年际变化

任何一条河流，各年的径流量都不尽相同，这种变化叫作年际变化。我国大部分地区降水量的年际变化大，故河流径流量年际变化也比较大。因此，很多河流需要通过修建水利工程来调节丰水年和枯水年的径流量。

六、地球上的交通要道

（一）霍尔木兹海峡

位于亚洲西南部，介于伊朗与阿拉伯半岛之间，东接阿曼湾，西连海湾（伊朗人称为波斯湾，阿拉伯人称为阿拉伯湾），呈人字形。由于霍尔木兹海峡是海湾与印度洋之间的必经之地，素有“海湾咽喉”之称，具有十分重要的战略和航运地位。海湾沿岸产油国的石油绝大部分通过霍尔木兹海峡输往西欧、澳大利亚、日本和美国等地。霍尔木兹海峡承担着西方石油消费国约60%的石油供应量，西方国家将其视为“生命线”。

（二）曼德海峡

位于亚洲阿拉伯半岛西南端和非洲大陆之间，连接红海和亚丁湾、印度洋。苏伊士运河通航后，曼德海峡成为从大西洋经地中海、苏伊士运河、红海到印度洋这一海上航线的必经之地，具有十分重要的战略地位。

（三）直布罗陀海峡

它是地中海通向大西洋的唯一出口。从波斯湾开出的油轮，经直布罗陀海峡源源不断地将石油运往欧美各国，被人们称为**“西方世界的生命线”**。

（四）德雷克海峡

位于南美大陆和南极洲之间。拥有两项“世界之最”的桂冠，既是世界上最深的海峡（最深处达 5 248 米），又是世界上最宽的海峡（南北宽达 9 704 米），是世界各地通向南极的重要通道。

（五）土耳其海峡

连接黑海与爱琴海、地中海，是亚洲、欧洲的分界线，也是黑海通往地中海的门户。

（六）马六甲海峡

位于马来半岛与苏门答腊岛之间。马六甲海峡在经济上、军事上都是很重要的国际水道，其重要性可与苏伊士运河或巴拿马运河相比。马六甲海峡是印度洋与太平洋之间的重要水道，也是西亚石油到东亚的重要通道，日本常称马六甲海峡是其“生命线”。

（七）苏伊士运河

位于埃及境内，全长 170 多千米，是连通欧、亚、非三大洲的主要国际海运航道，连接红海与地中海，使大西洋、地中海与印度洋联结起来，大大缩短了东西方的航程。与绕道非洲好望角相比，借道苏伊士运河使得从欧洲大西洋沿岸各国到印度洋缩短 5 500～8 000 千米；从地中海各国到印度洋缩短 8 000～10 000千米；从黑海沿岸各国到印度洋缩短 12 000 千米。苏伊士运河是一条在国际航运中具有重要战略意义的国际海运航道，每年承担着全世界 14%的海运贸易。

（八）巴拿马运河

位于中美洲国家巴拿马，横穿巴拿马地峡，总长 82 千米，宽的地方达 304 米，最窄的地方也有 152 米。该运河连接太平洋和大西洋，是重要的航运要道，被誉为世界七大工程奇迹之一和**“世界桥梁”**。

（九）亚欧大陆桥

第一亚欧大陆桥是指从俄罗斯东部的符拉迪沃斯托克为起点通向欧洲各国最后到荷兰鹿特丹港的西伯利亚大陆桥。第二亚欧大陆桥东起我国黄海之滨的连云港，向西经陇海、兰新线的徐州、武威、哈密、吐鲁番到乌鲁木齐，再向西经北疆铁路到达我国边境的阿拉山口，进入哈萨克斯坦，再

经俄罗斯、白俄罗斯、波兰、德国，西至荷兰的世界第一大港鹿特丹港。第二亚欧大陆桥跨越亚欧两大洲，联结太平洋和大西洋，全长约 10 800 千米，通向中国、中亚、西亚、东欧和西欧 30 多个国家和地区，是世界上最长的一条大陆桥。由于第二亚欧大陆桥所经路线很大一部分是经过“丝绸之路”，所以人们又称其为“现代丝绸之路”。

例题精讲

单选题

1. 下列选项中，属于大多数地震发生类型的一项是（　　）。

A. 火山地震　B. 构造地震　C. 塌陷地震　D. 诱发地震

2. 下列四种发电方式中，最低碳、最环保的一种是（　　）。

A. 水力发电　B. 火力发电　C. 核燃料发电　D. 风力发电

3. 下列大型水利枢纽中，最早修建于长江干流上的是（　　）。

A. 葛洲坝工程　B. 三门峡工程　C. 三峡　D. 刘家峡

4. 民间有“础润而雨”的说法，这是劳动人民千百年来宝贵劳动经验的总结，它的主要科学依据体现在（　　）的变化通过“础润”的形式表现出来，从而预示着天气的变化。

A. 温度　B. 湿度　C. 气压　D. 风向

【答案】 B、D、A、B

【解析】 这部分主要考查基础性的地理常识。

考点详解

考点 11：科技常识——物理常识

内容提要：物理常识主要是一些概念，如电压、电流、电阻、电功率、紫外线、红外线、激光等；还有一些常见规律，包括万有引力定律、电磁感应现象、能量守恒定律、牛顿运动定律。

一、常见概念

（一）电压

电压也称作电势差或电位差，是衡量单位电荷在静电场中由于电势不同所产生的能量差的物理量。电压在国际单位制中的主单位是伏特，简称伏，用符号 V 表示。

（二）电流

电源的电动势形成了电压，继而产生了电场力，在电场力的作用下，处于电场内的电荷发生定向移动，形成了电流。电流的大小称为电流强度（简称电流，符号为 I），指单位时间内通过导线某一截面的电荷量，每秒通过 1 库仑的电量称为 1 安培（A）。安培是国际单位制中所有电流的基本单位。除了 A，常用的单位有毫安（mA）、微安（μA）。

（三）电阻

物质对电流的阻碍作用就叫该物质的电阻。电阻小的物质称为电导体，简称导体。电阻大的物质称为电绝缘体，简称绝缘体。在物理学中，用电阻来表示导体对电流阻碍作用的大小。导体的电阻越大，表示导体对电流的阻碍作用越大。不同的导体，电阻一般不同，电阻是导体本身的一种特性。

（四）电功率

电流在单位时间内做的功叫作电功率。它是用来表示消耗电能的快慢

的物理量，用P表示。电功率的单位是瓦特，简称瓦，符号是W。

（五）紫外线

紫外线是电磁波谱中波长从10纳米到400纳米辐射的总称，不能引起人们的视觉感受。1801年，德国物理学家里特发现在日光光谱的紫端外侧一段能够使含有溴化银的照相底片感光，因而发现了紫外线的存在。自然界的主要紫外线光源是**太阳**。紫外线强烈作用于皮肤时，可发生光照性皮炎，皮肤上会出现红斑、水疱、水肿等，严重的还可引起皮肤癌。紫外线作用于中枢神经系统，可出现头痛、头晕、体温升高等。紫外线作用于眼部，可引起结膜炎、角膜炎，称为光照性眼炎，还有可能诱发白内障，在焊接过程中产生的紫外线会使焊工患上电光性眼炎。近年来，大量化学物质破坏了大气层中的臭氧层，破坏了这道保护人类健康的天然屏障。

（六）红外线

在光谱中波长0.76～400微米的一段称为红外线，红外线是不可见光线。所有高于绝对零度（－273.15℃）的物质都可以产生红外线，现代物理学称为热射线。医用红外线可分为两类：近红外线与远红外线。

（七）激光

激光是20世纪以来，继原子能、计算机、半导体之后，人类的又一重大发明，被称为“最快的刀”“最准的尺”“最亮的光”。它的原理早在1916年已被著名的物理学家爱因斯坦发现，但直到1958年激光才被首次成功制造。60多年来，以激光器为基础的激光技术有了迅速的发展，已广泛应用于军事、医学、工农业生产、能源动力、通信、信息处理、文化艺术、科研等各个领域，取得了良好的经济效益和社会效益。激光被誉为“神奇之光”，主要有四大特性：高亮度、高方向性、高单色性和高相干性。

二、常见规律

（一）万有引力定律

万有引力定律是解释物体之间相互作用的引力的定律，是物体（质点）间由于它们的引力质量而引起的相互吸引力所遵循的规律。这是牛顿在前人（开普勒、胡克、雷恩、哈雷）研究的基础上，凭借他超凡的数学能力证明的，于1687年在《自然哲学的数学原理》上发表。万有引力定律的发现，是17世纪自然科学最伟大的成果之一。

（二）电磁感应现象

放在变化磁通量中的导体会产生电动势，此电动势称为感应电动势或感生电动势；若将此导体闭合成一回路，则该电动势会驱使电子流动，形成感应电流（感生电流）。1831年11月24日，法拉第在向皇家学会提交的一个报告中把这种现象定名为“电磁感应现象”，并概括了可以产生感应电流的五种类型：变化的电流、变化的磁场、运动的恒定电流、运动的磁铁、在磁场中运动的导体。这一发现进一步揭示了电与磁的内在联系，为建立完整的电磁理论奠定了坚实的基础。

（三）能量守恒定律

能量守恒定律是指能量既不会凭空产生，也不会凭空消失，它只能从一种形式转化为另一种形式，或者从一个物体转移到另一个物体，在转化或转移的过程中其总量不变。能量守恒和能量转化定律、细胞学说、进化论被称为19世纪自然科学的三大发现。

能量守恒定律是自然界最普遍、最重要的基本定律之一。从物理、化学到地质、生物，大到宇宙天体，小到原子核内部，只要有能量转化，就一定服从能量守恒的规律。从日常生活到科学研究、工程技术，能量守恒定律都发挥着重要的作用。人类对各种能量，如煤、石油等燃料以及水能、风能、核能等的利用，都是通过能量转化来实现的。能量守恒定律是人们认识自然和利用自然的有力武器。

（四）牛顿运动定律

牛顿运动定律是牛顿第一运动定律（即惯性定律）、牛顿第二运动定律和牛顿第三运动定律三大经典力学基本运动定律的总称。一切物体在没有受到外力作用的时候，总保持匀速直线运动或静止状态，这就是牛顿第一运动定律。物体的加速度跟物体所受的合外力成正比，跟物体的质量成反比，加速度的方向跟合外力的方向相同，这是牛顿第二运动定律。两个物体之间的作用力和反作用力，在同一直线上，大小相等，方向相反，这是牛顿第三运动定律。

例题精讲

单选题

1. “苹果为什么垂直落地？为什么不向旁边、不向上而总是向着地面落下呢？我想这个定是地球吸引它的缘故。”牛顿的这一思考促使了下列哪一成果的产生？（　　）

A. 微积分　　B. 力学三大定律

C. 万有引力定律　　D. 自由落体定律

2. 西方历史学家指出：“当人们谈及最近几代人中被传入日本等东方国家的西方文明时，我们不是指希腊罗马哲学和人文主义思想，也不是指日本的基督教化，而是指在 17 世纪后半叶开始改变西方面貌的科学、思维模式和文明的所有工具。”这里的“开始改变西方面貌的科学、思维模式和文明的所有工具”是指（　　）。

A. 牛顿创立的经典力学　　B. 瓦特改良的蒸汽机

C. 达尔文的生物进化论　　D. 爱因斯坦的相对论

【答案】 C、A

【解析】 这部分主要考查基础性的物理常识。

考点详解

考点 12：科技常识——化学常识

内容提要：化学常识主要是一些常见的概念，如无机物、有机化合物、石油、糖类、化学变化、氧化物、酸和碱等。

一、无机物

无机物即无机化合物，一般指碳元素以外各元素的化合物，如水、食盐、硫酸、无机盐等。但一些简单的含碳化合物，如一氧化碳、二氧化碳、碳酸、碳酸盐和碳化物等，由于它们的组成和性质与其他无机化合物相似，因此也作为无机化合物来研究。绝大多数无机化合物可以归入氧化物、酸、碱、盐四大类。

二、有机化合物

有机化合物主要由氧元素、氢元素和碳元素组成。有机化合物是生命产生的物质基础，包括脂肪、氨基酸、蛋白质、糖、血红素、叶绿素、酶和激素等。生物体内的新陈代谢和生物的遗传现象，都涉及有机化合物的转变。此外，许多与人类生活有密切关系的物质，如石油、天然气、棉花、染料、化纤、天然和合成药物等，均属有机化合物。

三、石油

石油又称原油，是从地下深处开采的棕黑色可燃的黏稠的液体，主要是各种烷烃、环烷烃和芳香烃的混合物。石油是古代海洋或湖泊中的生物经过漫长的演化形成的混合物，与煤一样属于化石燃料。石油主要被用来作燃料油和汽油，燃料油和汽油已成为目前世界上非常重要的一次性能源。石油也是许多化学工业产品如化肥、杀虫剂和塑料制品等的原料。

四、糖类

糖类是自然界中分布广泛的一类重要的有机化合物。日常食用的蔗糖、粮食中的淀粉、植物体中的纤维素、人体血液中的葡萄糖等均属糖类。糖类在生命活动过程中起着重要的作用，是一切生命体维持生命活动所需能量的主要来源。植物中最重要的糖是淀粉和纤维素，动物细胞中最重要的多糖是糖原。

复合糖是糖类的还原端和蛋白质或脂质结合的产物，在生物中分布广泛，有多种重要功能，细胞的识别、定性以及免疫等无不与之有关。糖类和蛋白质结合以蛋白质为主的称糖蛋白，如血液中的大部分蛋白质；也有以糖为主的，如蛋白聚糖是动物结缔组织的重要成分。和脂质结合的，如脂多糖存在于细菌的外膜，成分以多糖为主；另外有称为糖脂的，组成以脂质为主，大多和细胞膜联系在一起。糖脂可由鞘氨醇、甘油等衍生。但是，在自然界中分布最广、迄今研究得最多的是鞘糖脂。

复合糖的不对称是指糖脂和糖蛋白只分布于细胞的外表面。

五、化学变化

化学变化是指相互接触的分子间发生原子或电子的转换或者转移，生成新的分子并伴有能量的变化的过程；化学变化的实质是旧键的断裂和新键的生成。化学变化的过程中常常伴随着物理变化。在化学变化过程中通常有发光、放热或吸热等现象。

六、氧化物

氧化物是指由两种元素组成且其中一种是氧元素的化合物，如二氧化碳、氧化钙等。

七、酸

电离时生成的阳离子全部是氢离子（H^+）的化合物叫作酸。在室温 25℃的条件下，溶液的 pH 值小于 7。

八、碱

在水溶液中电离出的阴离子全部是氢氧根离子（理论认为，电离时能吸收质子的物质为碱性，阴离子全为 OH^- 的为碱类，统称碱）。与酸反应形成盐和水。

例题精讲

单选题

煤气中毒是由下列何种物质引起的？（　　）

A. 二氧化碳　　B. 一氧化碳　　C. 一氧化氮　　D. 二氧化氮

【答案】 B

【解析】 煤气的主要成分是一氧化碳，一氧化碳极易与血液中的血红蛋白结合，使之失去携氧能力，从而引起肌体缺氧，即为煤气中毒。

考点详解

考点13：科技常识——生物常识

内容提要：生物常识主要是一些常见的概念，如微生物、新陈代谢、杂交水稻、蛋白质、纤维素等。

一、微生物

微生物是包括细菌、病毒、真菌以及一些小型的原生动物、显微藻类等在内的一大类生物群体，它们个体微小，却与人类生活关系密切。微生物涵盖了有益的和有害的众多种类，广泛涉及健康、食品、医药、工农业、环保等诸多领域。

微生物对人类最重要的影响之一是导致传染病的流行。在人类的疾病中有50%是由病毒引起的。微生物千姿百态，有些微生物是有害的，具有腐败性，可引起食品气味和组织结构发生不良变化；有些微生物是有益的，它们可用来生产奶酪、面包、泡菜、啤酒和葡萄酒等。微生物非常小，必须通过显微镜放大约1 000倍才能看到。

二、新陈代谢

新陈代谢是生物体内全部有序化学变化的总称，包括物质代谢和能量代谢两个方面。

物质代谢是指生物体与外界环境之间物质的交换和生物体内物质的转变过程，可细分为同化作用（从外界摄取营养物质并转变为自身物质）和异化作用（自身的部分物质被氧化分解并排出代谢废物）。能量代谢是指生物体与外界环境之间能量的交换和生物体内能量的转变过程。

三、杂交水稻

选用两个在遗传上有一定差异，但是它们的优良性状却可以互补的水稻品种进行杂交，育成具有杂种优势的第一代杂交种，并用于生产，这就是杂交水稻。杂种优势是生物界的普遍现象，利用杂种优势提高农作物产量和品质是现代农业科学的主要成就之一。

四、蛋白质

组成蛋白质的基本单位是氨基酸，二十种结构不同的氨基酸按照组成和排列次序的不同，构成了成千上万种大小不等、功能不同的蛋白质。蛋白质是构成细胞的主要成分，是存在于一切生物体中的高度复杂物质，具有重要的生物化学功能。蛋白质是生命的物质基础，没有蛋白质就没有生命。

五、纤维素

纤维素是由葡萄糖组成的大分子多糖，不溶于水及一般有机溶剂，是植物细胞壁的主要成分。纤维素是自然界中分布最广、含量最多的一种多糖。棉花的纤维素含量接近100%，为天然的最纯纤维素来源。

例题精讲

单选题

下列关于蛋白质化学特性的叙述错误的是（　　）。

A. 蛋白质的组成单位是氨基酸

B. 蛋白质可以水解为脱氧核糖核酸

C. 蛋白质变性凝固过程是不可逆的

D. 组成蛋白质的基本化学元素是碳、氢、氧、氮

【答案】B

【解析】蛋白质是不同氨基酸以肽键相连所组成的、具有一定空间结构的生物大分子。蛋白质变性后，就失去了原有的可溶性，也就失去了其生理上的作用，因此蛋白质的变性凝固是个不可逆过程。蛋白质由C（碳）、H（氢）、O（氧）、N（氮）组成，一般蛋白质可能还会含有P（磷）、S（硫）、Fe（铁）、Zn（锌）、Cu（铜）、Mn（锰）、I（碘）等。

考点详解

考点14：
科技常识——
当代高新科学技术

内容提要：当代高新科学技术包括微电子技术、计算机病毒、蓝牙技术、光纤通信、全球卫星定位系统、万维网、信息高速公路等。

一、微电子技术

微电子技术是建立在以集成电路为核心的各种半导体器件基础上的高新电子技术，特点是体积小、重量轻、可靠性高、工作速度快。微电子技术对信息时代具有巨大的影响。

二、光纤通信

光纤是光导纤维的简称。光纤通信是以光波作为信息载体，以光纤作为传输媒介的一种通信方式。从原理上看，构成光纤通信的基本物质要素是光纤、光源和光检测器。光纤除了按制造工艺、材料组成及光学特性进行分类外，还常按用途分为通信用光纤和传感用光纤。传输介质光纤又分为通用与专用两种，而功能器件光纤则指用于完成光波的放大、整形、分频、倍频、调制以及光振荡等功能的光纤，并常以某种功能器件的形式出现。

三、全球卫星定位系统

全球卫星定位系统（Global Positioning System，GPS）是一种结合卫星及通信发展的技术，利用导航卫星进行测时和测距。美国从20世纪70年代开始研制全球卫星定位系统，历时20余年，耗资200亿美元，于1994年全面建成了具有海陆空全方位实时三维导航与定位能力的新一代卫星导航与定位系统。全球卫星定位系统以全天候、高精度、自动化、高效益等特点，成功地应用于大地测量、工程测量、航空摄影、运载工具导航和管制、地壳运动测量、工程变形测量、资源勘察、地球动力学等，取得了良好的经济效益和社会效益。

目前，世界上的卫星定位系统有美国的全球卫星定位系统和俄罗斯的全球卫星定位系统（Global Navigation Satellite System），以及中国的北斗卫星导航系统和欧洲伽利略卫星定位系统。

四、信息高速公路

所谓信息高速公路，就是一个高速度、大容量、多媒体的信息传输网络。其速度之快，比目前网络的传输速度快1万倍；其容量之大，一条信道就能传输大约500个电视频道或50万路电话。此外，其信息来源、内容和形式也是多种多样的。网络用户可以在任何时间、任何地点以声音、数据、图像或影像等多媒体方式相互传递信息。

例题精讲

单选题

我国正在发展的全球卫星定位系统为（　）。

A. GPS 系统　　B. 北斗卫星导航系统

C. 伽利略卫星定位系统　　D. 蓝牙技术

【答案】B

【解析】北斗卫星导航系统是我国自主研制、独立运行的全球卫星定位系统，最终的建设目标是 2020 年建成独立自主、开放兼容、技术先进、稳定可靠、覆盖全球的卫星定位系统。

考点详解

考点 15：科技常识——生命科学技术

内容提要：生命科学是研究生命现象、生命活动的本质、特征和发生、发展规律，以及各种生物之间、生物与环境之间相互关系的科学，包括对基因、染色体、遗传、血型、变异等的研究。

一、生命科学

生命科学是研究生命现象、生命活动的本质、特征和发生、发展规律，以及各种生物之间、生物与环境之间相互关系的科学。生命科学主要用于有效地控制生命活动，能动地改造生物界，造福人类。生命科学与人类生存、人民健康、经济建设和社会发展有着密切的关系，也是全球范围内最受关注的基础自然科学。

二、基因

基因（遗传因子）是遗传的物质基础，是 DNA（脱氧核糖核酸）分子上具有遗传信息的特定核苷酸序列的总称，是具有遗传效应的 DNA 分子片段。基因通过复制把遗传信息传递给下一代，使后代出现与亲代相似的性状。人类大约有几万个基因，储存着生命孕育、生长、凋亡过程的全部信息，通过复制、表达、修复来完成生命繁衍、细胞分裂和蛋白质合成等重要生理过程。基因是生命的密码，记录和传递着遗传信息。生物体的生老病死等一切生命现象都与基因有关。基因也决定着人体健康的内在因素，与人类的健康密切相关。

三、染色体

染色体是细胞内具有遗传性质的物体，易被碱性染料染成深色，所以叫染色体（染色质）。其本质是脱氧核苷酸，是细胞核内由核蛋白组成、能用碱性染料染色、有结构的线状体，是遗传物质基因的载体。

正常人的体细胞染色体数目为 **23 对**，并有一定的形态和结构。染色体在形态、结构或数量上的异常被称为染色体异常，由染色体异常引起的疾病为染色体病。现已发现的染色体病有 100 余种，染色体病在临床上常可造成流产、先天愚型、先天性多发性畸形及癌症等。

四、遗传

遗传是指经由基因的传递，使后代获得亲代的特征。遗传学是研究此现象的学科。目前已知地球上现存的生命主要是以 DNA 作为遗传物质。除了遗传之外，决定生物特征的因素还有环境，以及环境与遗传的交互作用。

五、血型

1901 年，奥地利细菌学家卡尔·兰德施泰纳发现了人类的血型差异。1909 年，他分辨出 A、B、AB 和 O 四种主要血型，这一重要发现对输血的安全性和外科手术的成功产生了巨大的影响。卡尔·兰德施泰纳为此获得了诺贝尔生理学或医学奖。血型的遗传具有规律性，血型系统遗传规律见下表。

父母血型	孩子可能的血型
A+A	A、O
A+B	A、B、O、AB
A+O	A、O
A+AB	A、B、AB
B+B	B、O
B+O	B、O
B+AB	A、B、AB
O+O	O
O+AB	A、B
AB+AB	A、B、AB

六、变异

变异是指生物体子代与亲代之间的差异、子代个体之间的差异现象，是生物有机体的属性之一。变异分两大类，即可遗传变异与不可遗传变异。现代遗传学表明，不可遗传变异与进化无关，与进化有关的是可遗传变异。不可遗传变异是由于环境变化而造成的，不会遗传给后代，如水肥不足造成的植株瘦弱矮小；可遗传变异由遗传物质的改变所致，其方式有突变（包括基因突变和染色体变异）与基因重组。

例题精讲

单选题

“种瓜得瓜，种豆得豆”说明生物界普遍存在着（　　）。

A. 生长现象　　B. 繁殖现象　　C. 变异现象　　D. 遗传现象

【答案】D

【解析】俗语说：“种瓜得瓜，种豆得豆。”生物体通过生殖产生子代，子代和亲代、子代和子代之间都很相似，这种现象称为遗传。

第四章

文学常识

考点详解

儿童文学这个学科是伴随着儿童的“被发现”而确立的。即使是在儿童文学出现较早的欧洲，“儿童”作为与成人全然不同的独立存在也是在17—18世纪才确立的。法国童话作家夏尔·佩罗1697年发表的童话集《鹅妈妈的故事》标志着西方儿童文学的诞生。

在光辉灿烂的中国文学中，出现过一些本不是为儿童创作的，但却因为符合儿童的欣赏趣味而被儿童所喜爱的文学作品，如《水浒传》《西游记》《聊斋志异》等，它们当中都不乏富有想象色彩的故事，这些故事有的甚至可以和现代意义上的童话相媲美。中国现代意义上的儿童文学是在1915年爆发的新文化运动中产生的。在新文化运动中爆发了文学革命，文学革命的先驱，如鲁迅、周作人、郭沫若、郑振铎等，对中国现代儿童文学做出了卓越的贡献。1922年，现代文学作家叶圣陶发表了童话《小白船》，这是我国现代文学史上第一篇由作家原创的文学童话。1923年，叶圣陶又发表了短篇童话集《稻草人》，这是我国第一部儿童文学作品集，在我国儿童文学史上具有划时代的意义。

考点1：

文学常识——

儿童文学理论基础

内容提要：1697年，法国童话作家夏尔·佩罗发表了童话集《鹅妈妈的故事》，标志着西方儿童文学的诞生；叶圣陶的《小白船》是我国现代文学史上第一篇由作家原创的文学童话；叶圣陶的《稻草人》是我国第一部儿童文学作品集，在我国儿童文学史上具有划时代的意义。

例题精讲

单选题

1. 西方儿童文学产生的标志是（　　）。

A. 法国作家佩罗的《鹅妈妈的故事》

B. 德国格林兄弟的《格林童话》

C. 丹麦安徒生的《安徒生童话》

D. 俄罗斯克雷洛夫的《克雷洛夫寓言》

2. 中国现代儿童文学产生于（　　）。

A. 17—18世纪　　B. 19世纪

C. 20世纪初期　　D. 21世纪

3. 儿童文学可以分为（　　）层次。

A. 2个　　B. 3个

C. 4个　　D. 5个

【答案】 A、C、B

【解析】 文学常识以选择题的形式进行考查，考生需要在了解常识的基础上能够实现知识的再现。

考点详解

儿童文学的常见体裁主要有儿歌、儿童诗、童话、寓言、儿童小说、儿童散文、儿童科学文艺、儿童戏剧、儿童故事等。

考点2：
文学常识——
儿童文学的常见体裁及其代表作品

内容提要：儿童文学的体裁主要有以下九种：儿歌、儿童诗、童话、寓言、儿童小说、儿童散文、儿童科学文艺、儿童戏剧、儿童故事等。

一、儿歌

儿歌又称为童谣，是一种专为较小年龄的儿童创作的、符合这一年龄段儿童心理特点和欣赏趣味的、易读易记易唱的诗歌样式。

儿歌的基本特征是：篇幅短小，结构简单；语言通俗，音乐性强；内容浅显，主题单一。

例如，我国著名的儿童文学作家叶圣陶创作的儿歌《小小的船》"弯弯的月儿小小的船，小小的船儿两头尖，我在小小的船里坐，只看见闪闪的星星蓝蓝的天"，为孩子们描绘了一幅优美的图画——"弯弯的月儿""闪闪的星星""蓝蓝的天"，接着展开想象，"弯弯的月儿"像两头尖尖的"小小的船儿"，生动活泼，富有意境美。

儿歌的类型有摇篮曲、数数歌、问答题、绕口令、游戏歌、谜语歌、连锁调、颠倒歌等。

二、儿童诗

儿童诗是为儿童创作的，以优美的韵律和凝练的语言抒写儿童情趣和心声，并与儿童的理解水平、接受能力和心理特点相适应的诗歌形式。

儿童诗和儿歌的主要区别：（1）在炼字、炼句上，儿歌词语通俗易懂；儿童诗注重炼字。（2）在韵律上，儿歌注重押韵，朗朗上口；儿童诗注重旋律的优美，体现出音乐美和意境美的结合。例如，金波的儿童诗《春的消息》："风，摇绿了树的枝条，水，漂白了鸭的羽毛，盼望了整整一个冬天，你看，春天已经来到！"

三、童话

童话是一种主要面向儿童，具有浓厚幻想色彩的、虚构的故事，它通过丰富的想象、夸张、象征的手段来塑造形象、反映生活。童话的情节大多离奇曲折、引人入胜。

（一）童话的分类

（1）从作品的产生或作者的角度划分，可分为民间童话、文学童话和现代童话。民间童话包括口述童话，如中国少数民族民间童话《长发妹》。文学童话也称为艺术童话或创作童话，如叶圣陶的童话集《稻草人》（鲁迅评价《稻草人》是"给中国的童话开了一条自己创作的路"）、巴金的童话集《长生塔》、老舍的长篇童话《小坡的生日》及张天翼的《大林和小林》《宝葫芦的秘密》等。现代童话诸如当代作家郑渊洁的童话作品。

（2）从童话的体裁划分，有散文体童话、童话诗、童话剧、童话电影等。童话诗是以童话故事为题材的叙事诗。我国作家鲁兵的《小猪奴尼》就是一首童话诗，通过描写一只名叫奴尼的、脏兮兮的、不爱洗澡的小猪，对幼儿不讲卫生的习惯进行了善意的嘲讽。这首诗富有儿童情趣，幽默又

风趣，在语言上也具有诗歌的韵律美。

（3）从童话角色划分，有拟人体童话、超人体童话和常人体童话。拟人体童话赋予非人类的形象以人类的性质和本能，如《丑小鸭》《绿野仙踪》。郑渊洁的童话《舒克和贝塔历险记》写了名字叫舒克和贝塔的两只小老鼠的故事，它们不断克服重重困难，坚持找寻属于自己的生活，同时它们也帮助了许多的小动物，和它们一起过上了快乐平静的生活。超人体童话指神魔形象、变形形象、特异人物形象，具有超越人类的本领。西方童话中出现的精灵、仙女、矮人、巫婆、巨人、魔法师等形象均属于此，如《拇指姑娘》《海的女儿》。常人体童话是描写社会中的普通人，但经过艺术加工就成了幻想世界中的角色，如《皇帝的新装》《卖火柴的小女孩》等。

（4）根据童话内容划分，有动物童话、神怪童话、惊险童话、历史童话、生活故事童话和科学童话。动物童话如《丑小鸭》《龟兔赛跑》。《一只想飞的猫》是我国著名的儿童文学作家**陈伯吹**创作的童话，他把毕生精力都献给了儿童文学事业，堪称中国儿童文学的**“一代宗师”**。1983 年，他还创立了“陈伯吹儿童文学奖”。科学童话如《小蝌蚪找妈妈》。《圆圆和方方》是我国科普作家叶永烈创作的一篇科学童话，作品把象棋子和军棋子想象成两个小孩子，以此来介绍方形和圆形的特点与功能，向小读者讲解团结合作的道理。

（二）我国及国外有代表性的童话作家及其作品

（1）中国著名的童话作家严文井，他与陈伯吹均为我国儿童文学界泰斗级的人物。严文井著名的作品有《南南和胡子伯伯》《唐小西在“下一次开船港”》《小溪流的歌》等。

（2）作家金近创作的童话《小猫钓鱼》《小鲤鱼跳龙门》等，教育小读者做事要认真，要有耐心，不能三心二意。

（3）任溶溶创作的童话《“没头脑”和“不高兴”》描写了两个有趣的小男孩：一个因为做事总是丢三落四的，所以绰号叫“没头脑”；另一个因为总是把“不高兴”挂嘴边，做事就爱跟人反着干，所以被唤作“不高兴”。最终生活教育了他们，他们都改正了自己的缺点。故事生动有趣，受到小读者的欢迎。

（4）孙幼军于 1961 年出版的童话《小布头奇遇记》是中国儿童文学史上一部里程碑式的经典作品，是中国第一部获得国际安徒生奖提名的作品，也是中国第一部长篇幼儿童话，影响了几代小读者。

（5）法国 17 世纪的作家夏尔·佩罗编写的童话集《鹅妈妈的故事》中收集了许多脍炙人口的名篇，如《小红帽》《穿靴子的猫》《睡美人》《蓝胡子》等，夏尔·佩罗被誉为法国的“儿童文学之父”。

（6）德国格林兄弟的童话集《格林童话》是世界文学的瑰宝，其中的《灰姑娘》《白雪公主》《小红帽》《青蛙王子》等故事家喻户晓。

（7）安徒生是丹麦著名的童话天才，被称为**“世界儿童文学的太阳”“现代童话之父”**。他的第一部童话集《讲给孩子们听的故事集》于 1835 年发表，开创了文人自觉创作童话的新时代。其主要作品有《小克劳斯和大克劳斯》《豌豆公主》《皇帝的新装》《野天鹅》《海的女儿》《丑小鸭》《卖火柴的小女孩》《拇指姑娘》《坚定的锡兵》等。

（8）意大利作家科洛迪的童话《木偶奇遇记》，描写了一个被赋予了生命的木偶匹诺曹的冒险经历。在历险中，匹诺曹因贪玩、说谎而得到了深刻的教训，最终他变得诚实、勤劳、善良，也变成了一个真正的男孩子。

（9）意大利当代文学家姜尼·罗大里的童话充满了游乐性、幽默感，对历史、对社会生活有概括力。其主要作品有童话《洋葱头历险记》和《假话国历险记》。他被公认是 20 世纪童话的泰斗级作家，于 1970 年获得了国际安徒生奖。

（10）有“美国儿童文学之父”之称的作家弗兰克·鲍姆于 1899 年出版了第一部短篇童话集《鹅爸爸的故事》。1900 年，他出版了童话《绿野仙踪》，作品讲述了一个叫多萝茜的小姑娘被龙卷风刮走后的奇遇。她和一个没有脑子的稻草人、一个没有心脏的铁皮人、一只十分胆小的狮子在一起，互相帮助，凭借坚强的意志，最终实现了各自的心愿。

（11）《小王子》是法国当代作家安托万·德·圣·埃克苏佩里的中篇童话作品。作品写“我”在浩瀚的撒哈拉大沙漠里遇到了一位来自另一个星球、在太空中漫游的异邦小王子，着重描写了在对小王子秘密身世的探寻中“我”的成长，特别是“我”对真挚友谊、博大胸怀的理想境界的追求。

（12）英国著名剧作家米尔恩创作的《小熊温尼·菩》和《菩屋拐角处的小房子》被合称为“菩书”系列，在20世纪20年代风靡英国，是家喻户晓的儿童读物。作者善于抓住儿童的心理，作品有幽默感，流露出稚拙之美。

（13）英国作家碧丽克丝·波特创作的“兔子彼得”系列是英国著名的童话故事。《兔子彼得的故事》还包含几百幅图画，在西方国家它被称为“绘本图书高不可攀的顶峰”。

（14）瑞典女作家塞尔玛·拉格洛芙的童话《尼尔斯骑鹅旅行记》讲了一个被精灵施了魔法的小男孩，骑着一只会飞的家鹅和大雁们一起旅行的故事。小男孩在冒险的过程中增长了知识，结识了好友，最终改正了缺点，变成了一个勇敢、善良、勤劳、富有责任感的人。拉格洛芙1909年获得了诺贝尔文学奖。

（15）瑞典当代女作家阿斯特丽·林格伦因创作《长袜子皮皮》而一举成名。她曾荣获国际安徒生奖，被誉为瑞典20世纪中后期的童话泰斗。

（16）日本童话作家中川李枝子的《不不园》是日本儿童文学的典范，日本人将其列入“必读图书”。

四、寓言

寓言是一种篇幅简短，但包含着明显的教育意义的故事。寓言的特点是教育性、隐喻性、精练性和讽刺性。《伊索寓言》中的《农夫和蛇》《狐狸和葡萄》《龟兔赛跑》《蚊子与狮子》等均广为流传。18世纪俄罗斯作家克雷洛夫所著的《克雷洛夫寓言》具有极强的现实性，他常借动物和植物的形象来反映社会生活，同时采用诗歌的形式，语言优美。著名篇章有《狼和小羊》《狮子分猎物》《农夫和绵羊》等。

五、儿童小说

儿童小说指符合少年儿童的接受能力、心理特点和审美趣味，有利于他们健康成长的小说。当代作家杨红樱创作的“淘气包马小跳”系列，呼唤张扬孩子的天性，让孩子拥有一个健康、和谐、美好的童年。曹文轩的《草房子》讲述了一个男孩六年的小学生活，通过男孩看待周遭世界的目光和男孩的思考，让读者接受人生的启蒙教育，作品语言明白晓畅、结构独特新颖、格调高雅。《汤姆·索亚历险记》是美国19世纪杰出的小说家马克·吐温的代表作品，作品描写了男孩汤姆·索亚和小伙伴的历险故事，情节跌宕起伏、引人入胜。它的姊妹篇《哈克贝利·费恩历险记》也是美国文学中的经典之作。

六、儿童散文

儿童散文是指专门写给少年儿童或者是成人作家以表现自我经验为主旨，但符合少年儿童的接受能力和审美心理的散文。儿童散文普遍具有内容真实、题材广泛、篇幅短小、形式灵活、意境优美、易于被儿童接受、能引起儿童共鸣的特点。例如，现代作家冰心的散文集《寄小读者》。

七、儿童科学文艺

科学文艺是文学范畴内的一种特殊体裁，是指用艺术手法来描写科学知识、反映科学道理、表现科学精神的一种文艺作品。儿童科学文艺是指专门为少年儿童所写，并为少年儿童所喜闻乐见的科学文艺

作品。儿童科学文艺作品要注重思想性、科学性、艺术性和趣味性，如少儿科普读物《十万个为什么》。

八、儿童戏剧

儿童戏剧是指专门为少年儿童创作、演出，适合少年儿童的接受能力和审美趣味的戏剧。儿童戏剧文学是儿童文学的一种体裁，既可以供小读者阅读，又可以是演出的脚本。常见的儿童戏剧多是童话、寓言故事改编的。

九、儿童故事

儿童故事是根据儿童的阅读兴趣所创作的，适合儿童阅读或聆听的、内容简单、篇幅短小、情节生动有趣、结构完整的具体事件。

十、其他作品

（一）《一千零一夜》

《一千零一夜》是最著名的古代阿拉伯民间故事集，在西方被称为《阿拉伯之夜》，在中国被称为《天方夜谭》。其中著名的故事有《阿里巴巴和四十大盗》《辛巴德航海故事》《神灯》等。

（二）《爱的教育》

《爱的教育》是意大利作家亚美契斯创作的一部日记体小说。作品以一个四年级的男孩的眼光审视着他身边的美与丑、善与恶，表达了爱的伟大力量。

（三）《爱弥儿》

《爱弥儿》是18世纪法国启蒙主义思想家卢梭的一部哲理小说，也是一部教育论著。作品借助一个虚构出来的人物爱弥儿从出生到成年的过程，来表达作者崇尚自然主义教育的观点。

例题精讲

单选题

1. 被誉为“世界儿童文学的太阳”的童话作家是（　　）。

A. 科洛迪　　B. 米尔恩　　C. 安徒生　　D. 格林兄弟

2. 有美国“儿童文学之父”之称的作家是（　　）。

A. 弗兰克·鲍姆　　B. 米尔恩　　C. 安徒生　　D. 格林兄弟

3. 以下是中国童话作家严文井的作品的是（　　）。

A.《小猫钓鱼》　　B.《南南和胡子伯伯》

C.《淘气包马小跳》　　D.《小猪奴尼》

【答案】 C、A、B

【解析】 文学常识以选择题的形式考查，考生需要在了解常识的基础上能够实现知识的再现。

拓展阅读

（1）17世纪捷克斯洛伐克著名教育家夸美纽斯编写的儿童启蒙读物《世界图解》，是西方教育史上第一本附有插图的儿童百科全书。

（2）20世纪英国作家罗尔德·达尔著有童话《查理和巧克力工厂》。

（3）中世纪法国民间长篇叙事诗《列那狐的故事》，后由法国女作家季诺夫人改写。

(4) 19 世纪英国作家查理·金斯莱的《水孩子》也是一部经典的童话作品。

(5) 19 世纪英国小说家罗伯特·巴兰坦的《珊瑚岛》描写了三个少年在南太平洋珊瑚岛上的游历，歌颂了三个少年热爱生活、勇于探索、乐于助人的精神。

(6)《康拉德》是奥地利女作家克里斯蒂娜·内斯特林格创作的一部童话作品。她的创作提升了奥地利儿童文学的高度。1984 年，她获得了国际安徒生奖。

(7) 美国作家休·洛夫廷创作的《杜立德医生》讲述了喜爱动物的杜立德医生和他诊所里各类无家可归的动物之间的有趣故事。

(8) 法国作家阿纳托尔·法朗士是 1921 年的诺贝尔文学奖得主，《蜜蜂公主》是其童话作品。

(9) 英国著名作家路易斯·卡罗尔写有《爱丽丝漫游奇境记》。

(10) 绘本《猜猜我有多爱你》由英国作家麦克布雷尼·文所作，通过一大一小两只兔子诉说自己有多爱对方来展现纯真的母子之情。

(11) 中国当代儿童文学作家郑春华著有《大头儿子与小头爸爸》。

(12) 中国当代儿童文学作家沈石溪的动物小说系列，以《第七条猎狗》《狼王梦》《斑羚飞渡》等为代表。

考点详解

一、上古神话

上古时期产生了众多的神话传说，这些神话传说在古代文人的作品集里得以记录并保存下来。例如，在《淮南子》一书中就保存了共工怒触不周山、嫦娥奔月、塞翁失马等上古神话传说。《山海经》中也保存了不少神话传说，如盘古开天辟地、夸父逐日、女娲补天、大禹治水、精卫填海、黄帝战蚩尤等。

二、先秦文学

先秦文学是指秦始皇统一六国之前的文学，主要成就在诗歌和散文方面。

（一）诗歌

我国最早的一部诗歌总集是《诗经》，因收录了 305 篇诗歌，又称“诗三百”或“诗”。到了汉代被儒家奉为经典，因此有了“诗经”的称谓。《诗经》中的诗篇又分为“风”“雅”“颂”三类。

屈原是我国第一位伟大的浪漫主义爱国诗人。他出生于战国时期的楚国，所以他开创的诗歌样式被称为“楚辞”。屈原的代表作《离骚》是我国文学史上最长的一首政治抒情诗。

《诗经》和《楚辞》被合称为“风骚”。

（二）散文

先秦散文的主要成就在历史散文和诸子散文上。

历史散文主要有《左传》《战国策》《国语》。《左传》又称为《春秋左

考点 3:
文学常识——上古神话、先秦文学、两汉文学

内容提要：上古时期产生了众多的神话传说，这些神话传说在古代文人的作品集里得以记录并保存下来。先秦文学是指秦始皇统一六国之前的文学，主要成就在诗歌和散文方面。两汉文学的成就在赋、诗歌和散文方面。

氏传》或《左氏春秋》，是一部编年体（按年月日来编写）史书。《战国策》《国语》均是国别体。

“春秋三传”指《左传》《谷梁传》《公羊传》。

诸子散文指春秋战国时期诸子百家的著作，是阐述其政治主张的哲理性著作。

道家的代表人物是老子（道家学派创始人，《道德经》）和庄子（《庄子》，“庖丁解牛”“游刃有余”“鹏程万里”“庄周梦蝶”等成语的出处）。

儒家的代表人物是孔子（儒家学派创始人，《论语》，语录体散文集，主张“仁”的思想）、孟子（《孟子》，“得道多助，失道寡助”“生于忧患，死于安乐”等）和荀子（《荀子》，先秦唯物主义的集大成者，提出性恶论和人定胜天的思想）。

墨家的代表人物是墨子（《墨子》，主张兼爱非攻，尚贤任能）。

法家的代表人物是韩非子（《韩非子》，主张君主集权，名篇《扁鹊见蔡桓公》《五蠹》，成语“守株待兔”“买椟还珠”“自相矛盾”的出处）。

兵家的代表人物是孙武（《孙子兵法》，我国第一部军事著作）。

《吕氏春秋》是由秦相吕不韦和他的门客集体创作的。

秦国李斯的代表作是《谏逐客书》，这是李斯给秦王的一个奏章，强调重用客卿的重要性。

三、两汉文学

（一）汉赋

赋是汉代新兴的一种兼具诗文特点的文体，后世往往把它看作汉代文学的代表性成就，所以有“汉赋”之称。

贾谊的《吊屈原赋》表现了对屈原的同情，也流露出对自己无辜遭贬的愤慨。该赋是汉初文坛的重要作品，是以骚体写成的抒怀之作，也是汉人最早的吊屈原之作，开汉代辞赋家追怀屈原的先例。

西汉另一辞赋家是司马相如，代表作有《子虚赋》(成语“子虚乌有”的出处)、《上林赋》，其作品辞藻富丽、结构宏大。

东汉文学家赵壹的《刺世疾邪赋》揭露、讽刺了黑暗腐败的社会现实，作品篇幅简短，改变了铺陈叙事的汉大赋的面貌。此后，抒情小赋渐渐取代了汉大赋。

（二）汉乐府民歌

“乐府”本是音乐机构的名称，到了汉代就成了配乐的诗体名字。汉乐府民歌以叙事为主，代表作是《孔雀东南飞》(古代长篇叙事诗)，它和后来的北朝民歌《木兰辞》并称“乐府双璧”。《孔雀东南飞》一诗最早见于南朝徐陵编纂的《玉台新咏》。

该时期的作品还有《古诗十九首》(东汉时中下层知识分子的创作)，出自梁代萧统编的《昭明文选》。“古诗”是魏晋、南北朝时期文人对诗歌的称谓。当时，无名氏创作的十九首五言古诗，总题为《古诗十九首》，代表着汉代文人诗的最高成就。

（三）历史散文

两汉散文的成就主要是历史散文。

贾谊除了《吊屈原赋》是汉赋发展的先声外，他的散文《过秦论》《论积贮疏》也是名篇。

西汉历史散文的杰出成就是司马迁的《史记》，《史记》是中国第一部纪传体（以为人物立传记的方式记述史实）通史，被鲁迅称为**“史家之绝唱，无韵之离骚”**。《史记》与宋代司马光的《资治通鉴》并称为“史学双璧”。司马迁与司马光并称为“史界两司马”，与汉赋的代表作家司马相如合称为“文章西汉两司马”。

东汉著名史学家、文学家班固的《汉书》是我国第一部纪传体断代史书。

东汉著名的唯物主义思想家王充著有《论衡》，是一部不朽的无神论著作。

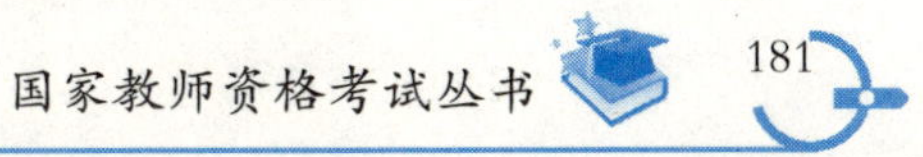

例题精讲

单选题

1. 成语“刻舟求剑”出自（　　）。

A.《庄子》　　B.《孟子》

C.《吕氏春秋》　　D.《史记》

2. “文章西汉两司马”是指（　　）。

A. 司马光　司马相如　　B. 司马光　司马迁

C. 司马南　司马迁　　D. 司马迁　司马相如

3. 我国第一部纪传体通史是（　　）。

A.《史记》　　B.《战国策》

C.《汉书》　　D.《论语》

【答案】C、D、A

【解析】本部分知识需要能够实现再现和再认。

考点详解

考点 4:
文学常识——
魏晋南北朝文学、
隋唐五代文学

内容提要：魏晋南北朝文学的成就主要是诗歌、辞赋散文、文学理论和小说；隋唐五代文学的成就主要是诗歌、辞赋散文和传奇。

一、魏晋南北朝文学

（一）诗歌

1. 三曹

“三曹”指曹氏父子曹操、曹丕、曹植。曹操有《观沧海》、《蒿里行》、《龟虽寿》（“老骥伏枥，志在千里。烈士暮年，壮心不已”）、《短歌行》（“何以解忧，唯有杜康”）。曹丕有《燕歌行》。曹植是五言诗的奠基人，他的创作完成了从汉乐府民歌向文人诗的转变，名作有《白马赋》（五言诗）、《名都赋》（五言诗）。

2. 建安七子

除“三曹”外，东汉末年还出现了有“建安七子”之称的七位优秀诗人，他们是孔融、陈琳、王粲、徐干、阮瑀、应玚、刘祯。他们以写五言诗为主，为五言诗的发展做出了重要贡献。其中，王粲的《七哀诗》成就最高，被看作“七子之冠冕”。

3. 竹林七贤

竹林七贤指曹魏时期的七位隐居竹林、不同流俗的文人，他们是嵇康、阮籍、山涛、刘伶、王戎、向秀、阮咸。

4. 东晋诗人陶渊明

陶渊明是我国第一位以田园为主要描写内容的诗人，开创了田园诗派。代表作有《桃花源记》《归去来辞》《归园田居》《饮酒》等，自传《五柳先生传》。

5. 南朝诗人谢灵运

谢灵运是我国第一位以山水为主要描写内容的诗人，开创了山水诗派。代表作《登池上楼》。谢灵运的诗总体来看是清新明丽的。

（二）辞赋散文

曹植的《洛神赋》（“翩若惊鸿，婉若游龙”）、王粲的《登楼赋》、左思

的《三都赋》（引出“洛阳纸贵”的典故）、诸葛亮的《出师表》（有成语“妄自菲薄”“作奸犯科”）、李密的《陈情表》、王羲之的《兰亭序》、陶渊明的《桃花源记》《归去来辞》等都是千古佳作。北魏地理学家郦道元所著的《水经注》、范晔的《后汉书》、陈寿的《三国志》也名垂史册。

（三）文学理论

我国第一部文学理论和文学批评专论是曹丕的《典论·论文》。

第一篇用赋体写成的创作论是陆机的《文赋》。

第一部诗论是钟嵘的《诗品》。

第一部理论体系完整的文学理论巨著是刘勰的《文心雕龙》。

（四）小说

该时期出现了干宝（东晋）的志怪小说《搜神记》（志怪小说的鼻祖）；刘义庆（南朝宋）的志人小说《世说新语》。《世说新语》是我国第一部笔记体小说，记录士大夫的逸闻趣事，有成语“望梅止渴”“口若悬河”。

二、隋唐五代文学

（一）唐代诗歌

唐代是诗歌发展的鼎盛时期，又分为初唐、盛唐、中唐和晚唐四个阶段。

1. 初唐

“初唐四杰”即王勃、杨炯、卢照邻、骆宾王。他们旨在发扬汉魏风骨，扭转了隋诗浮靡的风格，为唐诗的健康发展做出了贡献。骆宾王的《咏鹅》脍炙人口，流传广泛。王勃的《送杜少府之任蜀州》中“海内存知己，天涯若比邻”的诗句常为离别的人们互勉之用。

陈子昂是初唐四杰之后推动唐诗发展的又一重要诗人。他的《登幽州台歌》“前不见古人，后不见来者，念天地之悠悠，独怆然而涕下”发怀古之幽思，成为千古绝句。

贺知章的诗作《咏柳》《回乡偶书》通俗易懂，传诵至今。

2. 盛唐

盛唐时期流派众多。山水田园诗派的代表人物是王维与孟浩然，并称为**“王孟”**。王维被称为“诗佛”，代表作品有《鸟鸣涧》《山居秋暝》《使至塞上》。孟浩然的代表作品有《春晓》《过故人庄》。边塞诗派的代表人物有高适、岑参、王昌龄等。高适的代表作是《燕歌行》。岑参的代表作是《白雪歌送武判官归京》（“忽如一夜春风来，千树万树梨花开”）。王昌龄被后人誉为**“七绝圣手”**，其作品《出塞》（“秦时明月汉时关，万里长征人未还。但使龙城飞将在，不教胡马度阴山。”）意境开阔、感情深沉，《芙蓉楼送辛渐》（“洛阳亲友如相问，一片冰心在玉壶”）展现了诗人宽广的胸怀和坚强的性格。

李白是杰出的浪漫主义诗人，有“诗仙”美誉，其诗风豪迈飘逸。《将进酒》《蜀道难》《静夜思》《秋浦歌》《赠汪伦》《望庐山瀑布》《梦游天姥吟留别》等被千古传诵。

杜甫是伟大的现实主义诗人，其诗风沉郁顿挫。代表作品有《茅屋为秋风所破歌》《春望》，以及表现民间疾苦的“三吏”“三别”（《新安吏》《石壕吏》《潼关吏》《新婚别》《无家别》《垂老别》）。

3. 中唐

白居易号香山居士，中晚唐著名的现实主义诗人，倡导“新乐府运动”，提出“文章合为时而著，歌诗合为事而作”的创作口号。讽喻诗有《观刈麦》《轻肥》；感伤诗有《长恨歌》（“在天愿作比翼鸟，在地愿为连理枝。天长地久有时尽，此恨绵绵无绝期”）、《琵琶行》（“同是天涯沦落人，相逢何必曾相识”）。

刘长卿擅长写五言诗，自称**“五言长城”**，其代表作品有《逢雪宿芙蓉山主人》（“柴门闻犬吠，风雪夜归人”）。

韩愈的诗力求新奇、重气势，如《早春呈水部张十八员外》（“天街小雨润如酥，草色遥看近却无。最是一年春好处，绝胜烟柳满皇都。”）。

孟郊的诗有险奇艰涩的特点，但也有一些真挚深沉、感人至深的诗作，如《游子吟》。他与唐朝诗人贾岛都是苦吟诗人的代表，有“郊寒岛瘦”的说法。贾岛有关于“推敲”的故事。

刘禹锡的诗简洁明快，如《乌衣巷》：“旧时王谢堂前燕，飞入寻常百姓家。”

李贺有**“诗鬼”**之称，有名句“天若有情天亦老”。

4. 晚唐

杜牧擅长七言绝句，诗风豪迈洒脱。因诗歌成就高，人称“小杜”，以区别于“大杜”（杜甫）。其代表作品有《泊秦淮》（“商女不知亡国恨，隔江犹唱后庭花”）、《江南春》等。

李商隐以作无题诗著称，诗风绮丽精工。名句有“夕阳无限好，只是近黄昏”；“相见时难别亦难，东风无力百花残。春蚕到死丝方尽，蜡炬成灰泪始干”；“身无彩凤双飞翼，心有灵犀一点通”。

唐代诗人合称：“李杜”指李白、杜甫；“小李杜”指李商隐、杜牧；“诗中三李”指李白、李商隐、李贺。

（二）唐代散文

古文运动由韩愈、柳宗元发起。“古文”指先秦、两汉盛行的，以质朴自然、散行单句为特点的散文，这是和魏晋以来的骈文相对而言的。古文运动提倡古文，反对骈文。

“唐宋八大家”是指韩愈、柳宗元、苏洵、苏轼、苏辙、欧阳修、王安石、曾巩（记忆时可按**“韩柳、三苏、欧王曾”**来记）。

韩愈位于“唐宋八大家”之首，著有名篇《师说》（“师者，所以传道受业解惑也”）。

柳宗元的代表作有《捕蛇者说》。

（三）唐代传奇

唐代传奇指当时流行的文言短篇小说，是在六朝志怪小说的基础上，融合了历史传记故事、诗词歌赋和民间说唱艺术而形成的一种新文体。

唐代传奇的发展经过了初唐时期、中唐时期和晚唐五代时期。代表作品有王度的《古镜记》、陈鸿的《长恨歌传》（陈鸿和白居易是同时期作家，两人出游期间谈及唐玄宗和杨贵妃的故事，后来两人就写了同题材的诗歌《长恨歌》和传奇《长恨歌传》）、元稹的《莺莺传》（讲述贫寒书生张生对没落贵族女子崔莺莺始乱终弃的悲剧故事，元代剧作家王实甫将这一故事改写成《西厢记》）、李朝威的《柳毅传》、裴铏的《聂隐娘》等。

例题精讲

单选题

1. 下列选项中不是李白的诗作的是（　　）。

A. 《鸟鸣涧》　　B. 《秋浦歌》

C. 《望庐山瀑布》　　D. 《蜀道难》

2. 唐代诗人中，有“七绝圣手”称号的是（　　）。

A. 王维　　B. 刘长卿

C. 王昌龄　　D. 王粲

3. 魏晋时期，第一个大力写五言诗的是（　　）。

A. 曹植　　B. 曹丕

C. 曹操　　D. 陶渊明

【答案】A、C、A

【解析】隋唐五代文学是常考的内容，需要注意。

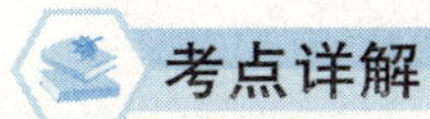

考点详解

考点5：

文学常识——

宋元文学

内容提要：宋代文学的主要成就是词、诗、散文和话本；元代文学的主要成就是元曲，包括杂剧和散曲。

一、宋代文学

（一）宋词

词是隋唐五代时兴起的一种合乐而歌的新诗体，当时叫“曲子”或“曲子词”，后来才称为“词”，还可称为“诗余”“乐府”“长短句”。晚唐时期有花间派的词人温庭筠、李煜和韦庄。

词在宋代取得了卓越的成就，代表了一代文学，所以有“宋词”之称，有豪放派和婉约派之分。

豪放派以苏轼、辛弃疾为代表。苏轼号东坡居士，是豪放派的开创者。其代表作有《念奴娇·赤壁怀古》（“大江东去，浪淘尽，千古风流人物”）及《水调歌头·明月几时有》（“但愿人长久，千里共婵娟”）等。苏轼与其父苏洵、其弟苏辙合称为“三苏”。

辛弃疾著有《稼轩长短句》，名篇有《永遇乐·京口北固亭怀古》等。

婉约派以柳永、李清照、姜夔为代表。柳永的《雨霖铃·寒蝉凄切》抒发了离情别绪，凄婉动人。李清照的代表作有《如梦令·昨夜雨疏风骤》。姜夔的代表作有《扬州慢·淮左名都》。

李煜是五代十国南唐后主，他的代表作品有《虞美人》（“春花秋月何时了？往事知多少。小楼昨夜又东风，故国不堪回首月明中。雕栏玉砌应犹在，只是朱颜改。问君能有几多愁，恰似一江春水向东流。”）。

秦观的《鹊桥仙》中有“两情若是久长时，又岂在朝朝暮暮”的名句。

（二）宋诗

宋诗虽不如唐诗，但也取得了不小的成绩。

“白体”诗人王禹偁，其代表作为《村行》。有**“梅妻鹤子”**雅号的北宋初年诗人林逋以咏梅诗词著称于世，他的《山园小梅》（“疏影横斜水清浅，暗香浮动月黄昏”）因写梅花的姿态神韵而成为千古咏梅绝唱。

南宋诗歌的代表人物有杨万里、陆游、文天祥等。杨万里号诚斋，有“诚斋体”，其作表作品有《晓出净慈寺送林子方》（“毕竟西湖六月中，风光不与四时同。接天莲叶无穷碧，映日荷花别样红。”）、《小池》（“小荷才露尖尖角，早有蜻蜓立上头”）。杨万里与陆游、尤袤、范成大并称为“南宋中兴四大诗人”。爱国诗人陆游的代表作品有《十一月四日风雨大作》《示儿》《游山西村》（“山重水复疑无路，柳暗花明又一村”）等。文天祥是南宋爱国诗人，他的代表作品有《正气歌》和《过零丁洋》（“人生自古谁无死，留取丹心照汗青”）。

（三）宋代散文

欧阳修号醉翁，“唐宋八大家”之一，是北宋诗文革新运动的领袖，继承并发展了韩愈的古文理论，倡导平易流畅、委曲婉转的文风。代表作品有《醉翁亭记》（“醉翁之意不在酒，在乎山水之间也”）。

王安石的代表作品为《游褒禅山记》。

苏轼的散文代表着宋代散文的最高成就，著有《石钟山记》《赤壁赋》等。

范仲淹的作品《岳阳楼记》中有“先天下之忧而忧，后天下之乐而乐”的名句。

（四）宋人话本

话本是宋、元时期在城市的游艺场所里“说话”艺人讲故事的底本。话本内容多取材于现实生活，故事生动曲折，人物形象鲜明，语言通俗明快。话本对明清小说有很大影响。《水浒传》《三国演义》中的故事在话本中已经存在。

二、元代文学

元代文学的主要成就是元曲，包括杂剧和散曲。

元曲四大家即关汉卿、郑光祖、白朴和马致远。关汉卿的代表作品有《窦娥冤》《望江亭》等；郑光祖的代表作品有《倩女离魂》；白朴的代表作品有《梧桐雨》；马致远的代表作品有《汉宫秋》、《天净沙·秋思》（散曲），有“秋思之祖”的赞誉。

王实甫的《西厢记》表达了“愿天下有情人终成眷属”的美好愿望。

例题精讲

单选题

1. “一门三父子，都是大文豪，诗赋传千古，峨眉共比高。”这首诗中的“三父子”指的是（　　）。

A. 曹操、曹丕、曹植　　B. 苏洵、苏轼、苏辙
C. 班彪、班固、班超　　D. 杜甫、杜牧、杜荀鹤

2. 在我国文学史上，“秋思之祖”指的是（　　）。

A. 关汉卿　　B. 马致远
C. 辛弃疾　　D. 白朴

3. 下列选项中不是婉约派代表的是（　　）。

A. 辛弃疾　　B. 李清照
C. 柳永　　D. 姜夔

【答案】B、B、A。

【解析】该部分知识点需要能够再现和再认。

考点详解

> **考点6：文学常识——明清文学**
>
> 内容提要：明清文学的主要成就是小说和戏剧。小说包括章回体小说和拟话本小说。戏剧的主要成就是《牡丹亭》和《桃花扇》。

一、明清小说

（一）明代小说

明代小说包括章回体小说和拟话本小说。

1. 章回体小说

章回体小说是我国古代长篇小说的重要形式，是在宋元讲史话本的基础上产生并发展起来的。代表作品有明代“四大奇书”：《水浒传》《三国演义》《西游记》《金瓶梅》。

元末明初施耐庵的《水浒传》又名《忠义水浒传》，一般简称为《水浒》。《水浒》是我国文学史上第一部用白话文写成的英雄传奇小说，开创

了白话章回体小说的先河。

元末明初小说家罗贯中的《三国演义》是第一部长篇历史演义小说，展现了三国时期魏、蜀、吴之间的政治和军事斗争。

明代吴承恩的《西游记》是第一部神魔小说。

明代兰陵笑笑生的《金瓶梅》是我国第一部由文人独立创作的白话世情章回小说。《金瓶梅》之后，文人创作成为小说创作的主流，而此前的长篇小说都是取材于历史故事、神话或传说。《金瓶梅》以现实社会中的人物和家庭日常生活为题材，使中国小说现实主义创作方法日臻成熟，为其后《红楼梦》的出现做了必不可少的探索和准备。《金瓶梅》被看作“明代四大奇书”之首。

2. 拟话本小说

拟话本小说是由当时的文人模拟话本的形式创作的供人案头阅读的白话短篇小说。代表作是明代冯梦龙的“三言”：《喻世明言》《警世通言》《醒世恒言》，用于劝谕、警戒、唤醒世人，有明确的社会功能。

明代小说家凌濛初著有《初刻拍案惊奇》《二刻拍案惊奇》，也是古代短篇小说中的重要作品。

凌濛初和冯梦龙的作品合称为“三言二拍”，是我国白话短篇小说的经典代表。

（二）清代小说

清代小说的代表作品：《聊斋志异》《儒林外史》《红楼梦》。

蒲松龄的文言短篇小说集《聊斋志异》，虽是描写鬼神故事，但却寄托了对现实生活的认识和评价。

吴敬梓的长篇小说《儒林外史》，批判科举制度对读书人的毒害，是我国古典讽刺文学的代表。

曹雪芹的《红楼梦》是我国古典小说创作的最高峰。作为一部成书于封建社会晚期的文学作品，该小说系统地总结了中国封建社会的文化、制度，对封建社会的各个方面进行了深刻的批判，并且提出了朦胧的带有初步民主主义性质的理想和主张。

二、明清戏剧

明代戏曲的成就主要是指汤显祖的《牡丹亭》，描写了贵族小姐杜丽娘和贫寒书生柳梦梅的爱情故事，用浪漫夸张的艺术手法表现了要求个性解放的思想。

清代戏剧的成就是洪升的《长生殿》，描写了唐明皇和杨贵妃的爱情悲剧。孔尚任所作的《桃花扇》，描写了明末的复社文人侯方域和秦淮名妓李香君的爱情故事，“借离合之情，写兴亡之感”。

例题精讲

单选题

1. 下列作品中不属于中国古代的四大名著的是（　　）。

A.《红楼梦》　B.《西游记》　C.《水浒传》　D.《金瓶梅》

2. 被称为“借离合之情，写兴亡之感”的作品是（　　）。

A.《牡丹亭》　B.《桃花扇》　C.《长生殿》　D.《儒林外史》

3. 虽是描写鬼神故事，但却寄托了对现实生活的认识和评价的清代著名作家蒲松龄的作品是（　　）。

A.《聊斋志异》　B.《神仙传》　C.《搜神记》　D.《官场现形记》

【答案】 D、B、A

【解析】 明清时期小说较多，需要加以区分。

考点详解

考点7：文学常识——近代文学

内容提要：中国的古代文学发展到清中叶时，除小说以外，大多数作品都因缺乏新的思想、内容和艺术形式而成就不大，古代文学日趋衰落。1840年，鸦片战争爆发，为抵抗外国的侵略，一部分地主阶级中的开明派发出了改革腐朽内政的呼声。在文学方面，为适应改革的要求，出现了进步的文学新潮流，近代文学的发展序幕随之拉开。

关于近代文学，主要介绍以下代表人物：

（1）龚自珍：清代思想家、文学家。名篇有《己亥杂诗》，其中的名句为“我劝天公重抖擞，不拘一格降人才”。他的散文《病梅馆记》表达了要求改革政治、去除禁锢人才的精神桎梏以及追求个性解放的愿望和反抗精神。

（2）梁启超：近代思想家、政治家、教育家、文学家，号任公，所以又被称为梁任公，又号饮冰室主人。著作有《饮冰室文集》。戊戌变法前后，他提出“诗界革命”“文界革命”“小说界革命”的“三界”革命的口号。

（3）王国维：近代著名学者、国学大师。他是近代中国最早运用西方哲学、美学、文学观点和方法剖析评论中国古典文学的学者，有文学批评著作《人间词话》，提出“境界”说。《人间词话》是晚清以来最有影响的著作之一。

例题精讲

单选题

戊戌变法前后提出了“诗界革命”“文界革命”“小说界革命”主张的是（　　）。

A. 胡适　　B. 王国维　　C. 鲁迅　　D. 梁启超

【答案】D

【解析】梁启超于1898年戊戌变法前后，提出了“诗界革命”“文界革命”“小说界革命”的“三界”革命的口号。

考点详解

考点8：文学常识——现代文学

内容提要：现代文学确立后，在现代小说、诗歌、戏剧、散文等方面都取得了巨大的成就。

一、现代小说

（1）鲁迅是中国现代文学的奠基人，他于1918年5月发表的小说《狂人日记》是现代文学史上的第一篇白话小说。鲁迅的小说集《呐喊》（《狂人日记》《药》《阿Q正传》《故乡》是其中的名篇）和《彷徨》（《祝福》《伤逝》是其中的名篇），被看作中国现代现实主义小说的两座丰碑。此外，他还著有历史小说集《故事新编》、散文集《朝花夕拾》、散文诗集《野草》及众多的杂文集。

（2）茅盾，新文化运动的先驱者之一，现代文学史上著名的社会剖析小说作家，善于创作富有时代色彩的文学作品，代表作品有长篇小说《子夜》、“农村三部曲”《春蚕》《秋收》《残冬》、短篇小说《林家铺子》、散文《白杨礼赞》等。茅盾去世后，根据他的遗愿特别设立了“茅盾文学奖”，以鼓励优秀长篇小说的创作。

（3）巴金的主要作品有“激流三部曲”《家》《春》《秋》（描述了封建大家庭没落的历史）及长篇小说《憩园》和《寒夜》。巴金晚年创作了散文集《随想录》。

（4）老舍是“京味”小说的开创者，笔下重点描绘了北京的市民生活。其主要作品有小说《骆驼祥子》《四世同堂》《月牙儿》《我这一辈子》和戏剧《龙须沟》《茶馆》等。

（5）叶圣陶，中国现代著名作家、教育家。有长篇小说《倪焕之》、童话集《稻草人》等。

（6）冰心，中国现代著名作家、儿童文学作家、散文家。在小说、诗歌、散文领域都有杰出成就。开创了“问题小说”的创作，有小说《超人》等；开创了“小诗派”，有诗集《繁星》《春水》；写作“冰心体”散文，如《寄小读者》等。

（7）郁达夫，中国现代作家、革命烈士。代表作品有《沉沦》《春风沉醉的晚上》等。

（8）萧红，中国现代著名女作家，“东北作家群”的代表作家之一。作品有中篇小说《生死场》，长篇自传体小说《呼兰河传》。

（9）沈从文一直关注“湘西世界”，擅长对人性进行描写，代表作是《边城》，作品借边城小镇来讴歌一种优美、健康、自然和古朴的人性。

（10）张爱玲以表现和反思人性的弱点而著称，尤其关注女性的命运。有小说集《传奇》，代表作是中篇小说《金锁记》。此外，还有《倾城之恋》《沉香屑·第一炉香》《封锁》等名篇。散文集《流言》中有很多自传性的作品，对于了解她的生活经历和思想有很重要的作用。

（11）林语堂，现代著名作家、学者和语言学家。20世纪30年代出版的文集《吾国与吾民》《生活的艺术》，在国外反响热烈。小说《京华烟云》于20世纪30年代后期完成，是一部仿照《红楼梦》的结构用英文写成的长篇小说，全景式地展现了现代中国社会风云变幻的历史风貌。

（12）张恨水，著名章回小说家，鸳鸯蝴蝶派代表作家。代表作品有《啼笑因缘》《金粉世家》等。

（13）张天翼，抗战时期国统区的代表作家，有短篇小说《华威先生》。

（14）赵树理，抗战时期解放区的代表作家，他的作品乡土气息浓厚，真实地再现了我国农村的巨大变革，也为文艺大众化的发展做出了巨大的贡献。代表作有《小二黑结婚》《李有才板话》《李家庄的变迁》。

（15）孙犁，解放区另一位广有影响的作家，是“荷花淀派”的创始人，代表作有《荷花淀》《白洋淀纪事》。

（16）丁玲的《太阳照在桑干河上》是反映农村土改运动的优秀长篇小说，荣获斯大林文学奖。

二、现代诗歌

郭沫若：中国现代白话新诗的奠基人，代表作是五四时期创作的诗集《女神》（《凤凰涅槃》《炉中煤》《天狗》是其中的经典诗篇）。郭沫若在历史剧创作方面也取得了极高的成就，他在抗战期间创作的包括《屈原》在内的六部历史剧，借古喻今。

新月诗派的闻一多提出新诗“格律化”的艺术主张，认为新诗创作要追求“三美”，即音乐美、建筑美、绘画美。闻一多的代表作是诗集《红烛》和《死水》。新月诗派的另一代表是徐志摩，他的《再别康桥》《沙扬娜拉：赠日本女郎》等都是脍炙人口的佳作。

艾青的《大堰河——我的保姆》是20世纪30年代的诗坛佳作。抗战初期，艾青有诗作《我爱这土地》，抒发了诗人炽热的爱国之心。

20世纪30年代的诗坛还有一位现代派诗人——戴望舒，有“雨巷诗人”之称，代表作是《雨巷》。

20世纪40年代，解放区诗人李季创作了具有浓厚地方色彩的长篇叙事诗《王贵与李香香》（采用陕北信天游的形式），歌颂了陕北人民在共产党的领导下翻身闹革命的斗争精神。

三、现代散文

朱自清的散文感情充沛、描写细腻，代表作品有《荷塘月色》《背影》等。

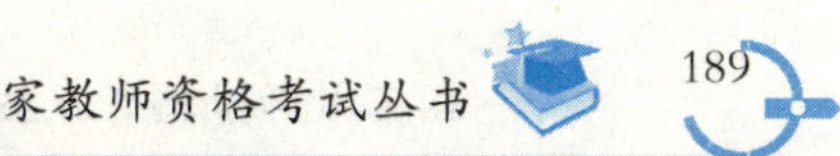

四、现代戏剧

田汉是中国现代戏剧的奠基人之一，其创作的歌词后成为国歌《义勇军进行曲》的歌词。他的剧作有《咖啡店之一夜》《获虎之夜》《名优之死》等。

曹禺的作品《雷雨》，被认为是中国现代话剧成熟的标志，标志着中国文坛终于出现了可以和西方一流的写实主义悲剧相媲美的剧作。此后，他又陆续发表了《日出》和《原野》，这些剧作奠定了曹禺作为 20 世纪 30 年代中国最著名的悲剧作家的地位。他在 20 世纪 40 年代创作的剧作有《北京人》《家》等。

例题精讲

单选题

《朝花夕拾》《子夜》《激流》三部曲、《白洋淀纪事》这些作品与其作者对应正确的一项是（　　）。

A. 鲁迅、曹禺、茅盾、李健吾　　B. 鲁迅、茅盾、巴金、孙犁

C. 郭沫若、曹禺、巴金、李健吾　　D. 郭沫若、茅盾、巴金、孙犁

【答案】 B

【解析】《朝花夕拾》是鲁迅的散文集；《子夜》是茅盾的长篇小说；《激流》三部曲是巴金的小说；《白洋淀纪事》是孙犁的代表作。

【命题分析】 主要考查对现代著名文学家及其代表作的了解。

考点详解

考点 9：
文学常识——
当代文学

内容提要：当代文学在小说、诗歌、散文和戏剧等方面都取得了巨大成就，涌现了一大批优秀作家和大量优秀作品。

1949 年 7 月召开的第一次“中华全国文学艺术工作者代表大会”，标志着自“五四”时期以来的新文学进入了当代文学的发展阶段。

一、小说

柳青的《创业史》是一部展现农村巨大变革的长篇小说，是一部史诗式的作品。

杨沫的《青春之歌》是一部展现民主革命时期青年知识分子成长经历的长篇小说。

王蒙的短篇小说《组织部来了个年轻人》体现出了“干预现实”的精神，积极地表达了对党内一些问题的看法。

新时期作家创作中，“伤痕文学”的作品有周克芹的《许茂和他的女儿们》；“反思文学”的作品有古华的《芙蓉镇》；“改革文学”的作品有贾平凹的《腊月·正月》；“寻根文学”的作品有王安忆的《小鲍庄》，莫言的《红高粱家族》等。2012 年莫言获得了诺贝尔文学奖。

20 世纪 80 年代以后有代表性的创作如下：

（1）刘心武的《班主任》和《钟鼓楼》等，《钟鼓楼》荣获第二届茅盾文学奖。

（2）路遥的《人生》和《平凡的世界》，《平凡的世界》荣获第三届茅盾文学奖。

（3）霍达的《穆斯林的葬礼》，荣获第三届茅盾文学奖。

（4）陈忠实的《白鹿原》，荣获第四届茅盾文学奖。

（5）王安忆的《长恨歌》，荣获第五届茅盾文学奖。

（6）贾平凹的《浮躁》《废都》《秦腔》等，《秦腔》荣获第七届茅盾文学奖。

二、诗歌、散文、戏剧

（1）艾青的代表作有诗集《归来的歌》。

（2）舒婷，朦胧诗派代表诗人之一，她的代表作有《致橡树》和《祖国啊，我亲爱的中国》。

（3）顾城，朦胧诗派代表诗人之一，《一代人》中的“黑夜给了我黑色的眼睛/我却用它寻找光明”成为中国新诗的经典名句。

（4）魏巍的代表作品有《谁是最可爱的人》。

（5）杨朔的代表作品有《香山红叶》《茶花赋》。

（6）秦牧的代表作品有《花城》《社稷坛抒情》。

（7）刘白羽的代表作品有《长江三日》。

（8）巴金的《随想录》，内容朴实、感情真挚，充满着作者的忏悔和自省，巴金也因此被誉为“二十世纪中国文学的良心”。

（9）田汉的历史剧《关汉卿》，塑造了 13 世纪的剧作家关汉卿憎恨丑恶、不畏权贵、大义凛然、追求真理的光辉形象。

（10）老舍的《龙须沟》和《茶馆》：《龙须沟》通过新旧社会人们生活和命运的对比来歌颂新生的人民政权，老舍因此获得了“人民艺术家”的称号；《茶馆》更是当代戏剧艺术的经典之作，通过展现清末至国民党统治时期近 50 年的历史变迁，表达了“埋葬三个旧时代”的主题。

例题精讲

单选题

1951 年，荣获“人民艺术家”称号的作家是（　　）。

A. 巴金　　B. 茅盾　　C. 老舍　　D. 鲁迅

【答案】C

【解析】老舍的《龙须沟》通过对新旧社会人们生活和命运的对比来歌颂新生的人民政权，老舍先生也因此获得了“人民艺术家”的称号。

【命题分析】主要考查对当代著名文学家及其代表作品的了解。

考点详解

考点 10：
文学常识——外国古代文学和中世纪文学

内容提要：外国古代文学包括古希腊文学、希伯来文学。中世纪文学的类型有教会文学、骑士文学、英雄史诗、谣曲和城市文学。

一、外国古代文学

（一）古希腊文学

1.《荷马史诗》

《荷马史诗》是古希腊文学的最高成就，是西方文学史上最早的一部文学巨著，具有里程碑的意义。相传，《荷马史诗》是盲诗人荷马所作，包括《伊利亚特》和《奥德赛》。《伊利亚特》主要讲述希腊人远征特洛伊城的故事；《奥德赛》讲述了希腊英雄、木马计的设计者奥德修斯返航途中的历险故事。

2. 寓言

《伊索寓言》是世界上最早的一部寓言集，相传为公元前6世纪被释放的古希腊奴隶伊索所著。伊索善于讲寓言故事，因而深受人们喜爱，所以人们就把当时的古希腊寓言都归附在他的名下。现在家喻户晓的《农夫和蛇》《狼和小羊》《狐狸和葡萄》《蚊子和狮子》等寓言故事就是出自《伊索寓言》。

3. 古希腊戏剧

古希腊戏剧中成就最高的是悲剧和喜剧。悲剧起源于祭祀活动中的“酒神颂歌”，喜剧起源于祭祀活动后的“狂欢游行”。悲剧大多取材于希腊神话。

三大悲剧作家：（1）埃斯库罗斯，被誉为“古希腊悲剧之父”，代表作品是《被缚的普罗米修斯》，叙述了天神普罗米修斯盗火种给人类的故事。（2）索福克勒斯，被誉为“戏剧艺术的荷马”，代表作品是《俄狄浦斯王》。（3）欧里庇德斯，被誉为“舞台上的哲学家”，代表作品是《美狄亚》。

喜剧作家：阿里斯托芬，被誉为“喜剧之父”，代表作品是《阿卡纳人》。

4. 神话

希腊神话包括神的故事和英雄传说。赫西奥德的叙事诗《神谱》是最早的一部比较系统地讲述宇宙起源和神的谱系的作品。

5. 文艺理论

代表人物是柏拉图和亚里士多德。柏拉图提出了“理念论”和“模仿说”，认为文艺源于人对“自然”（世界）的模仿，其主要作品有《理想国》《斐德若篇》等。亚里士多德是柏拉图的学生，他继承、发展了柏拉图的学说，代表作是《诗学》。

（二）希伯来文学

希伯来文化是希伯来民族（今犹太人）在漫长的历史进程中，在广泛接受西亚的美索不达米亚文化和北非的埃及文化的基础上而创造的一种独特的文化。它与古代印度文化、古代中国文化和古代希腊文化一起被誉为世界四大文化宝库，而且对西方近代文化的发展曾经产生了重大影响，与古代希腊文化并称“二希”，成为西方文化的两大书面源头之一。犹太人用古希伯来语创作了大量的文学作品，其中最主要的成就是犹太教教义《希伯来圣经》，即后来人们所说的《旧约》。

二、中世纪文学

中世纪文学是指5世纪到15世纪这一时期的欧洲文学，具有宗教、神秘、民间文学的色彩。文学类型有教会文学、骑士文学、英雄史诗、谣曲和城市文学。

（一）教会文学和骑士文学

教会文学是中世纪的正统文学，作者是教会的僧侣，所以又称为僧侣文学。主要宣扬禁欲主义和来世思想，以维护封建地主阶级和教会对人民的统治。

骑士文学是指一切关于骑士的文学作品，包括骑士抒情诗、骑士传奇、骑士小说及后来的反骑士小说。

（二）英雄史诗、谣曲和城市文学

早期的英雄史诗反映的是氏族社会末期的历史事件和民族英雄传奇。中期的英雄史诗是封建社会确立时代的艺术作品，代表作如法国的《罗兰之歌》。

谣曲是一种叙事诗，由民间口头文学发展而来，主要表现的是下层人民喜爱的英雄形象，代表性的作品是英国的《罗宾汉谣曲》。罗宾汉的名字在英国家喻户晓，他和他的朋友们劫富济贫、仗义疏财，和中国古典小说《水浒传》中的绿林好汉的形象非常相似。

城市文学又称市民文学，是伴随着城市的兴起而产生的反映市民思想感情的世俗文学。代表作是长篇叙事诗《列那狐的故事》，作品将一只名为列那的狐狸人格化，用动物世界来影射人类社会。

(三) 但丁和《神曲》

中世纪欧洲文学最杰出的代表是但丁和他的《神曲》。意大利诗人但丁是中世纪欧洲最伟大的诗人，与莎士比亚、歌德并称为世界文学三大巨匠。其诗作分为《地狱》《炼狱》《天堂》三部，作品以中世纪文学特有的幻游形式，记叙了但丁以自己为假想的主人公，并以活人的身份到冥府游历的过程。作品的深刻内涵在于反映现实、启迪人心。

例题精讲

单选题

文艺复兴时期，但丁的代表作品是（　　）。

A.《神曲》　　B.《茶花女》

C.《堂吉诃德》　　D.《乌托邦》

【答案】 A

【解析】 但丁是意大利伟大诗人，其主要作品为叙事长诗《神曲》，由《地狱》《炼狱》《天堂》三部组成。

【命题分析】 主要考查对外国文学史中著名文学家及其代表作的了解。

考点详解

考点 11：文学常识——文艺复兴时期和 17、18 世纪的文学

内容提要：文艺复兴时期的文学是以人本主义文学为主导的，17 世纪的文学以英国资产阶级革命文学和法国古典主义文学为代表，18 世纪是启蒙主义文学发展、兴盛的时期，主要包括英国现实主义小说、法国启蒙主义文学和德国民族文学。

一、文艺复兴时期的文学

文艺复兴时期是指 14 世纪至 17 世纪。文艺复兴运动是意大利正在形成中的资产阶级在复兴希腊、罗马古典文化的名义下发起的一场弘扬资产阶级思想和文化的运动。文艺复兴时期的文学是以人本主义文学为主导的。

(1) 薄伽丘是意大利文艺复兴运动的杰出代表，他的故事集《十日谈》开创了欧洲短篇小说的艺术形式。

(2) 塞万提斯是西班牙文学黄金时代的代表作家，为近现代小说的发展作出了重要贡献。代表作是长篇小说《堂吉诃德》。

(3) 英国的莎士比亚被称为“人类最伟大的戏剧天才”，是文艺复兴时期欧洲文学最杰出的代表，他以创作悲剧著称。早期的爱情悲剧是《罗密欧与朱丽叶》。他的“四大悲剧”是《哈姆雷特》（最高成就）、《李尔王》、《麦克白》、《奥瑟罗》。他的最后一部悲剧是《雅典的泰门》。他的“四大喜剧”是《威尼斯商人》《仲夏夜之梦》《第十二夜》《皆大欢喜》。莎士比亚在《威尼斯商人》中成功地塑造了高利贷者夏洛克的形象，夏洛克也成为欧洲文学史上非常著名的吝啬鬼形象。

二、17 世纪的文学

17 世纪的文学以英国资产阶级革命文学和法国古典主义文学为代表。

(一) 英国资产阶级革命文学

17 世纪的英国文学以体现清教徒思想的作品最为出色，是资产阶级革命的产物。代表作家是弥尔顿，他的作品有长诗《失乐园》和《复乐园》，内容取材于《圣经》故事，歌颂了反抗精神和革命者的气节。

（二）法国古典主义文学

古典主义文学是17世纪流行于西欧，特别是法国的一种带有封建色彩的资产阶级文学。因为它效法古希腊、古罗马文学，因而被称为“古典主义”。

法国古典主义悲剧的创始人是高乃依，他的代表作品是《熙德》。法国古典主义喜剧的代表作家是莫里哀，他是世界上数一数二的喜剧家，是法国古典主义最杰出的代表，代表作是《伪君子》和《吝啬鬼》（又被译为《悭吝人》，作品中的“阿巴贡”形象是欧洲文学史上另一个非常著名的吝啬鬼、守财奴的形象）。

三、18世纪的文学

18世纪是启蒙主义文学发展、兴盛的时期，主要包括英国现实主义小说、法国启蒙主义文学和德国民族文学。

（一）英国现实主义小说

英国的启蒙文学以现实主义小说的成就为最高。笛福是英国现实主义小说的奠基人，被誉为“欧洲小说之父”。《鲁滨孙漂流记》标志着英国现实主义小说的诞生，作品描写了青年商人鲁滨孙海上遇险后滞留荒岛28年，最终回到故乡的故事。

斯威夫特开创了英国文学中的讽刺传统，有讽刺名著《格列佛游记》，作品通过描写主人公格列佛航海遇险，漂流到小人国、大人国等地的见闻，讽刺英国的现实。

菲尔丁是18世纪英国最杰出的小说家，他的作品《汤姆·琼斯》代表了18世纪英国现实主义小说的最高成就。

（二）法国启蒙主义文学

代表人物是卢梭，其哲理小说《爱弥儿》是法国第一部讨论教育问题的小说。作品以写“我”教育一个叫爱弥儿的学生的全过程来表达作者对儿童教育的理念。卢梭晚年的自传体小说《忏悔录》，名为“忏悔”，实为对社会的“控诉”，控诉社会的黑暗以及统治者和教会对自己的迫害；同时，作品还进行了严厉的自我审视。

（三）德国民族文学

歌德是德国的伟大诗人、作家和思想家，被誉为“天才的诗人”。歌德的中篇书信体小说《少年维特之烦恼》是德国第一部产生世界性影响的作品。歌德的诗剧《浮士德》，表现了主人公不断追求和探索的精神。

席勒创作的剧本《阴谋与爱情》，是反映市民悲剧的代表作。

例题精讲

单选题

莫里哀是法国17世纪伟大的剧作家，下列关于莫里哀的叙述，不正确的是（　　）。

A. 在法国，莫里哀代表着“法兰西精神”

B. 莫里哀是法国芭蕾舞喜剧的创始人

C. 莫里哀是法国享誉世界的著名悲剧作家

D.《伪君子》是莫里哀杰出的代表作之一

【答案】 C

【解析】 莫里哀是法国17世纪古典主义文学最重要的作家、古典主义喜剧的创建者。

【命题分析】 主要考查对外国文学史中著名文学家及其代表作的了解。

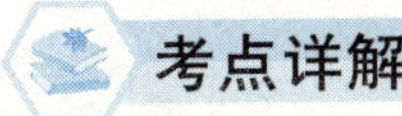
考点详解

考点12：文学常识——19世纪初期的欧洲文学

内容提要：19世纪初期的欧洲文学以浪漫主义文学为主，注重抒发个人的情感和体验，喜欢歌颂和描写大自然。

一、英国文学

（一）“湖畔派”三诗人

即华兹华斯、柯勒律治、骚塞。湖畔派是19世纪初期英国浪漫主义运动中较早产生的一个流派，以诗歌来赞美湖光山色，由此得名。在文学主张上，湖畔派反对传统的古典主义，主张抒发个人情感，抵制资本主义的城市文明。

（二）拜伦和雪莱

拜伦和雪莱是继湖畔派诗人之后的第二代浪漫主义诗人，他们共同的思想之一是反叛和抗争，在他们的著作中就出现了一些社会叛逆者的形象。拜伦的著作有《唐璜》，这是一部具有政治讽刺性的长篇诗体小说，作品表达了对封建专制主义的仇视和对自由的追求。拜伦还有一组以“东方叙事诗”命名的作品，在这些以东方故事为题材的作品中，他塑造了一批叛逆者的形象，被称为“拜伦式英雄”。

被恩格斯誉为“天才的预言家”的雪莱的作品有长诗《麦布女王》，这是他的第一首长诗，表达了作者对现实的态度和他的政治、哲学及美学观点。此外，雪莱的代表作品还有诗剧《解放了的普罗米修斯》，抒情短诗《致云雀》和《西风颂》。《西风颂》抒发了诗人豪迈、奔放的革命热情，其中的名句“如果冬天已经来临，春天还会遥远么”广为传播。

（三）简·奥斯丁

简·奥斯丁是英国19世纪初期的女作家。她的小说一扫19世纪初期风行一时的假浪漫主义潮流，继承和发展了英国18世纪优秀的现实主义传统，为19世纪现实主义小说的高潮做了准备。虽然其作品反映的广度和深度有限，但对改变当时小说创作中的庸俗风气起了好的作用，在英国小说发展史上有承上启下的意义。其主要作品有小说《傲慢与偏见》《理智与情感》《曼斯菲尔德庄园》等。

二、法国文学

法国早期的浪漫主义作家是夏多布里昂，他的中篇小说《阿达拉》标志着法国浪漫主义文学创作的开端。

维克多·雨果是法国浪漫主义文学的领导者，也是整个西方浪漫主义文学的集大成者，他的小说《巴黎圣母院》《悲惨世界》《九三年》等具有史诗般雄壮的风格，有的是浪漫主义小说的经典之作，有的则体现出浪漫主义和现实主义相结合的写作特点。

19世纪30年代，法国的浪漫主义文学和现实主义文学共同发展，出现了缪塞的自传体小说《一个世纪儿的忏悔》、大仲马的《三个火枪手》和《基督山伯爵》（将通俗小说的发展推向顶峰，大仲马也被人们称为“通俗小说之王”）、小仲马的《茶花女》等。

三、俄国文学

俄国浪漫主义文学以诗歌为主，主要特征是对自由的歌颂和对民主的向往，富有战斗精神。

茹科夫斯基是俄国浪漫主义诗歌的奠基人，被誉为“俄国文学史上第一个抒情诗人”。

普希金是俄国浪漫主义文学的杰出代表和现实主义文学的开拓者，是俄国著名的现实主义作家。他早年的诗作《致大海》和《假如生活欺骗了你》（诗歌展示了诗人乐观自信、不屈不挠的情怀）都是浪漫主义文学的佳作。

在东欧，浪漫主义文学的代表人物之一是匈牙利的裴多菲。他的诗作《自由与爱情》表达了对自由的向往，以及在追求自由的过程中所表现出的斗争精神，其中的名句是“生命诚可贵，爱情价更高。若为自由故，二者皆可抛”。

例题精讲

单选题

1. 被恩格斯誉为“天才的预言家”的浪漫主义诗人是（　　）。

A. 拜伦　　B. 雪莱　　C. 巴尔扎克　　D. 贝克特

【答案】B

【解析】雪莱被恩格斯誉为“天才的预言家”。

2. 下列作品中，不是雨果创作的是（　　）。

A.《九三年》　　B.《悲惨世界》

C.《双城记》　　D.《巴黎圣母院》

【答案】C

【解析】《九三年》是法国著名小说家雨果的最后一部长篇小说；《悲惨世界》是雨果在 1862 年发表的一部长篇小说，也是 19 世纪最著名的小说之一；《巴黎圣母院》（又译《钟楼驼侠》《钟楼怪人》）也是雨果的著作。《双城记》是英国作家查尔斯·狄更斯所著的一部以法国大革命为背景的长篇历史小说。

考点详解

考点 13：文学常识——19 世纪中期的欧美文学

内容提要：19 世纪中期的欧美文学主要是现实主义文学，由于具有明显的社会批判性，所以又被称为“批判现实主义文学”。

一、法国文学

司汤达和巴尔扎克是法国现实主义文学的奠基人。

（一）司汤达

司汤达，19 世纪法国杰出的批判现实主义作家。《红与黑》是他的代表作，也是法国批判现实主义文学的奠基之作，是 19 世纪欧洲文学史上第一部批判现实主义的杰作。司汤达又被称为“现代小说之父”。

（二）巴尔扎克

巴尔扎克是 19 世纪法国伟大的批判现实主义作家，欧洲批判现实主义文学的奠基人和杰出代表。他一生创作颇丰，写了 91 部小说，这些小说合称为《人间喜剧》，包括《欧也妮·葛朗台》《高老头》《贝姨》《邦斯舅舅》等。《欧也妮·葛朗台》中塑造了欧洲文学史上又一个吝啬鬼、守财奴葛朗台的形象。

《人间喜剧》被称为“法国社会的百科全书”，它描绘了从拿破仑帝国、复辟王朝到七月王朝时期法国社会的不同阶级、不同阶层、不同职业的人物，以及广阔的社会画面，从中可以看出资本主义取代封建主义的必然性和资本主义制度的弊病。

二、英国文学

狄更斯是19世纪英国现实主义文学的奠基人，他为英国批判现实主义文学的开拓和发展做出了卓越的贡献。他的作品广泛而生动地反映了19世纪的英国资本主义社会。重要作品有《匹克威克外传》《雾都孤儿》《远大前程》《双城记》《老古玩店》《大卫·科波菲尔》等。

与狄更斯齐名的英国小说家是萨克雷，他被视为维多利亚时代“一位犀利而无情的讽刺家”，代表作品是小说《名利场》。

勃朗特三姐妹也是该时期的重要作家。夏洛蒂·勃朗特的《简·爱》，讲述了一个在恶劣的环境中奋斗的孤女的故事。艾米莉·勃朗特的《呼啸山庄》被认为是一部非常奇特的小说，作品充满了强烈的反压迫的斗争精神。安妮·勃朗特的代表作是《艾格尼丝·格雷》。

三、俄国文学

普希金是俄国批判现实主义文学的奠基人，被称为“俄国文学之父”“俄国诗歌的太阳”。他的代表作长篇诗体小说《叶甫盖尼·奥涅金》塑造了俄国文学史上第一个“多余人”的形象。“多余人”是19世纪俄国文学中所描绘的一种贵族知识分子的典型，他们出身贵族，虽有理想却缺少行动，只能在愤世嫉俗中白白地浪费自己的才华。普希金的作品还有童话诗《渔夫和金鱼的故事》、中篇小说《上尉的女儿》等。

果戈理是19世纪俄国最优秀的讽刺作家，批判现实主义文学的奠基人之一。其代表作品有讽刺喜剧《钦差大臣》、长篇小说《死魂灵》、短篇小说《外套》。

屠格涅夫的主要作品有长篇小说《罗亭》《父与子》《贵族之家》、散文故事集《猎人笔记》、中篇小说《木木》等。

四、美国文学

19世纪50年代的“废奴文学”是美国批判现实主义文学的萌芽，代表作品有希尔德烈斯的《白奴》和斯托夫人的《汤姆叔叔的小屋》。

惠特曼是美国19世纪杰出的诗人。他的创作带有鲜明的民主色彩和乐观精神，反映了美国资本主义上升时期广大人民的情绪和愿望，代表作品是诗集《草叶集》。

例题精讲

单选题

1. 下列说法正确的是（　　）。

A. 莫泊桑是英国批判现实主义作家　　B. 《人间喜剧》是巴尔扎克的短篇小说

C. 小仲马的代表作有《茶花女》　　D. 亚里士多德是古希腊著名的剧作家

【答案】 C

【解析】 A项中莫泊桑是法国批判现实主义作家；B项《人间喜剧》是巴尔扎克的小说集；D项亚里士多德是古希腊著名哲学家、科学家和文艺理论家。

2. 文学史上第一个“多余人”的形象出自（　　）。

A. 普希金《叶甫盖尼·奥涅金》　　B. 莱蒙托夫《当代英雄》

C. 莫里哀《悭吝人》　　D. 雨果《巴黎圣母院》

【答案】A

【解析】《叶甫盖尼·奥涅金》是普希金的小说代表作，奥涅金是俄国文学史上第一个“多余人”的形象。莱蒙托夫的《当代英雄》塑造了俄国文学史上第二个“多余人”形象——彼巧林。

考点详解

考点14：文学常识——19世纪后期的欧美文学

内容提要：这个时期的文学有自然主义文学、唯美主义文学、象征主义文学、批判现实主义文学。

一、法国文学

这一时期法国文学的代表作家有都德（《最后一课》）、莫泊桑等人。

莫泊桑是19世纪后期法国优秀的批判现实主义作家，有“世界短篇小说巨匠”之称，其著名的中短篇小说有《羊脂球》《我的叔叔于勒》《项链》等。莫泊桑的作品构思精巧，注重生动逼真的细节描写和鲜明的对比手法的运用。他与契诃夫、欧·亨利并称为“世界三大短篇小说巨匠”。

二、英国文学

哈代是19世纪后期英国文学的代表作家。他的小说创作遵循现实主义的原则，注重描画人性的弱点。哈代的名篇有《德伯家的苔丝》《无名的裘德》《卡斯特桥市长》等。

萧伯纳是英国现实主义剧作家，其代表剧作有《鳏夫的遗产》。

三、俄国文学

这个时期，俄国文学中出现了由贵族地主阶级立场向平民立场转化的“忏悔的贵族”的形象系列。

托尔斯泰的代表作品有自传性三部曲《童年》《少年》《青年》、中篇小说《哥萨克》、长篇史诗体小说《战争与和平》。其长篇小说《复活》中“忏悔的贵族”形象是聂赫留朵夫，这部小说是作家一生思想和艺术探索的总结；长篇小说《安娜·卡列尼娜》塑造了一个追求个性解放、被虚伪道德所束缚和扼杀的贵族妇女安娜的悲剧形象。列宁称托尔斯泰为“俄国革命的一面镜子”。

契诃夫是俄国19世纪后期杰出的批判现实主义作家，也是短篇小说艺术大师和戏剧家。其代表作品有《小公务员之死》《变色龙》《套中人》等。

四、美国文学

美国现实主义文学的奠基人是威廉·豪威尔斯。

马克·吐温是美国批判现实主义文学的奠基人，成名作是《傻瓜出国旅行记》，其他代表作有长篇讽刺小说《镀金时代》、儿童文学作品《汤姆·索亚历险记》、短篇小说《竞选州长》《百万英镑》等。马克·吐温被认为是美国的“文坛巨子”。

杰克·伦敦被称为“美国的高尔基”，现实主义作家，代表作有《热爱生命》及长篇自传性质小说《马丁·伊登》等。

五、东欧、北欧文学

19世纪后期，挪威的批判现实主义文学有了巨大的发展。作家易卜生

是挪威“社会问题剧”的创造者，也是欧洲现代戏剧的创始人，有**“现代戏剧之父”**之称。《社会支柱》《群鬼》《人民公敌》《玩偶之家》被称为易卜生的四大社会问题剧。《玩偶之家》揭露了资产阶级婚姻和家庭生活的虚伪和冷酷，提出了妇女解放的问题，主人公娜拉是一个具有叛逆精神的女性形象。

例题精讲

单选题

1. 下列作家中是世界三大短篇小说巨匠之一的是（　　）。

A. 契诃夫　　B. 伏尔泰　　C. 屠格涅夫　　D. 泰戈尔

【答案】 A

【解析】 契诃夫与法国的莫泊桑、美国的欧·亨利并称为“世界三大短篇小说巨匠”。

2. 欧洲现代戏剧的创始人，有“现代戏剧之父”之称的是（　　）。

A. 海明威　　B. 歌德　　C. 易卜生　　D. 卢梭

【答案】 C

【解析】 现代戏剧之父是挪威著名作家、戏剧家、诗人易卜生。

考点详解

考点15：

文学常识——

20世纪的文学

内容提要：20世纪初期的文学除了继承19世纪的文学传统外，更注重对人的精神和个性进行探索。20世纪现代主义文学包括象征主义、表现主义、意识流小说、未来主义、超现实主义、存在主义文学、荒诞派戏剧、“黑色幽默”和魔幻现实主义等。

一、苏联文学

（1）高尔基，无产阶级作家，苏联文学的创始人。代表作品有散文诗《海燕之歌》（又译为《海燕》）、长篇小说《母亲》及自传体三部曲小说《童年》《在人间》《我的大学》。

（2）马雅可夫斯基有诗作《列宁》和《穿裤子的云》。

（3）阿·托尔斯泰有长篇小说《苦难的历程》。

（4）奥斯特洛夫斯基，著名的无产阶级作家、坚强的布尔什维克战士。代表作品有长篇小说《钢铁是怎样炼成的》，描写了革命者在革命斗争中的成长经历。小说主人公保尔·柯察金的名言：“……当他回首往事时，不会因为虚度年华而悔恨，也不会因为碌碌无为而羞耻……”

（5）法捷耶夫有长篇小说《青年近卫军》。

（6）帕斯捷尔纳克有长篇小说《日瓦戈医生》。

（7）肖洛霍夫，20世纪苏联文学的杰出代表，代表作品有中篇小说《一个人的遭遇》、长篇小说《静静的顿河》。

（8）华西里耶夫有小说《这里的黎明静悄悄》。

二、法国文学

（1）罗曼·罗兰，法国小说家、戏剧家和散文家，有“欧洲的良心”之称。《约翰·克利斯朵夫》是他的第一部长篇小说，他也因此获得了1913年的法兰西学院文学大奖和1915年的诺贝尔文学奖。

（2）欧仁·鲍狄埃，法国革命家，法国工人诗人，《国际歌》的词作者。

三、英国文学

（1）约翰·高尔斯华绥是英国著名小说家和剧作家，20世纪最有成就

的现实主义作家之一，于1932年获得诺贝尔文学奖。代表作品有《福尔赛世家》三部曲：《有产业的人》《骑虎》《出租》。

（2）劳伦斯，20世纪英国文学史上最重要的作家之一，代表作品有长篇小说《虹》和《查泰莱夫人的情人》。

（3）毛姆，英国小说家、戏剧家。他的长篇小说《人性的枷锁》表现了社会对人的压抑和奴役的主题。

四、德语国家文学

（1）亨里希·曼的三部曲《臣仆》《穷人》《首脑》，揭露了帝国主义的罪恶。

（2）托马斯·曼有代表作《布登勃洛克一家》。

（3）茨威格是奥地利著名作家、小说家和传记作家，擅长心理描写。其著名小说《象棋的故事》以反法西斯为主题。他的名篇还有《一个陌生女人的来信》。散文《世间最美的坟墓》是他在1928年到俄国旅行拜谒列夫·托尔斯泰墓地后写下的文章。

（4）雷马克，德国小说家，著有反战小说《西线无战事》。

五、美国文学

20世纪美国的现实主义文学呈多元局面。

（1）欧·亨利是美国著名的短篇小说大师，被誉为“美国的莫泊桑”，代表作品有《麦琪的礼物》《最后一片藤叶》《警察与赞美诗》等。

（2）德莱赛著有小说《嘉莉妹妹》和《美国的悲剧》等，这些作品被称为“人间悲剧”。

（3）海明威1954年获得诺贝尔文学奖，其作品有小说《太阳照常升起》《老人与海》《永别了武器》《丧钟为谁而鸣》。

六、其他流派的文学

（1）卡夫卡是奥地利表现主义小说的代表作家，代表作是《变形记》，表现了人的“异化”。《城堡》表现了“卡夫卡式”小说的典型特征。

（2）加西亚·马尔克斯，哥伦比亚作家，拉美魔幻现实主义作家，代表作是长篇小说《百年孤独》，这也是20世纪最重要的经典文学巨著之一，1982年加西亚·马尔克斯获诺贝尔文学奖。

例题精讲

马尔克斯因哪部作品荣获诺贝尔文学奖？（　　）。

A.《百年孤独》　　B.《玩偶之家》　　C.《老人与海》　　D.《变形记》

【答案】 A

【解析】 马尔克斯是拉美魔幻现实主义作家，于1982年获诺贝尔文学奖，其代表作长篇小说《百年孤独》。

第五章 艺术鉴赏常识

考点详解

考点1：

艺术鉴赏——中外艺术成就概览(一)

内容提要：中外艺术成就概览（一）主要包括绘画、书法、雕塑、手工艺、建筑等方面的内容。

一、绘画

（一）中国绘画

顾恺之，擅画人像和佛像等，传世摹本有《女史箴图》、《洛神赋图》等几种，其中以《洛神赋图》数量最多。

张僧繇，成语“画龙点睛”的故事即是关于他的传说。

张择端，故宫博物院所藏《清明上河图》是他的传世名作。

郑板桥，原名郑燮，字克柔，号板桥，为“扬州八怪”之一，其诗、书、画世称“三绝”，擅画兰、竹。

齐白石，近现代中国画大师，世界文化名人。擅画花鸟、虫鱼、山水和人物，篆刻自成一家，亦能诗文。代表作有《蛙声十里出山泉》《墨虾》等。

张大千，别号大千居士，国画家，20世纪中国画坛最具传奇色彩的人物。绘画、书法、篆刻、诗词无所不通，开创了泼墨泼彩的新风格。

徐悲鸿，现代画家、美术教育家，代表作有《八骏图》《愚公移山》等。

（二）外国绘画

达·芬奇，文艺复兴时期的一位博学者，除了是画家外，他还是雕刻家、建筑师、音乐家、数学家、工程师、发明家、解剖学家、地质学家、制图师、植物学家和作家。他与米开朗琪罗和拉斐尔并称“文艺复兴三杰”。代表作有《蒙娜丽莎》《岩间圣母》《最后的晚餐》等。

拉斐尔，意大利画家、建筑师。代表作有《西斯廷圣母》《雅典学院》《大公爵的圣母》。

毕加索，西班牙画家、雕塑家。他是有史以来第一个生前亲眼看到自己的作品被收藏进卢浮宫的画家。代表作品有《斗牛士》《格尔尼卡》《和平鸽》《梦》《亚威农少女》。

凡·高，荷兰后印象派画家。出生于新教牧师家庭，是后印象主义的先驱，并深深地影响了20世纪的艺术发展，尤其是野兽派与表现主义。凡·高的作品有《星夜》《向日葵》《有乌鸦的麦田》等。

二、书法

商朝：甲骨文已经成为比较成熟的文字，用于王室和贵族的占卜活动。

西周：金文是铸刻在青铜器上的文字。

秦朝：标准字体是**小篆**，民间流行更简化的**隶书**。

汉朝：**隶书**是主要字体，东汉末年书法成为一种艺术，蔡邕是当时有名的书法家。

曹魏：钟繇开始把隶书转化为**楷书**。

东晋：“书圣”王羲之，代表作有《兰亭序》。

唐代：盛唐时期的颜真卿创“颜体”，代表作有《多宝塔碑》和《颜氏家庙碑》；中晚唐时期的柳公权创“柳体”，代表作有《神策军碑》。张旭和怀素和尚被誉为**“草圣”**。

宋代：有著名的宋四家——苏轼、黄庭坚、米芾、蔡襄。宋徽宗赵佶也是一位杰出的书法家，以**“瘦金体”**著称。

元朝：赵孟頫与唐朝的欧阳询、颜真卿和柳公权并称为“楷书四大家”。

当代：2009年，中国书法、篆刻艺术被联合国教科文组织列入人类非物质文化遗产名录。

三、雕塑

（一）中国雕塑

商周：古蜀国的青铜雕塑，包括太阳神树、青铜大立人像和凸目人面像等。

秦朝：秦始皇陵兵马俑，是迄今为止出土的世界上最大的艺术宝库，被誉为世界上“第八大奇迹”。

两汉：陶俑，以仕女俑最为著名。河北满城的西汉中山靖王陵，出土了三件国宝级的文物：长信宫灯、博山炉和金缕玉衣。甘肃武威出土的东汉铜奔马，又名马踏飞燕，是国之重宝。

魏晋南北朝：山西大同的云冈石窟、河南洛阳的龙门石窟和甘肃的麦积山石窟。

隋唐：甘肃敦煌莫高窟是我国石窟艺术的精华。

北宋：重庆大足石刻在佛教造像中加入了大量表现民间生活的内容。

（二）外国雕塑

米开朗琪罗，意大利雕塑家、绘画家、诗人兼建筑师。其作品以人物**“健美”**著称，即使是女性的身体也描绘得肌肉健壮。代表作有雕像《大卫》《摩西》《哀悼基督》等，绘画作品有《末日审判》等。

奥古斯特·罗丹，法国雕塑艺术家，代表作有《思想者》《加莱义民》《青铜时代》。

四、手工艺

中国古代手工艺技术的成就主要体现在瓷器、纺织品、漆器、玉器等方面。

青铜器在商周时期达到了登峰造极的高度。汉代以后逐渐没落，工艺失传。

中国陶瓷有着悠久的历史，有秦代的兵马俑、汉代的釉陶、唐代的唐三彩等。到了唐宋时期，瓷器的生产迅速发展，逐渐取代了陶器的历史地位。宋代“五大名窑”：汝窑、官窑、哥窑、钧窑、定窑。景德镇瓷器发达于元代，景德镇在明代成为全国制瓷中心。景德镇有四大传统名瓷：青花瓷、粉彩瓷、颜色釉瓷和玲珑瓷。

中国四大名绣：蜀绣、苏绣、湘绣、粤绣。

南京云锦、中国蚕桑丝织技艺于2009年被联合国教科文组织列入人类非物质文化遗产名录。

五、建筑

（一）中国古建筑

中国古建筑的特点：以木结构建筑为主；在造型上，人字屋顶和飞檐斗拱是最典型的东方风格。

保留至今的杰出的中国古代建筑代表见下表。

中国古代建筑分类	代表
皇家建筑	明清皇陵清东陵、清西陵、明十三陵、南京明孝陵
宗教建筑	嵩山古建筑群、武当山古建筑群、五台山古建筑群、布达拉宫
防御工事	长城、藏羌碉楼

（二）外国建筑

哥德式建筑风格：尖形拱门、肋状拱顶与飞拱。

巴洛克建筑风格：喜好富丽的装饰和雕刻，运用对比强烈的色彩，常用穿插的曲面和椭圆形的空间。

洛可可建筑风格：纤弱娇媚、华丽精巧、甜腻温柔、纷繁琐细。1699年，建筑师、装饰艺术家马尔列在金氏府邸的装饰设计中大量采用曲线形的贝壳纹样，由此而得名。

法国古典主义建筑：代表作品有巴黎卢浮宫的东立面、凡尔赛宫和巴黎伤兵院新教堂等。凡尔赛宫不仅创立了宫殿的新形制，而且在规划设计和造园艺术上都为当时欧洲各国所效法。

木条式建筑风格：一种纯美洲民居风格，主要特点是水平式、木架骨的结构。

概念式建筑风格：一种模型建筑，力求摆脱对建筑本身的限制和约束而创造出一种个性化色彩很强的建筑风格。

例题精讲

单选题

名画《大公爵的圣母》的作者是（　　）。

A. 米开朗琪罗　　B. 达·芬奇　　C. 拉斐尔　　D. 毕加索

【答案】 C

【解析】 对欧洲著名画家及其作品要能够识记。

考点详解

考点2：艺术鉴赏——中外艺术成就概览（二）

内容提要：中国四大名园在世界园林艺术史上享有盛名。中外的音乐和舞蹈代表作及作者需要识记。中国的代表剧种和著名电影作品及导演，也是常考点。

一、园林艺术

法国凡尔赛宫及庭院：位于法国巴黎凡尔赛镇，是法兰西国王路易十四至路易十六的主要住处，也是当时法国的政治中心。

新加坡植物园：该园是新加坡园林艺术的代表。其中，胡姬花（兰花）是新加坡植物园最有特色、最吸引游人的一种植物。这里种植的名贵品种“卓锦·万代兰”，被定为新加坡国花。

北京颐和园：中国现存规模最大、保存最完整的皇家园林，中国四大名园之一（另三座为承德避暑山庄、苏州拙政园、苏州留园），被誉为皇家园林博物馆。

二、音乐

（一）中国音乐

伯牙，古代传说人物，生于春秋战国时代，相传琴曲《高山流水》是

他的作品。

师旷，春秋时代晋国音乐家，相传《阳春》《白雪》是他的作品。

嵇康，三国时魏国著名的文学家、哲学家、音乐家，以所弹《广陵散》知名。

华彦钧，现代民间音乐家，人称**“瞎子阿炳”**。创作了《听松》《二泉映月》《寒春风曲》等二胡曲。

聂耳，我国无产阶级革命音乐的奠基者，作品有歌曲《义勇军进行曲》《开路先锋》《大路歌》《前进歌》《铁蹄下的歌女》等及歌剧《扬子江暴风雨》。

冼星海，现代作曲家、人民音乐家，作品有大合唱《黄河》《生产》、歌曲《到敌人后方去》《在太行山上》、交响曲《民族解放》《神圣之战》、交响组曲《满江红》等。

（二）外国音乐

约翰·塞巴斯蒂安·巴赫，德国作曲家，代表作有《b 小调弥撒曲》《马太：受难曲》和管弦乐《序曲》等。

弗朗兹·约瑟夫·海顿，著名的奥地利作曲家，维也纳古典乐派的早期代表，德国国歌的作者。

沃尔夫冈·阿玛迪乌斯·莫扎特，奥地利作曲家，不仅是古典主义音乐的杰出大师，更是人类历史上极为罕见的音乐天才，有**“音乐神童”**的美誉。代表作有歌剧《费加罗的婚礼》《魔笛》《唐璜》等，并首创独奏、协奏曲形式。

路德维希·凡·贝多芬，德国作曲家，维也纳古典乐派代表人物之一。代表作有九大交响曲中的降 E 大调第三交响乐“英雄”、C 小调第五交响乐“命运”、F 大调第六交响乐“田园”、D 小调第九交响乐“合唱”等交响曲，《热情》《悲怆》《暴风雨》等钢琴奏鸣曲，以及舞剧《普罗米修斯》等。

弗朗茨·泽拉菲库斯·彼得·舒伯特，奥地利作曲家，早期浪漫主义音乐的代表人物，也被认为是古典主义音乐的最后一位巨匠，被称为**“歌曲之王”**。代表作有《魔王》《野玫瑰》等。

约翰·巴普蒂斯特·施特劳斯，奥地利作曲家，一生创作了 150 多首圆舞曲、数十首波尔卡舞曲和进行曲。他的最大成就是和作曲家约瑟夫·兰纳一起，共同奠定了维也纳圆舞曲的基础，他也因此享有**“圆舞曲之王”**的美称。名作有《蓝色多瑙河》和《维也纳森林的故事》。

彼得·伊里奇·柴可夫斯基，俄国伟大的作曲家，有舞剧《天鹅湖》《睡美人》《胡桃夹子》等。

弗朗兹·李斯特，匈牙利作曲家、钢琴家、指挥家和音乐活动家，浪漫主义音乐的主要代表人物之一，被誉为**“钢琴之王”**。主要作品有《但丁神曲》《浮士德》《匈牙利狂想曲》。

弗雷得利克·肖邦，波兰作曲家、钢琴家，年少成名，主要作品有《革命练习曲》。

居塞比·威尔第，意大利伟大的歌剧作曲家，有**“意大利革命的音乐大师”**之称。代表作有《弄臣》《游吟诗人》《茶花女》《假面舞会》等七部歌剧，奠定了他歌剧大师的地位。后来，应埃及总督之请，为苏伊士运河通航典礼创作了《阿伊达》。

皮埃尔·狄盖特，国际无产阶级革命歌曲《国际歌》的作者。此外，其代表作还有《前进！工人阶级》《巴黎公社》《起义者》等歌曲。

三、中国戏曲

中国的五大戏曲剧种是京剧、评剧、豫剧、越剧和黄梅戏。此外，昆曲的影响也较大。

（一）京剧

京剧又称京戏，是中国影响最大的戏曲剧种，分布地以北京为中心，遍及全国。自清朝乾隆五十五年（1790 年）起，原在南方演出的三庆、四喜、和春和春台四大徽班陆续进入北京，其与来自

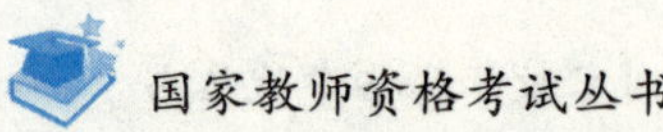

湖北的汉调艺人合作，同时接受了昆曲、秦腔的部分剧目、曲调和表演方法，又吸收了一些地方民间曲调，通过不断交流、融合，最终形成了京剧。京剧流传全国，影响甚广，有**“国剧”**之称。它走遍世界各地，成为介绍、传播中国传统文化的重要手段。

（二）评剧

评剧是流传于我国北方的一个戏曲剧种，于清末在河北滦县一带的小曲“对口莲花落”的基础上形成，先是在河北农村流行，后进入唐山，称“唐山落子”。20 世纪 20 年代流行于东北地区，并开始出现了一批女演员。20 世纪 30 年代以后，评剧表演在京剧、河北梆子等剧种的影响下日趋成熟，出现了李金顺、刘翠霞、白玉霜、喜彩莲和爱莲君等流派。1950 年以后，《小女婿》《刘巧儿》《花为媒》《杨三姐告状》《秦香莲》等剧目在全国产生了很大的影响，出现了新凤霞、小白玉霜和魏荣元等著名演员。现在，评剧仍在华北和东北一带流行。

（三）豫剧

豫剧是发源于中国河南省的一个戏曲剧种，以唱腔铿锵大气、抑扬有度、行腔酣畅、吐字清晰、韵味醇美、生动活泼和善于表达人物内心情感而著称，凭借其高度的艺术性深受各界人士欢迎。因其音乐伴奏用枣木梆子打拍，故早期得名河南梆子，豫剧是在继承河南梆子的基础上通过不断改革和创新发展起来的。除河南省外，鄂、皖、苏、鲁、冀、晋、陕、甘、蜀及台湾、新疆等省、自治区都有专业豫剧团，豫剧在台湾舞台上与歌仔戏、京剧呈三足鼎立的局面。豫剧在 2006 年被列入第一批国家级非物质文化遗产名录。

（四）越剧

越剧是中国五大戏曲剧种之一，位列全国第二大剧种。越剧长于抒情，以唱为主，声音优美动听，表演真切动人、唯美典雅，极具江南灵秀之气。剧目以“才子佳人”的题材为主，艺术流派纷呈。主要流行于上海、浙江、江苏、福建、江西和安徽等广大江南地区，以及北京、天津等北方地区，鼎盛时期除广东、广西、西藏等少数省、自治区外，全国都有专业剧团的存在。新中国成立后，越剧多次随周恩来总理出访各国，在海外亦有很高的声誉和广泛的群众基础。1954 年，在日内瓦会议上，在周恩来的指示下，新中国第一部彩色戏曲电影《梁山伯与祝英台》被用来招待外宾，并获得了广泛赞誉。越剧在 2006 年被列入第一批国家级非物质文化遗产名录。

（五）黄梅戏

黄梅戏旧称黄梅调或采茶戏，中国五大戏曲剧种之一。黄梅戏唱腔淳朴流畅，以明快抒情见长，具有丰富的表现力；表演质朴细致，以真实活泼著称。一曲《天仙配》让黄梅戏流行于大江南北，在海外亦有较高的声誉。关于黄梅戏的发源地，一说为安徽怀宁黄梅山；另一说为湖北黄梅县一带。黄梅戏在 2006 年被列入第一批国家级非物质文化遗产名录。

（六）昆曲

昆曲发源于 14—15 世纪苏州昆山的曲唱艺术体系，是糅合了唱念做打、舞蹈及武术的表演艺术。昆曲是我国最古老的剧种之一，也是我国传统文化艺术中的珍品，以曲词典雅、行腔宛转、表演细腻而著称，被誉为“百戏之祖”。昆曲以鼓、板控制演唱的节奏，以曲笛、三弦等为主要伴奏乐器，其唱念语音为“中州韵”。昆曲在 2001 年被联合国教科文组织列为“人类口述和非物质遗产代表作”。

四、中国电影

中国第一部电影是戏曲片京剧《定军山》，内有《请缨》《舞刀》等片段。该片于 1905 年由北京丰泰照相馆摄制，为无声片，长约半小时。

中国第一部故事片是《难夫难妻》，于 1913 年在上海拍摄，为无声片，由郑正秋编剧，郑正秋和张石川联合导演。

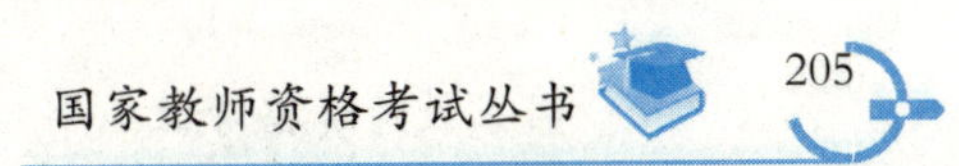

中国第一部有声电影是《歌女红牡丹》，由明星影片公司于 1931 年摄制。

中国第一部获得国际大奖的影片是 20 世纪 30 年代由蔡楚生导演的《渔光曲》，在 1935 年莫斯科国际电影节上获“荣誉奖”。

中国第一部彩色电影是 1948 年拍摄于上海的戏曲片《生死恨》，由华艺影片公司出品。费穆导演，梅兰芳主演，著名摄影师黄绍芬为摄影指导，李生伟任摄影师。

新中国成立后的第一部故事片是《桥》，编剧于敏，导演王滨，由东北电影制片厂于 1949 年摄制。

新中国成立后的第一部译制片是《团的儿子》，原译名《小英雄》，翻译杨范、陈涓，译制导演周彦，由上海电影制片厂于 1950 年译制。

中国第一部彩色舞台纪录片是《梁山伯与祝英台》，编剧徐进、桑弧，导演桑弧、黄沙，由上海电影制片厂于 1953 年摄制。

中国第一部彩色故事片是《祝福》（鲁迅著，夏衍改编，桑弧导演），由北京电影制片厂于 1956 年摄制。

中国与外国合拍的第一部彩色故事片是 1958 年由北京电影制片厂与法国加朗斯公司合摄的《风筝》，导演王家乙、罗歇·比果。

中国第一部彩色宽银幕故事片是《老兵新传》，编剧李准，导演沈浮，由上海海燕电影制片厂于 1959 年摄制。

中国第一部彩色立体宽银幕故事片是《魔术师的奇遇》，编剧王炼、陈恭敏、桑弧，导演桑弧，由上海天马电影制片厂于 1962 年摄制。

中国第一部遮幅式宽银幕故事片是 1977 年拍的《青春》，编剧李云官、王炼，导演谢晋。

中国第一部获得法国戛纳国际电影节最高奖项“金棕榈奖”的电影是《霸王别姬》，导演陈凯歌。

例题精讲

单选题

中国第一部荣获柏林国际电影节“金熊奖”的电影是（　　）。

A.《本命年》　　B.《一个都不能少》　　C.《霸王别姬》　　D.《红高粱》

【答案】 D

【解析】《红高粱》于 1988 年获第三十八届柏林国际电影节金熊奖。

模块五
教师基本能力

模块分析

考纲呈现

1. 阅读理解能力

理解阅读材料中重要概念的含义。

理解阅读材料中重要句子的含义。

具有筛选并整合图表、文字、视频等阅读材料信息，并运用于保教工作的能力。

归纳内容要点，概括中心意思。

分析概括作者在文中的观点、态度。

2. 逻辑思维能力

了解一定的逻辑知识，熟悉分析、综合、概括的一般方法。

掌握比较、演绎、归纳的基本方法，准确判断、分析各种事物之间的关系。

准确而有条理地进行推理、论证。

3. 信息处理能力

具有运用工具书检索信息、资料的能力。

具有运用网络检索、交流信息的能力。

具有对信息进行筛选、分类、存储和应用的能力。

具有根据保教工作的需要，设计、制作课件的能力。

4. 写作能力

掌握文体知识，能根据需要按照选定的文体写作。

能够根据文章中心组织、剪裁材料。

具有布局谋篇，有效安排文章结构的能力。

语言表达准确、鲜明、生动，能够运用多种修辞手法增强表达效果。

备考策略

教师基本能力模块主要考查逻辑基础知识、信息处理基础知识、阅读理解、写作能力，其中重点是对概念关系、命题推理、推理及 Word、Excel、PowerPoint 操作常识的考查，以及文章重要信息、句子含义理解、语言表达及议论文写作能力的检测。

本模块的题型涉及单项选择题、材料分析题及作文。其中，阅读理解类材料通常考查的是对核心概念、句子、主旨的理解，只要具备基本的语文分析能力，即可轻松作答。

逻辑部分和信息处理部分各考查 2 道单选题，考生可通过多做题来提高应考能力。

作文主要从教育理念来考查考生的文字表达能力，考生在备考的过程中务必要先建立写作框架，然后将观点与内容填充到框架之中，多看范文、多积累教育案例，以提高临场写作能力。

知识逻辑思维导图

第一章 阅读理解

考点详解

一、阅读中对词语及其表达的重要概念的理解

概念是反映客观事物本质属性的思维形式。某一事物的所有性质及同其他事物之间的关系，是事物的属性，其中，为该事物所特有的并对该事物有决定意义的属性，是其本质属性。阅读中的“重要概念”是指与整体文意密切相关或是文章重点论述的一个“概念性”词语。

“重要概念”一般包括：体现作者立场观点的词语；表现文章主题思想的词语；反映深层次含义的词语；对文章结构起照应连接作用的词语；比喻、借代、反语等特殊的词语；根据语境随情而作别种义项理解的词语。

二、阅读中对重要句子的理解

所谓“重要句子”，指的是那些对文意表达起重要作用的关键性语句。

“重要句子”一般包括：能点明主旨或能显示脉络层次的关键性语句；在文中起重要作用的中心句、总结句、过渡句或对文脉的推进与转接有关键性作用的语句；内涵较为丰富而且具有提示性或引导性的语句；比较含蓄的有深层含义的语句。

考点1：对重要词语、语句等的理解

内容提要：阅读理解主要是考查对词、句、段、篇的认知，也包括对文章的某些细节内容的把握，由此可以得出文章“写了什么”。

例题精讲

【真题】

谈美

朱光潜

我刚才说，一切事物都有几种看法。你说一件事物是美的或是丑的，这也只是一种看法。换一个看法，你说它是真的或是假的；再换一种看法，你说它是善的或是恶的。同是一件事物，看法有多种。所看出来的现象也就有多种。

比如园里那一棵古松。无论是你是我或是任何人一看到它，都说它是古松。但是你从正面看，我从侧面看。你以幼年人的心境去看，我以中年人的心境去看，这些情境和性格的差异都能影响到所看到的古松的面目。古松虽只是一件事物，你所看到的和我所看到的古松却是两件事。假如你和我各把所得的古松的印象画成一幅画或是写成一首诗，我们俩艺术手腕尽管不分上下，你的诗和画与我的诗和画相比较，却有许多重要的异点。这是什么缘故呢？这就由于知觉不完全是客观的，各人所见到的物的形象都带有几分主观的色彩。

假如你是一位木商，我是一位植物学家，另外一位朋友是画家，三人同时来看这棵古松。我们三人可以说同时都“知觉”到这一棵树，可是三人所“知觉”到的却是三种不同的东西。你脱离不了你的木商的心习，你所知觉到的只是一棵做某事用值几多钱的木料。我也脱离不了我的植物学家的心习，我所知觉到的只是一棵叶为针状、果为球状、四季常青的显花植物。我们的朋友画家什么事都不管，只管审美，他所知觉到的只是一棵苍翠劲拔的古树。我们三人的反应态度也不一致。你心里盘算它是宜于架屋或是制器，思量怎样去买它，砍它，运它。我把它归到某类某科里去，注意它和其他松树的异点，思量它何以活得这样老。我们的朋友却不这样东想西想，他只在聚精会神地观赏它的苍翠的颜色，它的盘屈如龙蛇的线纹以及它的昂然高举、不受屈挠的气概。

从此可知这棵古松并不是一件固定的东西。它的形象随观者的性格和情趣而变化。各人所见到的古松的形象都是各人自己性格和情趣的返照。古松的形象一半是天生的，一半也是人为的。极平常的知觉都带有几分创造性；极客观的东西之中都有几分主观的成分。

问题：

（1）作者为什么说“这棵古松并不是一件固定的东西”？

（2）请另举一例，谈谈你对文中画线句“极客观的东西之中都有几分主观的成分”的理解。

【参考答案】（1）因为古松的形象一半是天生的、客观存在的，另一半将随着观者的性格情趣和观点态度而展示出不同的面目。

（2）对于极客观的东西，它的形象随着观者的情趣和性格的差异呈现出迥异的面目，其主观成分源自观者的主观色彩知觉。对于文中的客观事物古松，木商、植物学家、画家三种人群分别代表着三种不同的主观色彩认知——实用态度、科学态度、美感态度。

比如，对于生活中极客观的茶壶，实用主义者研究它的生活实用价值，可以用来泡茶、解决口渴问题；商人会考虑到做茶壶买卖是否会带来利益；养生家会考虑茶壶的有机组成部分甚至其化学成分，用此类茶壶泡茶是否有益身体健康；艺术家则会将全副精神倾注于茶壶本身，不计实用性，不推求关系、条理和因果，只是直觉地感知它的造型、花样、颜色的优美。观者从多种不同的角度，用三种不同的感知——实用态度、科学态度、美感态度，使得客观事物的形象带有主观色彩。

考点详解

一、分析文章结构，把握文章思路

（一）文章结构

结构是文章的内部组织形式，反映作者对客观事物的认识过程。结构要服从文章主题表达的需要。一般认为，文章的结构包括段落、层次、开头、结尾、过渡、照应、标题、款识、补记等。

文章从结构来看，有六种类型：并列关系、承接关系、递进关系、转折关系、因果关系和解证关系。

（二）文章思路

思路是指作者谋篇布局的思维轨迹。厘清作者的思维轨迹，是把握文章结构的重要一环。思路理清了，文章的“文脉”就抓住了，对文章的整

考点2：对阅读材料的整体把握

内容提要：对阅读材料的把握容易出现的问题有：一是在具体的题目作答中，对材料的阅读侧重于部分特殊信息；二是在阅读中缺乏有机联系意识，碎片化程度较高。故在答题中务必先对材料进行整体性阅读，在这一过程中概括总结各段材料的基本内容，在此基础上形成对整体材料的有机理解，进而达致整体把握。

体结构也就了然于胸，这是对任何文章整体认识和理解的关键一环。

二、答题步骤

（一）通读全文，掌握大意

答题开始前，先快速浏览整篇文章，掌握文章大意。在浏览的同时要重视标题（中心）、开头段（观点）、结尾段（结论）及各段落的首句（主题句），做到理清脉络，了解文章内容梗概，不要把时间花在生词难句上。

在通读全文时，要养成动笔的好习惯，可用笔标记出重要的字、词、句，具体包括如下内容。

1. 了解文章的主要内容

即了解：哪些人？什么事？什么景？什么物？什么话题？

2. 了解文章的结构脉络

应掌握：作者的情感变化是怎样的？材料有哪些？是怎样安排的？文章是怎样过渡的？理清文章的线索、顺序、层次等。

3. 了解文章的情感主旨

了解文章情感主旨的方法有：

（1）抓住文章中的关键词句。文章中关键的词句包括：标题、开头句、结尾句、独立成段的句子、中心句、警句、比喻句、连问句、过渡句、抒情句、议论句、反复出现的词句、重点关联词（如段落开头的词：不但……而且……因为、何况、但是、然而、因此）等，应特别注意那些体现作者立场观点、反映文章深层次内容、内涵较为丰富、形象生动的词句。文章的主旨往往就隐藏在这些句子里。

（2）理清文章的结构。从结构形式入手比较容易把握文章的思想内容。理清结构是记叙文阅读的基础。

理清记叙文的结构，可从下面几方面进行：

1）找出文章的线索。记叙文的线索形式有：以时空转移为线索，以一人、一事、一物为线索等。

2）明确文章的写作顺序。记叙的顺序有顺叙、倒叙和插叙三种。顺叙就是按照事件发生、发展的时间先后顺序来进行叙述的方法，如《皇帝的新装》。倒叙是根据表达的需要，把事件的结局或某个最重要、最突出的片段提到文章的前边，然后再从事件的开头按事情原来的发展顺序进行叙述的方法。插叙是在叙述中心事件的过程中，为了帮助展开情节或刻画人物，暂时中断叙述的线索，插入一段与主要情节相关的内容的叙述方法，如《羚羊木雕》。

3）把握文章的详略安排。文章中详写的部分一般是主旨所在，略写的部分是对文章主旨的补充。要学会根据文章详略提炼情感主旨。

（二）审读问题，理解题意

作答阅读理解题时，可以先跳过前面的材料，直接看材料后所提出的问题，确定答案所在范围，然后带着这些问题仔细阅读材料，将题干和材料对应起来，找出每一题的出题点，以做到有目的的阅读。具体做法如下：

（1）找准原文中对应题目的相关区域。看题目涉及文中哪些段落或区域，和哪些语句有关，并做出标记。

（2）联系上下文，抓住关键词句理解题意。

（3）分析综合，顺藤摘瓜。结合试题（顺藤）找到关键段、句，深入理解文章，分析综合，归纳出答案要点（摘瓜）。

（三）理清要点，认真答题

根据答题要求，对文本内容加工改造，概括提炼，尽可能利用原文中的关键性文字答题。

(1) 引用原文。题目要求引用原文答题的，直接找出答案写上即可。

(2) 抓住关键词句。没有明确要求引用原文答题的，不能机械地照抄原文的句子。一般来说，句子中的某些关键词即为答案要点，答题时要抓住这些关键词，进行有效的提取、重组、概括、归纳。

(3) 有一些题目是以选择题形式出现的，我们要了解这类题错误选项设置的规律（如断章取义、偷换概念、范围不清、无中生有、强加因果、偶然必然已然未然的有意混淆），把选项和原文中的相关语句进行一对一的比较，做出准确的判断和选择。

（四）复读全文，验证答案

答题完毕后，应对照答案将文章从头到尾再看一遍，以确保答案要点正确无误。

三、题型分析

（一）含义理解题

含义理解题要求通过阅读材料，理解材料中的关键或重要语句的含义。重要语句的类型主要有：

(1) 在内容上，指能揭示文章题意、主旨的语句，有概括段意作用的语句。

(2) 在表达上，指文章中那些抒情和议论的语句（如以“可见”“因此”“所以”“由此可见”等作为语言标志）。

(3) 在结构上，指领起后文或收束前文的语句，表示过渡的语句，有重要指示代词的语句，位于文段开头或结尾的领起性、总结性语句等。

(4) 在修辞上，指运用比喻、反问、排比、象征等手法的语句，以及语意比较含蓄的语句等。

语句含义包括三层意思：一是表层字面义；二是语境临时义；三是句外延伸义。

（二）词语理解题

词语理解题即要求解释文中某一词语的含义。这里所讲的“词语的含义”，不是指一般的词典义，而是这个词语在一定的语言环境中的临时的、具体的、附加的、动态的、不同于词典义又与词典义有着某种内在联系的新的含义。

这里所说的词语，不是一般意义上的词语，而是在文章中具有重要作用和意义的词语，即“重要词语”。所谓“重要”，一般具有以下特点：(1) 文章题目；(2) 指代词；(3) 文段中反复出现；(4) 线索或者照应上下文；(5) 暗示主旨大意；(6) 含义特殊或词义丰富；(7) 表达有特色或使用修辞。

词不是孤立出现的，总要与其他词语组合才能表达某种意思。词语的意义有本义、引申义、比喻义、临时义等，无论这个词在句中的意义是原本固有还是临时产生，只要语言环境确定，词义就会确定。所谓“语言环境”，也可称“语境”，包括文章用语的时间、地点、人物、对象、场合、题旨、上下文等。一个词的含义，必须放到语境中考查。答题时一定要注意在词的前后找答案或找解答的依据。

解答这类题目，要做到：

(1) 能理解词语的表面含义、深层含义和言外之意，并能理解其表达效果。

(2) 能确定词语指代的内容：一般出现在上文，找出后代入原文，看是否通顺合理。

(3) 能确定使用了什么修辞手法，如比喻、拟人等。

解答时有两种答题方式：一种是通过对上下文的分析，直接写出该词语的意思；另一种是在解释完该词语的本义后，再加上“在文中指的是……”。

四、答题技巧

（一）巧用信息，整体把握

含义理解型题目中，文段提供了很多重要信息，比如文章的作者、写作时间和文后注释等内容。特别要关注后面的题目，从题目的要求中揣度文章的主旨。明确出题意图后，再整体把握材料，就可以形成正确的解题思路。

（二）确定区域，圈点勾画

阅读大段材料，主要用精读的方法，需逐字逐句推敲揣摩。可以先看题目涉及文中哪些段落或区域，确定某一答题区域后，再仔细阅读每一句的意思，进而厘清段落之间的关系，了解行文思路。阅读时要反复琢磨，圈画与题目相关的内容，答题时就不再需要从头至尾搜寻，从而可以节省答题时间。

（三）尊重原文，摘取信息

词语理解型题目的答案通常就在原文中，不需要凭空想象。若离开了原材料，会出现答不准、答不全的情况，在原文中找答案是准确解答题目最重要、最有效的方法，可以从文中概括提炼答案。同时，找出的语句不一定能够直接使用，必须根据题目要求进行加工，或摘取词语，或压缩主干，或抽取要点，或重新组织。

（四）先拟草稿，再写全写顺

阅卷时有两个基本要求：一是“踩点”给分；二是文通字顺。根据阅卷规则，多写一般不扣分，因此考生在不限定字数的情况下应尽可能地陈述自己的见解，同时要保证字迹清晰、条理清楚。解答阅读理解题与写作文一样，十分注重语言表达的基本功，为了确保答题质量、提高得分率，作答时应该先拟草稿再进一步修改。

例题精讲

【真题】

民族文化的独特性和优越性，不仅体现于显性的世界观和价值观，而且根植于隐性的思维模式中。在人类文明的进程中，中华文明之所以延续得如此绵长，在很大程度上得益于我们这个民族独特的方法论和辩证法原则，得益于中国人思考问题的方式和解决问题的路径。辩证矛盾思维即是其中之一。

辩证矛盾思维特别注重时间性。既然矛盾双方之间的辩证运动是在时间中展开的，时间就不是可有可无的，而必须是参与事件的重要因素。因此，辩证思维特别看重“时机”，追求“时中”。

“时中”一词最早出现于《周易》“蒙”卦的《彖传》：“蒙，亨。以亨行，时中也。”意思是说，蒙卦表示希望亨通，所以，以通来行事，是符合“蒙”这个时机的。可见，所谓“时中”，主要有两方面的含义：一是要“合乎时宜”，二是要“随时变通”。中而非时，不谓之中。同样，时而不中，更不谓之中了。

《资治通鉴》中记载了这么一个故事，说韩国的国君韩昭侯准备修建一个高门，但他的谋士屈宜臼却奉劝他不要这么做。屈宜臼说：“如果你非要修建这个高门，恐怕你还等不到这个高门修建完，就要死了。为什么呢？因为时机不对。国君在自己家修建一个高一点的门楼，搞得气派一些，有错吗？没有错。当年我们国强民富的时候，你如果修建一个高门，肯定没有问题。可是今天的情况已经不一样了，秦国去年刚刚攻占了我们的宜阳城，我国元气大伤，你偏偏要在这个时候修建高门，势必会使百姓离心，将士散德，韩国的败落就不可避免了。”结果，韩昭侯没有听屈宜臼的劝告，而屈宜臼的预言也应验了，高门还没有修好，韩昭侯就去世了。

当然，这只是一个小故事，但其中蕴含的道理却非常深刻。正如屈宜臼说的那句话：“吾所谓时者，非时日也，夫人固有利、不利时。”意思是说，我所说的时间，不是客观的时间，而是参与到事情当中来的时间。在合适的时间做一件事情，效果会很好；在不合适的时间做同一件事情，往往会很糟。这正是“举事而不时，力虽尽而功不成”的道理。

正因为此，中国文化对时间非常敏感，强调做任何事情都要相时而动，顺势而行。

《中庸》中说："君子之中庸也，君子而时中；小人之中庸也，小人而无忌惮也。"宋代学者朱熹在注释"时中"时也说："盖中无定体，随时而在，是乃平常之理也。"即是指，"中庸"，是因"时"而"中"的，并非骑墙、折中，更不是简单、僵化的"中间地带"。"时中"又是何其之难！因为它在实践中很难把握，你不可能一劳永逸地抓住它，然后照本宣科地去实践。但是，认识到这种困难并不是坏事，因为你一旦明白了"时中"的艰难，就会有一种危机感。而这种危机感又会让你在行为中谨小慎微、如履薄冰，相时顺势，减少犯错。

（摘编自祝和军《中国传统文化中的辩证思维》）

问题：

1. 辩证矛盾思维为何特别注重时间性？请结合文本，简要概括。

【参考答案】原因：(1) 事物矛盾双方之间的辩证运动是在时间中展开的，时间是参与事件的重要因素。(2) 此一时的事物矛盾运动和彼一时的事物矛盾运动是不同的，我们需要根据事物不同时间的矛盾运动，采取不同的措施以解决问题。

2. 追求"时中"，对个体而言有何价值和作用？请结合文本，简要分析。

【参考答案】"时中"对个体而言有很大的价值和作用，体现在两个方面：

(1) 个体做事情要"合乎时宜"，在合适的时间做一件事，效果很好；在不合适的时间做同一件事，往往会很糟糕。材料中的韩昭侯违背了这一做事的原则，在错误的时机修建了高门，应验了谋士屈宜臼的预言。这强调做任何事情都要相时而动。

(2) 个体做事情要"随时变通"，"时中"并非骑墙、折中，更不是简单、僵化的"中间地带"，它会随时变化。"时中"让个体有一种危机感，这种危机感让个体在行为中谨小慎微，如履薄冰，相时顺势，减少犯错。这强调做任何事情都不能照本宣科、一劳永逸，要根据实践发生的新变化，遵循事物发展的规律，灵活变通，相机而行事。

考点详解

考点 3：观念探究题的应对策略

内容提要：观念探究题主要针对文章的内容、观点或写作技巧进行提问，考查考生对这些内容的理解，并能根据文章的已知内容推测、想象未知的内容。

考生在回答观念探究题时应注意以下几点：

(1) 对所阅读的文章要形成明确的观点。此类题是开放性试题，没有统一的看法和理解，因此考生要对自己认定的观点有信心，要能明确表达自己的观点。

(2) 表达自己的观点时，可以适度摘录原文，也可以与实际生活事例相结合，或是运用相关理论进行有理有据的阐述。阐述观点时还要选择适当的表达方式（记叙和议论相结合），语言要简明扼要，表达的思想感情要积极健康。

例题精讲

阅读理解

曾经三十天蛰居山庄，足不离户。坐在阳台上记录每天落日下山的分秒和它落下时与山棱碰触的点的移动。有时候，迷航的鸟不小心飞进屋内，拍打着翅膀从一个书架闯到另一个书架，迷乱惊慌地寻找出路。在特别湿润的日子里，我将阳台落地玻璃门大大敞开，站在客厅中央，守着远处山

头的一朵云，看着这朵云，从山峰那边慢慢飘过来、飘过来，越过阳台，全面进入我的客厅，把我包裹在内，而后流向每个房间，最终分成小朵，从不同的窗口飘出，回归山岚。

夏天的夜空，有时很蓝。我总是看见金星早早出现在离山棱很近的低空，然后月亮就上来了。野风吹着高高的树，叶片飒飒作响，老鹰立在树梢，沉静地看着开阔的山谷。我独立露台，俯视深沉的老鹰。

有一年的 12 月 31 日晚上，朋友们在我的山居相聚，饮酒谈天。11 时半，大伙儿纷纷起身，要赶下山，因为，新年旧年交替的那一刻，必须和家里那个人相守。朋友们离去前还体贴地将酒杯碗盘洗净，然后是一阵车马启动、深巷寒犬的声音。5 分钟后，一个诗人在半路上来电，电话里欲言又止，意思是说，大伙儿午夜前刻一哄而散，把我一个人留在山上，好像……他说不下去。

我感念他的友情温柔，也记得自己的答复："亲爱的，难道你觉得，两个人一定比一个人不寂寞吗？"

（选自龙应台《寂寞》）

问题：

（1）作者用"沉静""深沉"形容老鹰，说说你对老鹰这一形象的理解。

（2）请列举作者在蛰居生活中关注自然的举动，并说明她所追求的生活境界是什么。

（3）文章写朋友们在"我"的山居相聚，这与文章的题目"寂寞"有何关系？说说你的理解。

【答案】（1）老鹰的形象已经被作者人格化了，它"沉静""深沉"，像一个自然界的智者，作者在关注老鹰的过程中，把自己所推崇的独立、冷静的人生态度也附着于老鹰身上。

（2）记录落日的时间和状态，留意迷航的鸟，守着远处山头的云，仰视夏日夜空的金星，注视立于树梢的老鹰。作者在与自然的对话中，追求一种释放心灵、物我相融的生活境界。

（3）这段文字写朋友们在"我"的山居相聚后，无一例外地回到现实生活中，这与"我"选择留下形成了鲜明的对比；而作者又特别提到一个诗人对"我"的问候，这种问候自然、友善、温柔，但更能看出他们对"我"内心选择的不理解，而这种心灵的隔阂其实正是"我"寂寞的根源。

第二章

逻辑基础知识

考点详解

逻辑是研究思维的形式及规律的科学。概念是思维形式最基本的组成单位，是构成命题、推理的要素。

考点：

逻辑基础知识

内容提要：逻辑是研究思维的形式及规律的科学。概念是思维形式最基本的组成单位，是构成命题、推理的要素。概念间的关系按其性质来说，可以分为相容关系和不相容关系两大类。复合命题是包含了其他命题的一种命题，一般来说，它是由若干个（至少一个）简单命题通过一定的逻辑联结词组合而成的。

一、概念

（一）概念的内涵与逻辑特征

概念有两个基本的逻辑特征：**内涵和外延**。

概念的内涵是指概念所反映的事物的特性或本质；概念的外延是指概念适用的范围，即在哪一类事物中能够使用这个概念，比如“人”这个概念适用于古今中外的一切人，不仅仅是“中国人”或“现代人”，但不适用于猩猩、狗等。

一个概念的内涵越大，它的外延就越小；反过来，概念的内涵越小，它的外延就越大。例如，“圆珠笔”这个概念的内涵，比“笔”的内涵要丰富。“圆珠笔”除了有笔的一般特点外，还增加了“笔珠用金属制成，用油墨水书写”这一特点；“圆珠笔”的外延比“笔”的外延要小，它把毛笔、铅笔、钢笔等都排除在外。

（二）概念外延间的关系

概念外延之间的相互关系共有五种，即同一、真包含（于）、交叉矛盾、对立关系。前三种属于相容关系，后两种属于不相容关系。

（1）同一关系。

同一关系亦称为全同关系。对于任意两个概念A、B，如果它们的外延完全相同（即所有的A是B，并且所有的B是A)。那么，概念A与概念B之间就具有全同关系。例如：“斯德哥尔摩”和“瑞典的首都”，“村上春树”与“《挪威的森林》的作者”，“长江”与“中国最长的河流”，为全同关系。

如果两个概念外延完全重合，内涵也完全相同，那么它们就是不同语词表达的同一个概念，而不是具有全同关系的不同概念，例如：土豆和马铃薯，它们是同一个概念。

（2）真包含（于）关系。

真包含关系亦称属种关系。对任意的两个概念A、B，如果B的外延完全在A的外延之中，而A的外延只有部分与B的外延相同（即所有的B是A，而且有的A是B，有的A不是B)，就称概念A真包含概念B：概念B真包含于概念A。或称A和B之间具有属种关系，并且称A为属概念，B为种概念。

（3）交叉关系。

对任意的两个概念A、B，如果A的部分外延与B的部分外延相同，A的部分外延与B的外延不相同，B的部分外延与A的外延不相同（即有的A是B，有的A不是B，有的B是A，有的B不是A），就称A和B之间具有交叉关系。

（4）矛盾关系。

具有这种关系的两个种概念，其内涵互相否定，一个概念以否定另一个概念的内涵作为自身的内涵。如在“颜色”这个属概念下的“白”和“非白”两个种概念就具有矛盾关系。具有矛盾关系的两个概念称为“矛盾概念”。

（5）对立关系。

对立关系是指在对立的两种情况之外，还存在其他情况，非此不一定彼，非彼不一定此。比如“红色”和“白色”。不是“红色”，不一定就是“白色”。

五种关系的具体区别见下表。

关系	相容关系			不相容关系	
	同一关系	真包含（于）关系	交叉关系	矛盾关系	对立关系
定义	两个概念是相同的外延	一个概念的外延包围着另一概念的全部外延	两个概念的外延具有交叉	一个概念的外延是另一个的补概念	一个概念的外延小于另一个的补概念
规则	所有的p都是s；所有的s都是p	所有的p都是s，但有的s不是p	有的s是p，有的s不是p	所有s都不是p	所有s都不是p
方式图	s p	s p	s p	s p	s p
示例	等边三角形和正三角形	法律和刑法	军人和医生	白马和非白马	白马和黑马

二、命题

（一）命题概述

1. 命题

在现代哲学、逻辑学、语言学中，命题是指一个判断的语义。命题是对思维对象有所断定的思维形式。例如：①夹馅面包是面包；②茄子不是水果。上面两个例子就是两个命题。例①肯定“夹馅面包”具有“面包”的属性；例②否定“茄子”具有“水果”的属性。

思维对象是指作为思维主体的人所思考的一切对象，它既包括客观上存在的事物对象，也包括人类思维的现象。

命题有时也称作判断。

2. 命题的性质

命题具有两个基本的逻辑性质：

（1）必须对事物的情况有所断定。

有所断定是指对思维对象的性质、关系等的肯定或否定。任何一个命题都有其确定的断定内容，在同一思维过程中，它肯定什么就肯定什么，否定什么就否定什么。命题的这个逻辑性质、目

的是要消除日常语言的歧义性，从而以具有明确断定内容的判断来加强人们相互之间的沟通。如“秋田犬来自于日本”就是一个命题。

（2）必须有真和假的区分。

既然命题是对事物情况的断定，它就应该如实地反映事物的本来面目。这样就必然存在所作的断定是否符合客观实际的问题。如果一个判断符合客观实际，那么这个命题就是真的；如果一个判断不符合客观实际，那么这个命题就是假的。如“有些狗是哈士奇”符合客观实际，为真；而“所有的狗都不是哈士奇”不符合客观实际，则为假。而“这个人是个小偷”可能为真也可能为假，需要参照其他的标准来判断，但它也是一个命题。

3. 命题的分类

在思维活动中，人们所要认识的事物是多种多样的，因而反映事物真假情况的命题也是多种多样的。根据不同的划分标准，可以对命题进行不同的分类。

根据命题中是否包含有“必然”“可能”等模态词，将命题划分为模态命题和非模态命题。

（1）模态命题。

模态命题是包含有“必然”“可能”等模态词的命题，反映事物情况必然性的命题为必然命题，而反映事物情况可能性的命题为可能命题。

如“今天必然要下雪”和“宇宙中可能有外星人”都属于模态命题，分别是必然命题和可能命题。

（2）非模态命题。

非模态命题则是指不含有模态词的命题。根据是否包含有其他命题，将其划分为简单命题和复合命题。

简单命题是本身不再包含其他命题的命题，如“小萨不懂考古知识”。复合命题是由两个或两个以上的简单命题通过一定的逻辑联结词结合而成的命题。组成复合命题的简单命题叫作肢命题。复合命题根据其逻辑联结词的不同性质可分为联言命题、选言命题、假言命题和负命题。

例如：①既要长高又要变壮。②或者你去出差，或者我去出差。③如果市场单价上涨，那么居民消费指数就会上升。④并非所有男人都那么靠谱。

以上几个例子都属于复合命题。例①是联言命题，包含了“要长高”和“要长壮”两个命题；例②是选言命题，包含了“你出差”和“我出差”两个命题。例③是假言命题，包含了“市场单价上涨”和“居民消费指数上升”两个命题。例④是负命题，包含了“所有男人都那么靠谱”这个命题。

4. 命题的形式

命题的形式由逻辑变项和逻辑常项组成。逻辑变项是指命题形式中可变的部分；逻辑常项是指某一命题形式中固定不变的部分。对于简单命题和复合命题来说，其形式是不同的。

（1）简单命题。例如“所有金属都是导电的”“有些教育家不是搞数学研究的”等，这类命题可以写成“所有 s 都是 p”“有些 s 不是 p”的表达形式，其中，“s”和“p”是逻辑变项，“所有……都是……”“有些……不是……”是逻辑常项。

（2）复合命题。例如“如果天气转暖，那么积雪开始融化”“或者你去照顾小孩，或者我去照顾小孩”等，这类命题可以写成“如果 p，那么 q”“或者 p，或者 q”，其中，“p”“q”是逻辑变项，“如果……那么……”“或者……或者……”是逻辑常项。

逻辑常项是判定一种命题形式的类型的唯一根据，也是区别不同类型的命题形式的唯一根据。无论给逻辑变项代入何种具体内容，命题形式都不会改变。

5. 命题的真值

一个命题要么是真的，要么是假的，无所谓真假的语句不表达命题。而符合事实的命题是真的，它就不可能是假的；不符合事实的命题是假的，它就不可能真。因此一个命题不可能既真又

假。我们把真假叫作命题的逻辑值，又称作命题的真值。

对简单命题我们可以直接以事实为根据来判定其真假。例如“有的植物已经灭绝了”这个命题符合事实，因此为真。

而复合命题则不同，它是由联结词联结命题而构成的。从这个意义上讲，复合命题描述的是肢命题之间的逻辑关联，命题之间的逻辑关联就表现为肢命题的真假对整个复合命题真假的制约关系。复合命题的真假是由肢命题的真假决定的。

逻辑关联由联结词决定。联结词不同，肢命题之间的逻辑关联就不同，肢命题的真假对整个复合命题真假的制约情况也不同。把一种形式的复合命题的肢命题真假对复合命题真假的制约情况列出来，就得到一张表，叫作该种形式复合命题的真值表。

（二）复合命题

复合命题是包含了其他命题的一种命题，一般来说，它是由若干个（至少一个）简单命题通过一定的逻辑联结词组合而成的。

1. 联言命题及其推理

联言命题是断定事物的若干种情况同时存在的命题。联言命题所包含的肢命题称为联言肢。

表达联言命题的逻辑联结词有“……和……”“既……又……”“不但……而且……”“一方面……另一方面……”“虽然……但是……”等。

例如：这项水利工程使附近几个县的农田受益，并且为这一地区的小工业提供了动力。

如果取“并且”作为联言命题的典型联结词，用“p”“q”等来表示联言肢，那么联言命题的表述形式为：p 而且 q。逻辑上则表示为：$p \wedge q$（读作“p 合取 q”）。

2. 选言命题及其推理

选言命题是断定事物若干种可能情况的命题。选言命题也是由两个以上的肢命题所组成的。包含在选言命题里的肢命题称为选言肢。

（1）相容的选言命题。

断定事物若干种可能情况中至少有一种情况存在的命题就是相容的选言命题。

表达相容的选言命题的逻辑联结词有“或……或……”“可能……也可能……”“也许……也许……”等。通常用如下形式来表示相容的选言命题：p 或者 q。逻辑上则表示为：$p \vee q$（读作“p 析取 q”）。

例如：小李学过英语或者法语。

相容选言推理有以下两条规则：

1）否定一部分选言肢，就要肯定另一部分选言肢。

2）肯定一部分选言肢，不能否定另一部分选言肢。

（2）不相容的选言命题。

不相容的选言命题是断定事物若干可能情况中有而且只有一种情况存在的命题。

表达不相容的选言命题的联结词有“或……或……”“要么……要么……”“不是……就是……”等。

例如：一个三角形，要么是钝角三角形，要么是锐角三角形，要么是直角三角形。

根据不相容选言命题的逻辑性质（选言肢不能同真），不相容选言推理有以下两条规则：

1）肯定一个选言肢，就要否定其余的选言肢。

2）否定一个选言肢以外的选言肢，就要肯定未被否定的那个选言肢。

3. 假言命题及其推理

假言命题是断定事物情况之间条件关系的命题。在假言命题中，表示条件的肢命题称为假言命题的前件，表示依赖该条件而成立的命题称为假言命题的后件。假言命题因其所包含的联结词的不同而具有不同的逻辑性质。

(1) 充分条件假言命题及其推理。

充分条件假言命题是指前件是后件的充分条件的假言命题。

充分条件假言命题的联结词有“如果……那么……”“只要……就……”“若……必…”等。充分条件假言命题的表述形式是：如果p，那么q。逻辑上则表示为：p→q（读作“p蕴涵q”）。

例如：如果在淀粉溶液里加入碘酒，那么淀粉溶液会变蓝。

充分条件假言推理有以下两条规则：

1）肯定前件就要肯定后件，否定后件就要否定前件。

2）否定前件不能否定后件，肯定后件不能肯定前件。

(2) 必要条件假言命题及其推理。

必要条件假言命题是指前件是后件的必要条件的假言命题。所谓前件是后件的必要条件，是指如果不存在前件所断定的事物情况，就不会有后件所断定的事物情况，即前件所断定的事物情况的存在对于后件所断定的事物情况的存在来说是必不可少的。

必要条件假言命题的联结词有“只有……才……”“不……（就）不……”“没有……没有……”等。必要条件假言命题的表述形式为：只有p，才q。逻辑上则表示为：p←q（读作“p反蕴涵q”）。

例如：只有接受教育，才能不做文盲。

必要条件假言推理有以下两条规则：

1）否定前件就要否定后件，肯定后件就要肯定前件。

2）肯定前件不能肯定后件，否定后件不能否定前件。

(3) 充分必要条件假言命题及其推理。

充分必要条件假言命题的联结词有“只要而且只有……才……”“若……则……且若不……则不……”“当且仅当……则……”等。充分必要条件假言命题的表述形式为：当且仅当p，则q。逻辑上则表示为：p↔q（读作“p等值于q”）。

4. 负命题及其推理

(1) 负命题。

通过对原命题断定情况的否定而做出的命题，叫作负命题。

负命题的逻辑公式是：如果用p表示原命题，那么，负命题即为“并非p”。

(2) 负命题的种类。

任何一个命题都可对其进行否定而得到一个相应的负命题。简单命题的负命题实质上即为对当关系中的相应矛盾命题。

1）联言命题的负命题。

由于联言命题只要其肢命题有一个为假，该命题就是假的，因此，联言命题的负命题是一个相应的选言命题。例如：某某人工作既努力又认真。这个联言命题的负命题不是“某某人工作既不努力又不认真”这个联言命题，而是“某某人工作或者不努力，或者不认真”这样一个选言命题。如果用公式表示，则为：并非“p∧q”等值于“非p∨非q”。

2）选言命题的负命题。

a. 相容选言命题的负命题。

因为相容选言命题只要其肢命题中有一个为真，则整个选言命题就是真的，故相容选言命题的负命题不能是一个相应的选言命题，而必须是一个相应的联言命题。

例如：这个学生或者是文艺爱好者，或者是体育爱好者。这一选言命题的负命题就不是“这个学生或者不是文艺爱好者，或者不是体育爱好者”，而只能是“这个学生既不是文艺爱好者，又不是体育爱好者”这样一个联言命题。如果用公式来表示，则为：并非“p∨q”等值于“非p∧非q”。

b. 不相容选言命题的负命题。

由于不相容选言命题只有当选言肢仅有一个是真的时，整个选言命题才是真的，所以，当选言肢同真或同假时，它就是假的。如果用公式来表示，则为：并非“要么 p 要么 q”等值于“p 且 q”或“非 p 且非 q”。

3）假言命题的负命题。

a. 充分条件假言命题的负命题。

由于充分条件假言命题只有当其前件真、后件假时，它才是假的，因此，一个充分条件假言命题的负命题只能是一个相应的联言命题。例如：如果起风了，就会下雨。其负命题则为：起风了，并未下雨。如果用公式来表示，则为：并非“p→q”等值于“p∧非 q”。

b. 必要条件假言命题的负命题。

由于必要条件假言命题只有当其前件假而后件真时，它才是假的，因此，一个必要条件假言命题的负命题也只能是一个相应的联言命题。例如：只有下雪，天气才冷。其负命题则为：没有下雪，天气也冷。如果用公式来表示，则为：并非“p←q”等值于“非 p∧q”。

c. 充分必要条件假言命题的负命题。

由于充分必要条件假言命题其前件既是后件的充分条件，又是后件的必要条件，因而，对于一个充分必要条件的假言命题来说，其负命题既可以是相应的充分条件假言命题的负命题，也可以是相应的必要条件假言命题的负命题。例如：并非当且仅当得了肺炎才会发高烧。其等值命题是：或者得了肺炎但不发高烧，或者没有得肺炎但却发高烧。如果用公式来表示，则为：并非“p↔q”等值于“p∧非 q”∨“非 p∧q”

4）负命题的负命题。

负命题本身也有相应的负命题。如果用公式来表示，则为：并非“并非 p”等值于“p”。

三、推理

（一）推理及其结构

推理是由一个或几个已知命题推出新命题的思维形式。

推理包含两部分的命题：一部分是已知的命题，它是推理的根据，叫作推理的前提；另一部分是由此而推导出的命题，叫作推理的结论。逻辑学主要研究推理过程中前提和结论之间的关系。

（二）推理的分类

根据不同的划分标准，推理可以进行不同的分类：

（1）根据推理思维进程的方向不同，推理可分为演绎推理、归纳推理、类比推理三类。

（2）根据前提与结论之间是否具有蕴含关系，推理可分为必然性推理和或然性推理两类。

（3）根据前提的数量，推理可分为直接推理和间接推理两类。

上述关于推理的分类，由于划分标准不同，所以是互相交叉的。同一个推理可以分属不同的种类。比如三段论推理属于演绎推理，也属于必然性推理，还属于间接推理。

1. 演绎推理

（1）演绎推理的概念。

由一般的原理出发，推出某个特殊情况下的结论，称为演绎推理。

（2）演绎推理的特点。

演绎推理的前提是一般性原理，演绎所得的结论是蕴含于前提之中的个别、特殊事实，因此演绎推理是由一般到特殊的推理。

在演绎推理中，前提与结论之间存在着必然的联系，只要前提和推理形式是正确的，结论必定正确。因此演绎推理是数学中严格的证明工具。

（3）演绎推理的一般模式：三段论。

大前提：已知的一般原理。

小前提：所研究的特殊情况。

结论：根据一般原理，对特殊情况作出的判断。

2. 归纳推理

（1）归纳推理的定义。

归纳推理是指以个别或特殊性认识为前提推出一般性认识为结论的推理；也可说是由已知为真的命题做前提引出可能真实的命题做结论的推理。

（2）归纳推理的分类。

根据前提所考察对象的范围不同，把归纳推理分为完全归纳推理和不完全归纳推理。完全归纳推理考察了某类事物的全部对象，不完全归纳推理则仅仅考察了某类事物的部分对象。

需要注意的是，归纳推理中的“完全”和“不完全”是相对的。它是就推理前提的数量方面来说的。所谓“完全”，是从整体上对一类对象的全体加以考察；所谓“不完全”，则是从局部（部分）上对一类对象的全体加以推断。因此，它只具有相对的意义。

1）完全归纳推理。

完全归纳推理，是以某一类对象中的每一个成员都具有（或不具有）某种属性为前提，因而推断出该类对象的全体都具有（或不具有）这种属性的推理。因此，完全归纳推理的前提是个别性的，其结论却是一般性的。

2）不完全归纳推理。

不完全归纳推理是以某一类对象中的部分对象具有或不具有某种性质，推出该类对象的全体具有或不具有这种性质的一般性结论的推理。

不完全归纳推理根据前提中是否考察了事物对象与其属性间的内在联系，可以分为简单枚举归纳推理和科学归纳推理。

（3）归纳推理的方法运用归纳推理，必须占有材料，使用观察、实验和调查等收集经验材料的方法。在观察、实验和调查中获得的材料，需要运用比较、归类、分析和综合以及抽象和概括等整理经验材料的方法进行加工整理，才能形成正确的结论。

3. 类比推理

（1）类比推理的概念。

类比推理是根据两个或两类对象有部分属性相同，从而推出它们的其他属性也相同的推理，简称类推、类比。它是以关于两个事物某些属性相同的判断为前提，推出两个事物的其他属性相同的结论的推理。

（2）类比推理的运用。

应用类比法进行推理的过程就是类比推理，它是在对两个（类）对象之间的共同点或部分共同点进行分析、比较的基础上所进行的一种推理。类比推理能够使人们举一反三，触类旁通，获得创造性的启发或灵感，从而找到解决难题之道。

类比推理的结论是或然的，也就是说可能为假，因为事物之间固然有相似之处，但也有差别所在。于是，从两个或两类事物在某些地方相似，推出它们在另外的地方仍相似的结论就不具有必然性。类比结论的可靠性程度取决于许多因素，要降低或然性程度，就要注意以下问题：

第一，类比对象之间的相同点越多，其结论的可靠性程度也就越大。

第二，已知相同属性与推出属性之间的相关程度越高，类比结论的可靠性越大，否则可靠性越小。如果我们能证明甲对象所具有的 A、B、C 属性，与 D 属性之间存在着某种联系，即只要有 A、B、C 存在，便必然有 D 存在，那么由于乙对象也具有 A、B、C 属性，所以我们推得它也具有 D 属性便是必然的、正确的。反之，如果我们发现在乙对象的属性中，有某种属性不能与 D 并存，那么我们说B对象也可能具有D属性的结论便是错误的。

第三，不能将甲对象所具有的某种偶然性来跟乙对象类比，因而推断乙对象也具有这种偶然性。

四、逻辑基本规律

（一）同一律

同一律的基本内容是：在同一思维过程中，每一思想的自身必须是同一的。

同一律的公式是：A是A。公式中的A可以表示任何思想，即可以表示任何一个概念或任何一个命题，也就是说，在同一思维过程中，所使用的每一概念或判断都有其确定的内容，而不能任意变换。同一律要求人们在运用概念时必须保持概念的同一性。违反这一要求就会犯“偷换概念”“混淆概念”的错误。

（二）矛盾律

矛盾律实际上是禁止矛盾律，或不矛盾律。矛盾律的基本内容是：在同一思维过程中，两个互相矛盾的思想不能同时是真的。或者说，一个思想及其否定不能同时是真的。

矛盾律的公式是：并非（A而且非A）。公式中的“A”表示任一命题，“非A”表示与A具有矛盾关系或反对关系的命题。

（三）排中律

排中律的基本内容是：在同一思维过程中，两个互相矛盾的思想不能同假，必有一真。排中律的公式是：A或者非A。排中律的主要作用在于保证思想的明确性，而思想的明确性也是正确思维的一个必要条件。例如：我不能说同意你的意见又否定你的意见。

例题精讲

单选题

1. 下列选项中，对“小李并非既懂英语又懂俄语”理解正确的一项是（　　）。

A. 小李懂俄语，但不懂英语　　B. 小李不懂英语，也不懂俄语

C. 小李不懂英语，或不懂俄语　　D. 小李懂英语，但不懂俄语

【答案】C

【解析】“并非……又……”这个关系是常考类型，只能选择其一才成立，或者否定一个，或者肯定一个。该考点属于理解范畴。

2. “数学家希尔伯特、华罗庚都是教育家”由此可推出的结论是（　　）。

A. 教育家都是数学家　　B. 教育家都不是数学家

C. 有的数学家是教育家　　D. 数学家都是教育家

【答案】C

【解析】关系判定，属于概念之间的关系逻辑推理。该考点属于理解范畴。

3. **【真题】**下列选项中与“三角形—几何图形”逻辑相同的是（　　）。

A. 矩形—椭圆形　　B. 菱形—六边形

C. 圆形—三角形　　D. 梯形—四边形

【答案】D

【解析】根据题干中的信息可知，三角形和几何图形的关系是包含关系，只有D选项中，梯形属于四边形。

4. 学校开设体育课的主要目的是使学生的身体变得健康。体育课应该集中于增氧锻炼，增氧锻炼比集体运动更能促进参与者的健康，并且实际上只有一小部分学生参加集体运动。以上观点如果正确，作者将最有效地反对下面哪一项？（　　）

A. 学校里使用身体训练计划来鼓励学生养成终身的健康习惯

B. 年轻的学生应该参加社区运动队

C. 学校过分依赖于增氧练习计划来帮助所有的孩子变得身体健康

D. 学校大部分体育课用来进行集体运动

【答案】D

【解析】本题为削弱型题目。题干中作者的观点是：体育课应该集中于增氧锻炼。其论据是：学校开设体育课的主要目的是使学生的身体变得健康，增氧锻炼比集体运动更能促进参与者的健康，并且实际上只有一小部分学生参加集体运动。D项，学校大部分体育课用来进行集体运动，正是作者所反对的观点。本题与正常的削弱型题目有所不同，通常削弱型题目都是要求寻找能够削弱题干的选项；而本题目要求寻找题干能够削弱的选项。选择能够削弱的选项即选择与题干观点不同的选项。

5. **【真题】**找规律填数字是一项很有趣的活动，特别锻炼观察和思考能力，下列选项中，填入数列“36、24、15、12、(　　)、9”空缺处的数字，正确的是(　　)。

A. 8　　B. 7　　C. 6　　D. 5

【答案】C

【解析】根据题干已知序列，可知，36－24＋3＝15，24－15＋3＝12，则有15－12＋3＝(6)，验证该数有：12－(6)＋3＝9。故本题选C。

第三章

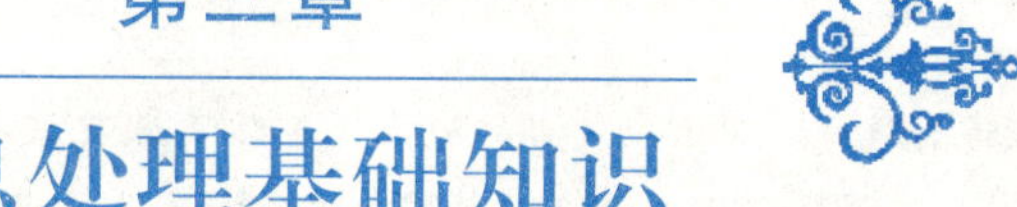

信息处理基础知识

考点详解

信息处理能力又称为信息选择与加工能力，通常包括：使用工具书的能力、文献检索能力、网络信息的检索与利用能力、信息的筛选与分析能力、多媒体的应用能力等。这些都是现代教师必备的信息处理能力。当今社会，科学技术迅速发展，知识更新日新月异，使得教师要想完成传承文化、服务社会、培育人才的重任，必须具备良好的信息选择与加工、处理能力。

本部分每年均以选择题形式来考查，统考以来每次考试都会涉及本部分内容。其中以 Word 文字处理软件使用的考查最多，2013 年下半年开始增加了对 PowerPoint 幻灯片演示软件使用的考查，其他部分的知识点也有不同程度的考查。所以，本部分的复习应以信息处理软件（Word、PowerPoint、Excel）的使用为重点。

考点：
信息处理基础知识

内容提要：信息处理能力又称为信息选择与加工能力，通常包括：使用工具书的能力，文献检索能力，网络信息的检索与利用能力，信息的筛选与分析能力，多媒体的应用能力等。

一、计算机概述

（一）计算机的概念

计算机是电子数字计算机的简称，是一种自动高速地进行数值运算和信息处理的电子设备，也是一种按程序自动进行信息处理的通信工具。

（二）计算机的发展

1. 计算机的诞生

1946 年 2 月，世界上第一台电子计算机 Eniac 在美国宾夕法尼亚大学诞生，它的出现具有划时代的伟大意义。

2. 计算机的发展

从第一台计算机的诞生到现在，计算机技术经历了大型机、微型机及网络阶段。对于传统的大型机，根据计算机所采用电子元件的不同可划分为电子管、晶体管、集成电路和大规模、超大规模集成电路等四代。

我国在微型计算机方面，研制开发了长城、方正、同方、紫光、联想等系列微型计算机；在巨型机技术领域中研制开发了“银河”“曙光”“神威”等系列巨型机。

（三）计算机的特点

计算机的特点有：运算速度快、计算精度高、存储容量大、具有逻辑判断能力、自动化程度高、通用性强等。

二、工具书

工具书是指专供查找知识信息的文献，常见的工具书有字典、词典、百科全书、年鉴、手册等。

三、文献检索

文献检索是指将信息按一定的方式组织和存储，并根据信息用户的需要找出有关信息的过程，所以文献检索的全称为信息的存储与检索，这是广义的信息检索。狭义的信息检索，则仅指该过程的后半部分，即从信息集合中找出所需要的信息的过程。

（一）文献检索的步骤

文献检索是一项实践性很强的活动，它要求我们善于思考，并通过经常性的实践，逐步掌握文献检索的规律，从而迅速、准确地获得所需文献。一般来说，文献检索可分为以下步骤：(1) 明确查找目的与要求；(2) 选择检索工具；(3) 确定检索途径和方法；(4) 根据文献线索，查阅原始文献。

（二）文献检索的方法

1. 直接法

直接法又称常用法，是指直接利用检索系统（工具）检索文献信息的方法。它又分为顺查法、倒查法和抽查法。

(1) 顺查法。顺查法是指按照时间顺序，由远及近地利用检索系统进行文献信息检索的方法。这种方法能收集到某一课题的系统文献，适用于较大课题的文献检索。

(2) 倒查法。倒查法是指由近及远，从新到旧，逆着时间顺序利用检索工具进行文献检索的方法。采用此法应将重点放在近期文献上，可以快速获得最新资料。

(3) 抽查法。抽查法是指针对项目的特点，选择有关该项目的文献信息最可能出现或最多出现的时间段，利用检索工具进行重点检索的方法。

2. 追溯法

追溯法是指不利用一般的检索系统，而是利用文献后面所列的参考文献，逐一追查原文（被引用文献），然后再从这些原文后所列的参考文献逐一扩大文献信息范围，一环扣一环地追查下去的方法。采用追溯法可以像滚雪球一样，依据文献间的引用关系，获得更好的检索结果。

3. 循环法

循环法又称分段法或综合法，是指分期、分段地交替使用直接法和追溯法，以取长补短、相互配合，获得更好的检索结果的方法。

四、网络信息的检索与利用

（一）图书信息检索

不论是过去还是现在，图书馆都以其丰富的藏书向我们提供多种信息，是我们获取资源的重要途径。过去，查找图书馆中的图书主要通过目录，这是一种传统的图书查询方法。现在，图书馆一般备有计算机书目检索终端，供读者检索、查询图书。书目检索终端提供了书名、作者、索书号、ISBN 号、关键字等多种检索途径，读者可以根据自己的需要和所掌握的相关信息选择检索途径，也可以将掌握的几条信息组配起来进行检索。

（二）目录型检索工具

目录型检索工具也称主题目录或主题指南，它是按等级排列的主题类索引，排列的方法有字母顺序法、时间顺序法、地点法、主题法等，或者将各种方法综合使用。目录型检索工具能让用户通

过主题浏览 Web 站点列表，检索相关信息。现在有许多网站专门收集 Internet 上的信息地址，并编制成目录提供给网上用户。

（三）网页搜索引擎

如果希望得到与特定内容有关的具体信息，并且知道与之相关的标题词组或专用术语，可以使用搜索引擎来搜索信息。搜索引擎的工作机制是先派出网页搜索工具在网上搜索信息，并把信息带回搜索引擎；然后将信息进行分类索引，建立网页数据库；最后通过 Web 服务器端软件，为用户提供浏览器界面下的信息查询。对用户来说就是输入需要查询的关键字，点击“查询”之类的启动按钮，搜索引擎就会使用一定的检索算法从网页数据库中找出与关键字相匹配的记录，并以列表的形式显示给用户。在大多数情况下，搜索引擎是用来查找明确信息的最佳手段，如已知的文档、图片或短语等。此外，大多数搜索引擎不仅仅提供一个或多个关键字的简单查询，还提供附加的查询选项。

五、信息的筛选与分析

（一）信息的筛选

1. 鉴别真伪

即看信息内容与已掌握的可靠数据资料是否有明显冲突，同一条信息内容是否自相矛盾，信息来源是否可靠，信息传输的方式是否可靠。

2. 价值鉴定

即确定信息是否有价值并评估价值的大小。信息价值的高低，取决于对信息的需求程度。

（二）信息的分析

分析信息首先要对信息进行分类，然后在同类信息中做进一步的比较和分析。

信息分类的第一步是辨类，即对信息做主题分析，分辨其所属类别；第二步是归类，即依据辨类的结果，将信息归位于分类体系中。将信息分类后，即可对信息做进一步分析。分析方法如下：

1. 归纳法和演绎法

这是两种最基本、最常用的逻辑推理思维方法。归纳法即从同类中的若干个别或特殊对象中推出有关该类事物的一般性结论。演绎法以一般性原理为前提，推出有关特殊的个别事物的结论。进行信息分析时，经常将这两种方法结合在一起使用。

2. 比较法和分类法

比较法就是将一个事物同其他事物进行对比研究，或将事物不同阶段的情况进行对比研究，找出它们的相同点和不同点，从而得出关于事物发展性质和发展规律的科学结论。分类法是根据对象的相同点和不同点，将调查对象区分为不同种类的逻辑方法。比较法和分类法有密切的联系，用比较法得到事物之间的相同点和不同点，可以作为分类的依据；而对事物做分类后，又便于对不同类的事物进行深入的比较研究，从而找出本质上的差异。

3. 分析法和综合法

分析法即把事物的整体分解为各个部分、各个方面、各个要素，再分别加以研究的方法。综合法是在分析的基础上，把对事物的各个部分、各个方面的认识组合为一个整体认识的方法。反复运用分析法和综合法，可以使研究不断深入。

4. 定量分析法和定性分析法

定量分析法是指通过对事物各种数量关系的研究来认识事物的方法。对调查材料的定量分析，就是通过统计和概率计算，得出可靠的数据，从而揭示事物各个方面的数量关系和变化趋势。定量分析具有逻辑的严密性和可靠性，结论往往有较强的说服力。定性分析法是指通过对事物规定性的研究来认识事物的方法。对调查材料的定性分析，就是在对大量材料进行综合分析的

基础上，对调查对象做出性质上的判断。由于任何事物都具有量和质两方面的规定性，量的变化发展到一定程度必然引起质的变化，而质的差别也表现为一定数量关系的不同。因此，定量分析法和定性分析法总是结合在一起进行。一般情况下，任何定性分析都应在定量分析的基础上进行，其结论才更为可靠。

5. 系统分析法

系统分析法就是按照系统论的原理，把调查材料当作反映客观情况的集合来研究，从整体功能上去分析材料的一种方法。采用系统分析法不仅要研究调查材料之间的内部联系，而且要从整体与外部环境去综合考察调查对象。此外，还要注意调查材料在时间、空间、功能、逻辑等各方面的有序性等问题。

六、信息处理工具的使用

（一）Word——文字处理软件

Word 是微软公司开发推出的一款文字处理软件，用于文字资料的编辑和保存。Word 从发布至今已有多个版本，历年发布的新版本都在原有基础上优化了软件的功能。

1. Word 窗口的组成

Word 窗口由工作区、标题栏、菜单栏、工具栏和状态栏等元素构成。

（1）工作区：中间空白的区域为工作区，所有的操作结果将显示在工作区。

（2）标题栏：在整个 Word 窗口的最上方，显示本文档的名称和当前 Word 文档的版本。

（3）菜单栏：在标题栏下方，显示不同的功能的工具栏选项卡，如开始、插入等。

（4）工具栏：为所属每一菜单栏的具体工具，每个工具都有自己的作用。

（5）状态栏：在整个 Word 窗口的最下方，显示本文档的字数、行数、页数、视图模式、缩放比例等。

2. Word 的基本功能

Word 的工具栏中工具繁多，按照功能不同分布在各个菜单栏里面，考试中主要考查常用工具按钮的使用。下表对 2013 版 Word 工具作了介绍。

工具名称	工具图标	所属菜单	功能
复制			将内容复制到粘贴板上，等待被粘贴到指定位置。（快捷键 Ctrl+C）
剪切			将内容移动到粘贴板上，等待被粘贴到指定位置。（快捷键 Ctrl+X）
粘贴			将粘贴板上的内容移动到指定位置。（快捷键 Ctrl+V）
格式刷			可以快速将指定段落或文本的格式沿用到其他段落或文本上
粗体		开始	将所选文字字体加粗，起到强调的作用。（快捷键 Ctrl+B）
左对齐			段落或者文章中的文字沿水平方向向左对齐
居中对齐			段落或者文章中的文字沿水平方向中间集中对齐
右对齐			段落或者文章中的文字沿水平方向向右对齐
字体颜色			给文字设定颜色，未设定时文字默认为黑色

续表

工具名称	工具图标	所属菜单	功能
查找		开始	在文中找到指定内容。（快捷键 Ctrl+F）
替换			把查找到的内容替换为指定内容，可批量修改。（快捷键 Ctrl+H）
中文版式			该功能按钮下拉菜单中有纵横混排、合并字符、双行合一和字符放缩几个功能，可对文章进行相应排版
插入表格		插入	可在文档中插入自定义行数、列数的表格
插入图片			可在文档中插入本地图片文件，插入后可调整大小和位置
插入图表			可在文档中插入在 Excel 中编辑好的图表
文本框			可在文档中插入文本框，文本框中可输入文字、数字、符号等
艺术字			可在文档中加入艺术字，自定义文字、数字、符号等内容
批注			在文档指定位置加入批注，批注内容显示在文档正文两侧
页眉和页脚			在文档页眉和页脚输入文字、数字、符号，应用于整个文档
页码			可自定义页码于页眉或页脚
水印			可自定义水印于文档最底层，文档内容显示于水印上方
文字方向		页面布局	可自定义设置文字的排列方向，如横向、纵向、旋转自定义角度排列等
文字环绕			可设置多种文字与图片结合排列方式
分隔符			点此按钮让页与页之间的间距隐藏或显示
字数统计		审阅	可对文档中字数、字符数、页数、段落数予以统计
繁转简			可将文档中所有繁体字转换为简体字
简转繁			可将文档中所有简体字转换为繁体字

（二）Excel——数据处理软件

Excel 是微软公司研发和推出的一款数据、表格处理软件，它可以进行各种数据处理、统计分析和辅助决策操作，广泛应用于管理、统计、财经、金融等众多领域。

1. Excel 基本构成

工作簿：一个 Excel 文件就是一个工作簿，是计算和存储数据的文件，扩展名为 .xls。

工作表：工作表是工作簿中的一页，新建一个工作簿默认打开 3 张工作表，依次为 sheet1、sheet2、sheet3，最多可打开 255 张工作表。用户根据实际情况可增减或选择工作表。工作表用于输入数据、执行计算和组织信息，每个工作表包含 256 列和 65 536 行。

单元格：单元格是组成工作表的最小单位，由行列交叉构成，相当于工作表中的一小格。每个单元格用它所在的列号加行号来引用，行用阿拉伯数字表示，列用大写英文字母表示，当列超过26列时用两个字母AA、AB、AC…AZ、BA、BB…IV表示。每个单元格可输入2 000个以内的字符。

单元格区域：区域是连续的单元格，用“左上角单元格：右下角单元格”表示。“：”为区域运算符。如“（A1：B4）。”

2. Excel基本操作命令（见下表）

操作	工具图标	主要功能	操作步骤
筛选（开始菜单）	筛选	按照一定条件显示信息	1. 选择需要筛选信息所在列 2. 点击“筛选”按钮后该列上方出现筛选状态的下拉菜单按钮 3. 输入筛选条件 4. 点击“确定”
排序（开始菜单）	排序	按照一定顺序排列信息	1. 选择需要排序信息所在列 2. 点击“排序”按钮选择排列方式（升序、降序、自定义）
分类汇总（数据菜单）	分类汇总	按照一定条件把信息进行分类并求和	1. 在按照一定顺序排列好的工作簿中，在数据区域选中任何一个单元格 2. 点击分类汇总图标 3. 在弹出的对话框中输入信息： (1)“分类字段”框中进行分类汇总的列标题 (2) 在“汇总方式”框中选择汇总方式（如求和） (3) 在“选定汇总项”中可以选择一个或者多个要进行分类汇总的字段 4. 编辑完后点击“确定”
图表（插入菜单）	图表	把Excel中的数据以图表的形式呈现	1. 选择记录要制作表格的信息的工作簿界面 2. 插入→图表→选择图表样式 3. 编辑图表中相应的内容 图表类别： 条形图（横向）、柱形图（纵向）：表现数据大小 线形图：表现数据的变化 饼图：表现数据所占百分比

七、演示型课件的制作

演示型课件主要应用于课堂教学中，在多媒体教室或多媒体网络环境下，由教师向全体学生播放多媒体教学软件、演示教学过程、创建教学情境或进行标准示范等，将抽象的教学内容用形象具体的形式表现出来。PowerPoint是一种非常方便、简单的制作幻灯片演示文稿的软件，它能够制作出集文字、图形、图像、声音及视频剪辑等多媒体元素于一身的多媒体演示文稿，在教师教学中的使用非常普遍。具体命令见下表。

操作	功能按钮	操作方法
新建幻灯片	新建幻灯片	方法一：开始→新建幻灯片 方法二：在大纲视区选中需要新建幻灯片的位置，按回车键 方法三：在大纲视区选中需要新建幻灯片的位置，单击右键，选择“新建幻灯片”
插入文本	文本框	步骤一：用鼠标左键点击选中幻灯片视区需要插入文本的位置 步骤二：插入→文本框
插入图片	图片	步骤一：用鼠标左键点击选中幻灯片视区需要插入图片的位置 步骤二：插入→图片（本地图片）

续表

操作	功能按钮	操作方法
插入音频	声音	步骤一：用鼠标左键点击选中幻灯片视区需要插入音频的起始页面（如第 3 页开始后面部分需插入音频，则在第 3 页处编辑插入） 步骤二：插入→声音（本地音频） 有 mp3、wma 等格式
复制→粘贴	复制 粘贴	方法一：选中需要复制的信息→单击右键，选择“复制”命令→选中要复制到的位置→单击右键，选择“粘贴” 方法二：选中需要复制的信息→Ctrl＋C→选中要复制到的位置→Ctrl＋V 方法三：选中需要复制的信息→在“开始”工作栏选择“复制”按钮→选中要复制到的位置→在“开始”工作栏选择“粘贴”按钮
剪切→粘贴	剪切 粘贴	方法一：选中需要复制的信息→单击右键，选择“剪切”→选中要复制到的位置→单击右键，选择“粘贴” 方法二：选中需要复制的信息→Ctrl＋X→选中要复制到的位置→Ctrl＋V 方法三：选中需要复制的信息→在“开始”工作栏选择“剪切”按钮→选中要复制到的位置→在“开始”工作栏选择“粘贴”按钮
动画方案	动画方案	动画→动画方案 动画方案包括板式、幻灯片切换效果（页面）、自定义动画（具体内容）等多方面内容
动画设计	自定义动画	插入→自定义动画→添加效果→选择动画效果→开始方式、方向、速度 动画效果：进入、强调、退出、动作路径
幻灯片切换	切换	插入→自定义动画→切换→选择切换效果→切换速度→切换方式
更换模板	设计 更多模板 导入模板	默认模板：点击“设计”菜单，会显示出 PPt 自带模板，点击需要的模板即可更换。 更多模板：在“设计”菜单中点击按钮“更多模板”，有根据主题划分的多个模板，点击需要的模板下载，下载成功后即可更换。 本地模板：在“设计”菜单中点击按钮“导入模板”，即可浏览计算机里的文件，在相应位置选择计算机中已有模板文件即可更换。

单选题

1. 在 Word 中，要将某一文本段的格式复制到其他文本段，应选择的功能按钮是（　　）。

A. 　B.　C. 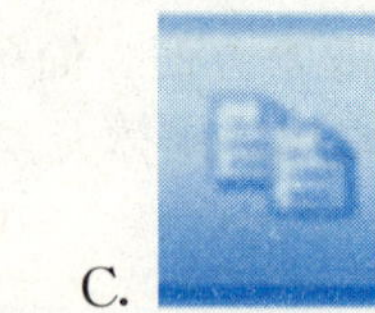　D. 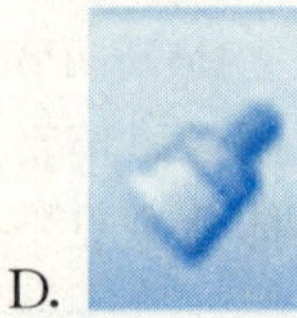

【答案】C

【解析】A 是保存，B 是撤销，D 是格式刷。该考点属于识记范畴。

2. 【真题】下列选项中，关于 Word 中“项目符号”的说法不正确的是（　　）。

A. 项目符号可以改变　　B. 项目符号只能是阿拉伯数字

C. 项目符号可增强文档可读性　　D. ＄和@都可定义为项目符号

【答案】B

【解析】项目符号，就是放在文本前面的圆点或其他符号，它一般是列出文章的重点，不但能起到强调的作用，使得文章条理更清晰，还可以达到美化版面的作用。Word 中的项目符号，可自定义为圆圈、方框、阿拉伯数字等多种字符。可通过定义新项目符号完成对项目符号的设定。

3.【真题】在 Word 中，下列不能实现的操作是（　　）。

A. 在页眉不能插入页码　　B. 奇偶页页眉不同

C. 在页眉插入分页符　　D. 在页眉插入剪贴画

【答案】C

【解析】分页符是分页的一种符号，位于上一页结束以及下一页开始的位置，不能在页眉中进行操作。

4.【真题】下列选项中，不属于 Excel 的主要功能的是（　　）。

A. 电子表格处　　B. 图形处理　　C. 文件传输　　D. 数据库管理

【答案】C

【解析】Excel 是运行于 Windows 环境下的电子表格软件，具有电子表格处理、图形处理和数据库管理三大功能。

5.【真题】下列选项中，关于 Excel 的表述中，正确的一项是（　　）。

A. 可将工作簿中每一工作表分别作为一个文件保存

B. 工作表名称应由文件名决定

C. 允许工作簿中包含多个工作表

D. 图表必须与生成图表的数据存储于同一张工作表中

【答案】C

第四章

写作能力

考点详解

考点 1：

写作的基本知识

内容提要：写作部分考查的是教师的基本能力，虽然本部分的应试有方法，但无定法。如何找准立意、谋篇布局、组织语言，是本部分的重难点。

一、认识写作

（一）写作的含义

写作是以语言文字为载体，反映客观事物、表达思想感情、传递知识信息的创造性的精神劳动过程。简言之，写作是将思维和语言文字联结在一起的精神劳动，其成果就是文章。

写作是一种复杂的创造性的脑力劳动过程。写作活动大致可分为采集、构思、表述三个阶段，具体又可分为采集、立意、选材、谋篇、起草、修改等几个环节。每个阶段和环节都有自身的特点、规律和要求。

（二）写作的种类

（1）文学创作：诗歌、散文、小说、戏剧——“作品”。

（2）文章写作：记叙文、说明文、议论文——“文章”。

（3）文书拟制：办公文书、专业文书——“文书”。

二、写作四要素

写作四要素指的是主题、材料、结构、语言（见下图）。

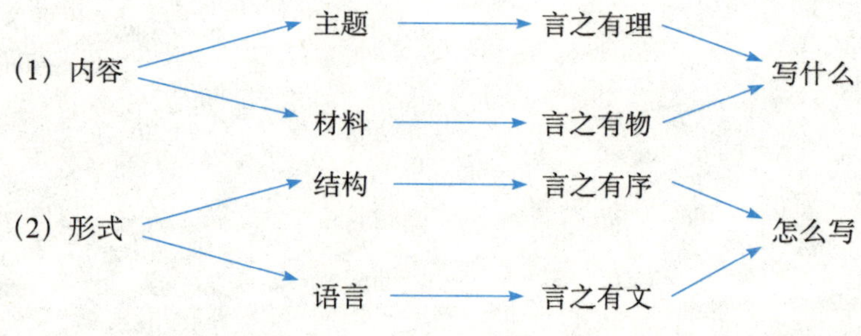

（一）主题——言之有理

主题是作者在说明事物、阐述道理、反映生活时，通过全部文章内容所表现出来的基本思想或观点。文章的主题是衡量、评价文章质量高低、价值大小的重要尺度。

文章都应该有明确的主题。当然，不同体裁的文章表现主题的方法不尽相同，或直接提出（如议论文），或曲折展示（如文学作品），但不论表现方法如何，主题思想都应该是明确的。

文学作品——主题或主题思想；

记叙类文章——中心思想或中心内容；

议论说理类的文章——中心论点、观点、论题；

应用类、新闻类文章——主要内容、主旨、中心内容。

主题的特点：客观性、单一性、明晰性（直白性）、时代性。

主题的要求：正确、集中、鲜明、深刻、新颖。

如何提炼和表现主题？

(1) 必须以正确思想为指导。

(2) 必须从材料出发。

(3) 必须注意反映时代精神。

常见的表现主题的方法有：

(1) 开门见山，开宗明义。即开篇就把主题直接扼要、明确而醒目地提示出来。

(2) 片言居要，点题显旨。即在文章的关键处用一两句精彩、精辟的话，将全文精神点化出来。点题的形式，或在篇首，或在篇中，或在篇末，应以文而定。

(3) 一以贯之，依源扣题。

(4) 夹叙夹议，表露主旨。

(二) 结构——言之有序

结构是指文章内部的组织构造，是文章的框架、布局、脉络思路，是材料的载体，是思想流动的路径。

结果通常包括开头（凤头）、中段（猪肚）和结尾（豹尾）三个部分。布局一篇文章，一般都要先考虑这三部分的构成方式、内容及结构技巧。“起要美丽，中要浩荡，结要响亮”才是好文章，“寿星头、马蜂腰、水蛇尾”的文章为劣作。

结构的安排涉及以下方面：开头和结尾、层次和段落、过渡和照应。

1. 开头和结尾

(1) 开头：一是揭示全篇内容，二是开门见山地点题。

(2) 结尾：一是提纲挈领作结论，二是承上启下点明主题，三是引经据典回味浓，四是发出号召激斗志。

2. 层次和段落

段落是构成文章的最小单位，具有换行另起的明显标志，是文章的思想内容在表达时由于转折、强调、间歇等情况所造成的文字的停顿，也称“自然段”。

层次着眼于对思想内容的划分，段落着眼于文字表达的需要。二者之间的关系，有时是一致的，即一个段落就是一个层次；有时层次大于段落，一个层次由若干段落组成；有时段落大于层次，即一个段落之中包含了几个内容有别的层次。

3. 过渡和照应

过渡和照应是使文章气血贯通、脉络分明的一个重要手段。

(1) 过渡，是指上下文之间的衔接、转换。论述问题“由总到分”或“由分到总”的转折处需要过渡；文章内容由一层意思转换为另一层意思的交接处，一般需要过渡；叙述与议论、顺叙与插叙等相转接的地方，也往往需要过渡。

1) 用关联词语或转折词语过渡：一般将过渡词语放在句子或段落的开头。常用的过渡词语有：由此可见、总之、因此、综上所述、总而言之、然而、可见、但是等。

2) 用句子过渡：即在需要过渡的层次或段落之间，安排一个起承上启下作用的句子，即过渡句。

3) 用段落过渡：即在需要过渡的层次或段落之间，安排一个起承上启下作用的段落。

（2）照应，是指文章前后内容上的关照、呼应。文章前面说过的后面要有着落；后面准备提到的前面要有伏笔或暗示。前呼后应，文章的结构就显得紧凑，层次也就更为分明。

照应的方式一般有两种：开头与结尾照应，行文与标题照应。

（三）材料——言之有物

材料是构成文章的基本要素之一。所谓材料，是作者为了写作的需要，从生活中摄取、搜集到的一系列事实现象和理论依据。简单地说，凡是用来表现主题的事物与观念都可称为材料。它不仅指用于具体文章中的材料，也指作者写作前搜集和积累的材料，其范围极为宽泛，世上万物以及人们的各种观念几乎都有可能成为文章写作的材料。

（四）语言——言之有文

语言是人类交流思想的最有效的物质媒介，也就是说，语言是思想的表现形式，思想与语言的关系是内容与形式的关系。

语言依附于思想，但离开了语言，赤裸裸的思想也是无法存在的，思想与语言相互作用，贯穿于整个写作过程。

我们将文章语言的基本要求概括为：准确、简明、朴实、生动。

三、文章的立意

所谓立意，是指确定文章的主题（中心思想、中心论点）。立意是一篇文章的根本，它直接关系到文章的选材、布局乃至文章的深度，“意在笔先”。

立意是要给文章定“灵魂”。一篇文章由三个因素构成：思想内容、组织结构、语言表达。这三者的完美统一体，就是一篇好文章。思想犹如灵魂，结构有似骨架，语言好比血肉。灵魂纯洁高尚，骨架端正完整，血肉坚实丰满，才能是一个健康的人。这三者中，以灵魂为主导，如果灵魂污浊卑劣，即使骨架好、血肉好，也定是个“败类”。为人如此，文章亦然。因此，写作前要先定个好思想，即“立”个好“意”。

立意的原则：要明确、深刻、健康；要反映时代的风貌；要歌颂“真、善、美”，批判“假、恶、丑”。

例题精讲

写作题

有一些话语，因为一些人，或者一些事，变得温暖，让人感动。享受温暖在苦寒的冬天，孕育出春天的繁花似锦。

综合上述材料，写一篇文章。

要求：请用规范的现代汉语写作。自定立意，自拟题目，自选文体。

【参考范文】

“你没那么差”

“孩子，你没那么差，对自己要有信心，加油！”每当想起这句话，即便寒风肆虐，我的世界依然是春光灿烂；每当想起这句话，即便白雪纷飞，我的内心依然是阳光明媚……

那时的我，还在念小学；和其他活泼调皮的小伙伴一样，每一次的恶作剧都有我的参与。我是令父母和老师们头疼的“捣蛋大王”，我是那个连字也写不整齐、数学一塌糊涂、日子得过且过的“最后一名”。每天萦绕在我耳边的都是那些唠叨不停的话：“什么时候你才长大？你为什么不能像××一样好好学习？你为什么这么差？”

对，我为什么这么差？问题的关键就在于此。我不喜欢枯燥的生活，不喜欢拘束的课堂，不喜欢抄写那些不明白的词语，不喜欢做那些单调的习题；我喜欢在蓝天下自由自在地奔跑，喜欢和小伙伴讲爬树掏鸟窝的故事，喜欢从高高的平台上往下一跳——啊！好刺激！

可是，这有什么用呢？没有人欣赏我的长处，没有人关心我的需要，没有人倾听我内心深处的呼喊……

"孩子，你没那么差，对自己要有信心，加油！"第一次听到这个鼓励，是在新老师刚来的那一天。她没有过多的言语，没有夸张的修饰，没有鄙夷的眼神。反而是当同学蔑视我时，当他们毫不犹豫地把我划归到"差生"的行列，不与我一同玩耍时，新老师轻轻地对我说了这句话。我当头一愣："这是对我说的吗？"从来没有人这么说过啊！为什么听起来这么动听，仿佛内心被注入了一股溪流，缓缓而过却充满力量。

也许，我可以尝试做一些改变。

于是，从她的课堂开始，羞涩的小手开始颤抖着举了起来；于是，从语言表达开始，美好的文字飞入了幼小的心灵；于是，从每一道数学题开始，成绩一日千里地进步……

后来，这简单的话语，一直成为我前进的动力。每当被现实压弯了腰，每当被挫折压低了头，每当被领导批评得一无是处，"孩子，你没那么差，对自己要有信心，加油！"那句话就会浮现在脑海中。

我已经成长，已经离开了那个小山村，已经很久没有再见到这个老师，但是那亲切的笑脸，那句简单的鼓励，会一直住在我的心里。这句话就是我内心世界里永恒的春风，让我的人生繁花似锦！

考点详解

考点2：
常见的写作文体
内容提要：在教师资格考试中，议论文与记叙文是最常考查的文体。对于这两种文体的立意、构思与撰写，考生需要从整体上进行把握，并准备充分的材料。

一、议论文写作

（一）文体常识

1. 含义

议论文是以议论为主要表达方式，对某个问题或某件事进行分析、评论，通过摆事实、讲道理直接表达作者的观点、立场、态度、看法和主张的常用文体。议论文可以剖析事物、论述事理、发表意见、提出主张。

2. 三要素

议论文的三要素如下表所示。

	含义	目的	要求
论点	是对所议论对象（事件、现象、人物、观念）所持的见解和主张，是正确、鲜明地阐述作者观点的句子	证明什么	正确、鲜明、深刻、突出、新颖、有针对性
论据	是支撑论点的材料，是作者用来证明论点的理由和根据	用什么证明	真实、典型、充分、新鲜
论证	即运用论据来证明论点的过程和方法	怎样证明	严密

3. 立论和驳论

（1）立论：对客观事物或问题，直接提出见解和主张，阐明其理由，表明自己的态度。

立论文需要对论述的问题有正确的看法；使用充足有说服力的论据；要言之有理，合乎逻辑。

写立论性的文章，必须做到：

1）论点要正确、鲜明。

正确就是指论点本身要符合马列主义、毛泽东思想和邓小平理论，符合客观实际，并经得起实践的检验。鲜明就是说作者必须明确地表示肯定什么、否定什么、赞成什么、反对什么，决不可含含糊糊、模棱两可。同时要注意，在表明自己的看法和主张时，这些看法和主张必须是经过认真的思考或者一定的实践检验，确实是自己所独有的正确的认识和见解，或者是切实能解决实际问题的主张。要使读者感到有新意，能增长知识。

2）论据要真实、充分。

即必须举出足够的事实或公认正确的道理来证明论点的正确性。作为论据的事实，包括有代表性的确凿的事例或史实，以及统计数字等。用事实作论据，有很强的说服力。

3）论证必须符合正确的推理形式。

写立论性的文章，要言之成理，合乎逻辑。论点统帅论据，论据证明论点。论据必须足以证明论点，论点必须是从论据中推断出来的必然结论。

4）必须围绕所论述的问题和中心论点来进行论证。

开篇提出怎样的问题，结篇要归结到这一问题上。在论证过程中，不能离题万里，任意发挥，或者任意变换论题。如果有几个分论点，每个分论点都要与中心论点有关联，要从属于中心论点。

5）“立”往往要在“破”的基础上进行。

在立论的过程中，往往需要提到一些错误的见解和主张，加以否定和反驳，以增强论证的效果。

(2) 驳论：通过揭露和驳斥错误的观点来确立自己的论点。论辩是针对对方的观点加以批驳，在批驳的同时阐述己方的观点。

驳论的方式：驳论点、驳论据、驳论证过程。

驳论文的写作要领如下：

1）直接驳斥对方的论点。先举出对方的荒谬论点，然后用正确的道理和确凿的事实直接加以驳斥，揭示出谎言与事实、谬论与真理之间的矛盾。有的文章，首先证明与论敌的论点相对立的论点是正确的，再以此来证明论敌的论点是错误的。

2）通过批驳对方的论据来驳倒对方的论点。论据是论点的根据，是证明论点的。错误的论点，往往是建立在虚假的论据之上的，论据被驳倒了，论点也就站不住脚了。

3）通过批驳对方的论证过程的谬误（驳其论证）来驳倒对方的论点。驳倒了它论证中的关键问题，也就把谬论驳倒了。

4. 论证方法

(1) 举例论证（事实论证）。

列举确凿、充分、有代表性的事例来证明论点。

(2) 道理论证。

可以用马列主义经典著作中的精辟见解、古今中外名人的名言警句以及人们公认的定理公式等来证明论点。

(3) 对比论证。

拿正反两方面的论点或论据作对比，在对比中证明论点。

(4) 比喻论证。

用人们熟知的事物作比喻来证明论点。比喻论证生动形象地论证了观点，使文章浅显易懂，易于读者理解和接受。

（5）引用论证。

引用论证比较复杂，这与具体的引用材料有关，有引用名人名言、格言警句、权威数据、名人佚事、笑话趣闻等各种情况。

（二）议论文的写作方法

1. 拟好题

（1）直接以文章的论点为题目。以文章的论点为题，不但能让读者一开始就明白文章的论点是什么，而且还可以时时提醒写作者，论证时不忘紧扣论点，不要偏离中心。

（2）用文章议论的话题拟定题目。所谓话题，就是现实生活中的一些事件、问题或现象等。写作者可根据自己的观察提炼出自己的论点，并加以论证。

单一型的问题拟定题目时比较简单，为避免与记叙性文章的题目相混淆，也为突出议论文题目的特征，可以在前面加上“小议”“谈谈”“论”“试论”“简析”“浅谈”等词。例如：在“奉献”前面加上“小议”“试论”等词语，变成《小议奉献》，议论文题目的特征就明显了。

有时题目也可以是两者关系的问题。如历史学家顾颉刚的《怀疑与学问》，就论证了“怀疑”和“学问”的辩证关系。再如《勤奋与成果》《爱国与奉献》《敬母与做人》《想和做》等题目都是这种类型。论证时必须证明清楚两者的关系。

有时可强调从所给的材料中获得启示，产生联想。这类题目的一般形式是“从……说起”“从……想到的”“……的启示”“……之我见”等。

有时为了使读者一眼就能看出写作者的观点，或者让读者明白褒贬的对象，可以采用正题和副题相结合的方法来拟定题目。

2. 开好头

议论文的开头要讲究“短、快、靓”。

短，即要简洁，最好三两句成段，引入本论。开头短，可避免冗长之赘，并在空间上突出其内容的重要性。

快，即入题要快，最好三言两语就点明文章的基本观点或议论的话题。因为评分标准中有“中心明确”的细则。开篇确定中心，有利于阅卷者按等计分，也有利于作者展开论述，不致出现主旨不清、中途转换论题等作文大忌。

靓，即要精彩。这也是传统文论中所说的“凤头”。精彩的开头，最突出的效果是吸引阅卷者，给阅卷者留下好的印象。文章开头要精彩，多用比喻、类比、排比等修辞引入论点，还可引述名言，讲述寓言故事导入话题。

议论文常见的开头方法如下：

（1）开门见山法。例如：

华盛顿儿童博物馆墙上的这句话，正说明了这样一个道理——学贵于知之，更贵于行之。——《知行合一贵于行之》

（2）设喻开篇法。在文章开头先叙述一个故事、一则寓言，然后从中引出想要阐述的中心论点。将比喻放于开头可吸引住读者，又形象生动，使文章意趣顿生。例如：

蜗牛执着地向金字塔的顶端爬行，它坚信毅力是最大的天赋；蜘蛛没有翅膀却可以把网结在空中，它坚信梦想是最好的翅膀；叶子在风雨中飘摇却依然坚守在枝头，它坚信一生执着的绿能换来金色的秋天。大自然的万物都在为自己的理想而执着奋斗着，这是因为：梦想是迈向成功的垫脚石。海阔凭鱼跃，天高任鸟飞。社会个体、国家和民族都应怀揣着梦想前行。——《与梦想同行》

（3）引用名言法。例如：

高尔基曾经说过：“只有爱孩子的人，他才可以教育孩子。”师爱，是教育的前提和开始，是通往教育成功的桥梁，也是最基本的教育原则。“随风潜入夜，润物细无声。”——《师爱无限》

（4）设问开篇法。例如：

“教育从心开始”早就被人们提出来了，但一般的人都会认为这是指对学生的关爱，而我认为它更深、更广的含义应该指教育的机智。被人们誉为太阳底下最光辉的职业——教师，是塑造人类灵魂的职业，那么，它不是一门艺术吗？因为艺术需要体现美和创造性，而教育正好体现了这个特点，一个搞艺术的人，难道不需要用心吗？——《教育从心开始》

（5）解释概念法。于文章开头就将标题或相关概念的含义解释一下，从而明确全文的中心论点。例如：

我国很早以前就有“自强”一词。《易经·乾》说：“君子以自强不息。”自强，就是自己努力向上。一个人要有所作为，应具备的品质是：既不要自卑，也不要自负，而要自强。——《自强自负自卑》

（6）叙事开篇法。例如：

1859 年，英国哲学家、社会学家斯宾塞提出了一个著名命题：“什么知识最有价值?”这像一颗炸弹扔在了教育阵营里，触动了占据各种立场的人士的神经，一场争论从那时至今未休。教育关乎知识，知识关乎课程，课程研究正是在这里正式拉开帷幕。——《什么知识最有价值》

（7）排比式开头法。例如：

宽容如天空般辽阔，它有着一种博大的胸怀，一种豁达的风范，一种不拘小节的洒脱，一种有容乃大的胸襟，更是一种宁静淡泊的人生境界。对于他人的无心之过，要用博大的胸怀包容；对于他人不同的批评之声，能以宽容的心态去接纳。宽容给对方让出了一缕阳光，更给自己赢得了一片晴空。——《宽容》

3. 写好中间段

议论文的结构是否严谨，条理是否清楚，论证是否严密，论据是否典型，关键在中间段的写作。

中间段常见的论述模式如下：首句为小论点或承上启下的过渡词句；中间围绕小论点，运用恰当的事实、理论论据，或针对现实生活中的某些现象，分析说理；最后结合论述内容写一两句小结的话语。其中首句和末句的写作最重要，它能直接勾勒文章的脉络，显示全文的论述思路。

另外，文章的中间段还常用正反对比式。许多道理只要从正反两面说了，就基本上可做到论述严密。在考场中熟练地运用这一模式，可迅速地展开写作，减少失误，节省时间。同时，它可使阅卷者便捷地依据评分标准，在中档以上分项计分，避免不利于考生的个人评分因素出现。

4. 结好尾

常言道：“编筐织篓，全在收口。”议论文的结尾是伸延文意、收束全文的关键，是对论点的充分显示和升华，也是衡量考生写作水平的标尺。好的结尾必然使文章整体结构更加严谨自然、完整统一，必然使文章的内容和主旨更加深刻、鲜明。因此，一定要尽力写好议论文的结尾，切不能掉以轻心。教育家叶圣陶先生曾说：“若是找不到适当的结尾而勉强作结，就像行路的人歇脚在日晒风吹的路旁，总觉得不是个妥当的办法。”

好的结尾方式有：

（1）总结全文。例如：

冰心说道：“爱在左，同情在右，走在生命的两旁，随时撒种，随时开花，将这一径长途，点缀香花弥漫，使穿枝拂叶的行人，踏着荆棘，不觉得痛苦，有泪可落，却不悲凉。”教师要以爱去播种，以心去耕耘，以智去劳作，在学生美好的心里种下智慧的种子，收获爱的结晶。——《师爱》

巴尔扎克说：“不幸，是天才的进升阶梯，信徒的洗礼之水，弱者的无底深渊。”面对不幸和困境，成长是必然伴随的。风雨过后，意志在困难与不幸中成长；走出荆棘，乐观在困难与不幸中成长；登上山顶，恒心在困难与不幸中成长。人生要尽全力渡过每一关，不轻言放弃，才与智的成长

便会在这奋力之中破土而出。——《成长》

（2）展望未来。例如：

没有蓝天的深邃，就没有白云的飘逸；没有大海的壮阔，就没有鱼儿的优雅；没有原野的芬芳，就没有小草的翠绿。作为一名人民教师，找到自己教书育人的位置，找到自己的光源，发出自己的声音。唯有如此，学生的未来才有希望之光相随；唯有如此，教育事业的明天才会迸发出瑰丽的色彩！——《教书育人——教师的天职》

5. 语言形象畅达

语言是作文评分的重要一项。议论文的语言，要准确鲜明，生动形象。有些同学写议论文，常摆出说大道理的架势，将哲学原理和辩证法的术语一股脑搬出来，以求说理的充分、透彻，但效果适得其反。

一个道理有一千种说法，要尽量选用形象生动的说法。要达到形象生动之效，除了采用比喻、类比、事例等论证方法外，形象、畅达乃至华美的语言必不可少。修饰议论文的语言，注意运用比喻、排比、对偶和反复等修辞手法，使文章具有华美流畅感；注意运用假设句、反问句或整句，增强文章不可辩驳之势。修饰语言之功，虽不是一朝一夕可成，但只要积行成习，自然会有长进。

6. 议论文的基本结构方式

（1）纵贯式结构方式。按照引论（导论、绪论）、本论（正文）、结论三部分组织材料，叫纵贯式结构方式。它大体上是按照“提出问题—分析问题—解决问题”的逻辑顺序来安排的，又称“三段式结构方式”。

（2）并列式结构方式。围绕中心论点，从不同角度进行论证，形成若干分论点，几个分论点构成并列关系，共同论证中心论点，这就是议论文的并列式结构方式。

（3）递进式结构方式。在阐述中心论点时，各层次、段落之间是环环相扣、逐层深入的关系，前一部分论述是后一部分论述的基础，最后推导出文章的结论。

（4）对比式结构方式。这是把正反两方面的观点、事例，对比地组合在一起的结构方式，形成强烈的反差，从而更有力地突出正面的论点和主张。

在议论文中，上述结构方式常常交错使用，一般是以某一种结构方式为主，以其他方式为辅，这样既可使行文富于变化，又不会使文章杂乱无章。

二、记叙文写作

（一）含义

记叙文是以叙述表达方式为主，以描写、抒情、说明、议论表达方式为辅，以写人、叙事、绘景、状物为主要内容的一种文体。

记叙文有广义与狭义之分。广义的记叙文，包括记叙性的文学作品，如散文、小说等。狭义的记叙文是指对社会生活中的人、事、景、物的情态变化和发展进行叙述和描写的一类文章，常见的如消息、通讯、特写、报告文学、人物传记、游记、日记、参观记、回忆录，以及一部分书信等。

记叙文写作，就是要把自己的亲身感受和经历，通过生动、形象的语言描述给读者。记叙文写的是生活中的见闻，要表达出作者对于生活的真切感受。文章的中心思想蕴含在具体材料中，通过对人、事、物的生动描写来表现。

（二）分类

（1）侧重写人的记叙文，以人物的外貌、语言、动作、心理描写为主，通过特定的环境描写刻画人物性格，塑造人物形象，反映生活，表现文章主题。

（2）侧重记事的记叙文，以叙述事情的发生、发展、经过和结果为重点，通过写出事情的起因、经过和结果来表现主题。

（3）侧重绘景的记叙文，以描绘景物、寄托情怀为主。

（4）侧重状物的记叙文，以状物为主，借象征抒怀，寄托作者的思想感情。

（三）表达方式

记叙文以叙述为主要表达方式，为了让记叙生动，在写记叙文的时候，还需要辅之以描写；为了让记叙过程流露感情色彩，还需要辅之以抒情；为了让记叙的人和事有意义，还需要辅之以议论；在记叙的过程中，有些地方还需要辅之以说明。综合表达方式的灵活运用，可以使记叙文变得更有表现力，更具感染力。

（1）叙述：把人物的经历和事物的发展变化过程表达出来的一种表达方式。它是写作中最基本、最常见，也是最主要的表达方式。

（2）描写：是对人物的外貌、动作，事物的性质、形态和景物的状貌、变化所作的具体刻画和生动描摹。

（3）说明：是用简明的语言，客观而准确地解说事物或阐述事理的一种表达方式。

（4）抒情：是作者通过作品中心人物表达主观感受，倾吐心中情感的文字表露，可分为直接抒情、间接抒情两种。直接抒情即直抒胸臆。间接抒情是在叙述、描写、议论中流露出爱憎感情。

（5）议论：根据作品写出自己的见解或道理。记叙文中的议论往往起画龙点睛、深化中心、揭示记叙目的和意义的作用。

（四）记叙文六要素

一般的看法包括时间、地点、人物，事情的起因、经过、结果。

（五）叙述方式和叙事线索

1. 叙述方式

（1）顺叙。即按照事情发生发展的先后顺序来进行叙述的写作方法。这种方法便于把握线索、组织材料，读者也易于了解所叙的来龙去脉，符合一般读者的阅读习惯。然而，顺叙记述法的短处在于平铺直叙，缺少变化。因此，在具体运用时要注意以下几点：一是要突出重点，注意材料的剪裁取舍，不要记成流水账；二是要多种表达方法结合使用，不可一叙到底；三是要在叙事中写人，不能只见事不见人。

（2）倒叙。即把事件的结局或事件发展过程中最突出、最精彩的片段提到文章开头来叙述，然后再按事件的发展顺序进行叙述的写作方法。运用倒叙记述法，可以使文章中心突出，造成悬念，渲染气氛，形成波澜，产生引人入胜的效果，从而避免结构上的平铺直叙。

（3）插叙。即在顺叙过程中为了某种表达的需要，暂时中断原来的叙述，穿插与中心事件有关的内容，穿插完毕再回到原来事件的叙述中去的写作方法。

（4）平行叙述法。即分别叙述发生在同一时间不同地点的事件或人物活动的写作方法。一般有两种方式：一种是并列平叙，即“花开两朵，各表一枝”；另一种是交叉平叙，即把两件或两件以上的事，两条或两条以上的线索，交叉地进行叙述。

（5）对比叙述法。即将不同的事物或同一事物的两个方面进行对比叙述，以突出事物的特征，增强表达的效果，表现作者的爱憎的写作方法。对比可分为两种：横比，即将正反或矛盾的两种事物进行对比，通过各自不同的特点来说明问题，表达观点；纵比，即将同一事物的不同方面或同一事物的前后变化进行对比，通过事物的发展变化来说明问题，表达观点。

（6）夹叙夹议法。即一边叙述，一边议论，以取得叙事与明理浑然一体的效果的写作方法。一般说来，在记叙类作品中，作者的爱憎褒贬是通过记叙和描写，在字里行间自然流露出来的。但是，这种自然流露有时并不能圆满表达作者的意图。为了更清晰地表达作者的观点和情感，不得不把自己对生活的评价发而为议论。议论本身是一种价值判断，这种判断越准确、越深刻，越能反映生活的本质，也就越能显示作品的思想意义。

夹叙夹议的特点：一是由叙而议，再叙再议，多层叙述与多层议论，穿插交错，由浅入深，由轻而重，螺旋上升，最后归入题旨；二是叙议结合，边叙边议，贯穿全篇。在文章中运用夹叙夹议法，不仅能升华思想意义，而且可以强化感情。

2. 叙事线索

（1）以时间为线索；（2）以事件为线索；（3）以某物为线索；（4）以某人为线索；（5）以见闻为线索；（6）以地点的转换为线索；（7）以感情为线索。

（六）常用修辞手法

（1）比喻。根据事物的相似点，用具体、浅显、熟知的事物来说明抽象、深奥、生疏的事物，即打比方。作用：能将表达的内容说得生动、具体、形象，给人以鲜明深刻的印象，用浅显常见的事物对深奥生疏的事物进行解说，帮助人深入理解。

（2）拟人。把物当作人写，赋予物以人的言行或思想感情，用描写人的词来描写物。作用：把禽兽鸟虫花草树木或其他无生命的事物当成人写，使具体事物人格化，语言生动形象。

（3）夸张。对事物的性质、特征等故意夸张或缩小。作用：提示事物本质，烘托气氛，加强渲染力，引起联想效果。

（4）排比。把结构相同或相似、语气一致、意思相关联的句子或成分排列在一起。作用：增强语言气势，增强表达效果。

（5）对偶。用字数相等、结构形式相同、意义对称的一对短语或句子，表达两个相对或相近的意思。作用：整齐匀称，节奏感强，高度概括，易于记忆，有音乐美。

（6）设问。为了引起别人的注意，故意先提出问题，然后自己回答。作用：提醒人们思考，有的是为了突出某些内容。

（7）引用。引用现成的话来提高语言表达效果，分直接引用和间接引用两种。例如：“虚心使人进步，骄傲使落后”，我们应该记住这一真理。

（8）对比。对比是把两种不同事物或者同一事物的两个方面，放在一起相互比较的一种修辞。例如：有的人活着，他已经死了；有的人死了，他还活着。（臧克家《有的人》）运用对比，必须对所要表达的事物的矛盾本质有深刻的认识。对比的两种事物或同一事物的两个方面，应该有互相对立的关系，否则是不能构成对比的。

写作题

1. **【真题】**管仲随齐桓公攻打孤竹，春天出征，凯旋时已是冬天，他们迷了路。管仲说：“老马的智慧是可以利用的。”于是放开老马，人们跟随着它，终于找到了回去的路。

北京大学一位老教授，在海淀区住了将近半个世纪，自认为蒙着眼睛也能找回家，可谓地道的“老马”。然而，有一次他走了一条新路，一走出去，是一条大马路，车如流水马如龙，竟一时找不到归路，幸而看见马路上驶过的 332 路公交车，才得以坐车安全回到家。

综合上述材料所引发的思考和感悟，写一篇论说文。

要求：用规范的现代汉语写作。角度自选，立意自定，标题自拟。不少于 800 字。

【材料分析】

“老马识途”和北大老教授的“蒙眼识路”都是关于经验的问题，但时代的发展，已经让“老经验”失去了作用。结果就是老教授不能按照经验回家了。联想到教育行业，教龄长、教学经验丰富的教师不能只局限于过去已有的一套知识结构、教学模式，要随着时代的发展、社会的变化，不断促进自身专业发展。只有不断提升自己的专业素养和教育教学水平，才能适应新的实践要求。

【参考立意】

1. 教师观：教师专业发展（教学反思＋终身学习＋探索创新）

2. 教师观：新课改下教师的角色（学生发展的促进者＋课程建设的开发者＋教育教学的研究者和反思者）

2. **【真题】**

阅读下面的材料，根据要求作文。

一个小女孩的玩具车刮倒了一位老人，老人坐在地上与家长理论。有人录下现场视频传至网上，不少人认为是碰瓷。老人被检查后，确诊是桡骨骨折。事实是，老人并非碰瓷，还婉拒了女孩家人更多的赔偿和照顾。

综合上述材料所引发的思考和感悟，写一篇不少于800字的论说文。

写作要求：用规范的现代汉语写作。角度自选，立意自选，标题自拟。

【立意分析】

(1) 偏见，不要戴着有色眼镜看世界。用心感受世界，先入为主会让你无法拨开迷雾看到事情的真相。

(2) 社会环境对人的影响，看多了碰瓷，类似的事情发生，不管真相如何就会直接定性。

(3) 请用理解、真诚、善良的心来看、来理解这个世界或者社会。

(4) 透过现象看本质、将心比心、传道先做人、“当局者迷旁观者清”，这些立意均可。

3. **【真题】**

妈妈与孩子讨论：是棉被把人暖和了，还是人把棉被暖和了？孩子认为是人把棉被暖和了，棉被是保存温暖的。

写作要求：(1) 选准角度，自定立意；(2) 自拟题目；(3) 除诗歌外，文体不限；(4) 不少于800字。

【立意分析】

(1) 本题的材料内容是妈妈与女儿关于“棉被”之间的对话，要求考生根据材料引发思考和感悟。

(2) 教育类可以写“教师与学生”，教师在付出一定的劳动后，就会“温暖”学生。“教师与自身工作”，面对教师这个平凡的岗位，只要教师努力付出，就能适应工作，享受工作，并得到相应的回报。

(3) 参考标题：师爱无限、奉献、换位思考、爱是相互依存、幸福教育、付出终会有回报。

4. **【真题】**

常言道：“上山容易，下山难。”这句话是说，上山虽然费力，但不容易发生危险；下山虽然省力，但却容易失足跌下山。其实，这简单的话语蕴含着丰富的人生哲理。

要求：用规范的现代汉语写作。自定立意，自拟题目，自选文体，不少于800字。

【立意分析】

(1) 从材料中可以知道“上山容易，下山难”主要是针对上山、下山过程中所遭遇的风险而言，下山比上山面临更多的考验和危险，因此相对来说是比较难的一件事情。

(2) 结合教育实际，需要进行预防以及变革，所以文章可以从“居安思危”“未雨绸缪”“防范未然”等角度进行写作。

附录 1

“综合素质”（幼儿园）考试大纲

一、考试目标

主要考查申请教师资格人员的下列知识、能力和素养：

1. 具有先进的教育理念。
2. 具有良好的法律意识和职业道德。
3. 具有一定的文化素养。
4. 具有阅读理解、语言表达、逻辑推理、信息处理等基本能力。

二、考试内容模块与要求

（一）职业理念

1. 教育观

理解国家实施素质教育的基本要求。

掌握在幼儿教育中实施素质教育的途径和方法。

理解幼儿教育作为人生发展的奠基教育的重要性及特点，能够以正确的教育价值观分析和评判教育现象。

2. 儿童观

理解“人的全面发展”的思想。

理解“育人为本”的含义，爱幼儿，尊重幼儿，相信每一个幼儿都具有发展潜力，维护每一个幼儿的人格与权利。

运用“育人为本”的幼儿观，在保教实践中公正地对待每一个幼儿，不因性别、民族、地域、经济状况、家庭背景和身心缺陷等歧视幼儿。

设计或选择丰富多样、适当的保教活动方式，因材施教，以促进幼儿的个性发展。

3. 教师观

了解教师专业发展的要求。

具备终身学习的意识。

理解教师职业的责任与价值，具有从事幼儿教育工作的热情与决心。

（二）教育法律法规

1. 有关教育的法律法规

了解国家主要的教育法律法规，如《中华人民共和国教育法》《中华人民共和国义务教育法》《中华人民共和国教师法》《中华人民共和国未成年人保护法》《幼儿园工作规程》等。

了解《国家中长期教育改革和发展规划纲要（2010—2020 年）》的相关内容。

了解联合国《儿童权利公约》的相关内容。

2. 教师的权利和义务

熟悉教师的权利和义务，熟悉国家有关教育法律法规所规范的教师教育行为，依法从教。

依据国家教育法律法规，分析评价幼儿教学实践中的实际问题。

3. 幼儿保护

熟悉幼儿权利保护的相关教育法规，保护幼儿的合法权利。

依据国家教育法律法规，分析评价幼儿教育工作中幼儿权利保护等实际问题。

（三）教师职业道德规范

1. 教师职业道德

了解《中小学教师职业道德规范》（2008 年修订），掌握教师职业道德规范的主要内容。

理解《中小学班主任工作规定》的精神。

分析评价保教实践中教师的道德规范问题。

2. 教师职业行为

熟悉教师职业行为规范的要求，熟悉幼儿园教师的职业特点。

理解教师职业行为规范的主要内容，在教育活动中运用行为规范恰当地处理与幼儿、幼儿家长、同事以及教育管理者的关系。

在保教活动中，依据教师职业行为规范，爱国守法、爱岗敬业、关爱学生、教书育人、为人师表。

（四）文化素养

具有一定的文化常识。

了解中外科技发展史上的代表人物及其主要成就，熟悉常见的幼儿科普读物。

了解中外文学史上重要的作家作品，尤其是常见的儿童文学作品。

（五）基本能力

1. 阅读理解能力

理解阅读材料中重要概念的含义。

理解阅读材料中重要句子的含义。

具有筛选并整合图画、文字、视频等阅读材料信息，并运用于保教工作的能力。

归纳内容要点，概括中心意思。

分析概括作者在文中的观点、态度。

2. 逻辑思维能力

了解一定的逻辑知识，熟悉分析、综合、概括的一般方法。

掌握比较、演绎、归纳的基本方法，准确判断、分析各种事物之间的关系。

准确而有条理地进行推理、论证。

3. 信息处理能力

具有运用工具书检索信息、资料的能力。

具有运用网络检索、交流信息的能力。

具有对信息进行筛选、分类、存储和应用的能力。

具有根据保教工作的需要，设计、制作课件的能力。

4. 写作能力

掌握文体知识，能根据需要按照选定的文体写作。

能够根据文章中心组织、剪裁材料。

具有布局谋篇，有效安排文章结构的能力。

语言表达准确、鲜明、生动，能够运用多种修辞手法增强表达效果。

三、试卷结构

模块	比例	题型
职业理念	15%	单项选择题 材料分析题
教育法律法规	10%	
教师职业道德规范	15%	
文化素养	12%	
基本能力	48%	单项选择题 材料分析题 写作题
合计	100%	单项选择题：约 39% 非选择题：约 61%

四、题型示例

1. 单项选择题

（1）小明在课堂上突然大叫，有的同学也跟着起哄。下列处理方式，最恰当的一项是（　　）。

A. 马上制止，让小明站到讲台边　　B. 不予理睬，继续课堂教学

C. 稍作停顿，批评训斥学生　　D. 幽默化解，缓和课堂气氛

（2）“五岳”是我国的五大名山，下列不属于“五岳”的一项是（　　）。

A. 泰山　　B. 华山　　C. 黄山　　D. 衡山

阅读下面文段，回答问题。

子曰：“学而不思则罔①，思而不学则殆②。”（《论语·为政》）

【注释】①罔：迷惑、糊涂。②殆：疑惑、危险。

（3）下列对孔子这段话的理解，不正确的一项是（　　）。

A. 在孔子看来，学和思二者不能偏废，主张学与思相结合

B. 孔子指出了学而不思的局限，也道出了思而不学的弊端

C. 光学习不思考会越学越危险，光思考不学习会越来越糊涂

D. 孔子学与思相结合的思想，在今天仍有其值得肯定的价值

2. 材料分析题

阅读下面材料，回答问题。

学生王林在学校因同学给他起外号，将同学的鼻子打出了血。班主任徐老师给王林的爸爸打电话，让他下午到学校来。放学时，王林的爸爸刚来到校门口，等在那里的徐老师当着众人的面，第一句话就是：“这么大的孩子都管不好，还用我教你吗？”

问题：

请从教师职业道德规范的角度，对徐老师的做法进行评价。

3. 写作题

请以“我为什么要当教师”为题，写一篇论述文。要求观点明确，论述具体，条理清楚，语言流畅。不少于 800 字。

附录 2

国家教师资格考试笔试题型解析

如果说教师资格考试中的科目“保教知识与能力”是从业务的角度上对教师进行引导与培训，那么“综合素质”科目更多是从精神层面对教师的思想进行建构。“综合素质”涉及教师职业理念（教育观、儿童观与教师观）、教师职业道德、常见的教育法律法规、教师的文化素养与教师的基本能力，这些无一不是对教师的软性能力进行训练与提升。

从历年考题的大数据分析汇总后不难发现，“综合素质”的考题知识覆盖范围、考查形式与分值分布相对固定，基本可以做到有规律可循，通过下表便可直观分析：

	单项选择题	材料分析题	写作题	合计
职业理念	4×2 分	1×14 分		22 分
法律法规	8×2 分			16 分
职业道德	4×2 分	1×14 分		22 分
文化素养	9×2 分			18 分
基本能力	4×2 分	1×14 分	1×50 分	72 分
合计	58 分	42 分	50 分	150 分

教师职业理念部分主要包含教育观、儿童观及教师观三大部分内容，这里每年题量约为 4 道单选题和 1 道材料分析题，在材料分析题中“三观”都有涉及，儿童观部分是出题频率最高的。

教育法律法规部分每年会考查 8 道单选题，涉及幼儿园教师的权利与义务、幼儿的权利与保护，涵盖《中华人民共和国教育法》《中华人民共和国教师法》《中华人民共和国未成年人保护法》等常见法律法规。因教育法条内容相对枯燥死板，需各位考生准确记忆并理解重要法条的含义及表述，并结合实际案例做到活学活用，切勿死记硬背。

教师职业道德规范部分的题型、题量与教师职业理念部分相对一致，也是 4 道单选题和 1 道材料分析题，内容主要包含教师职业道德与教师职业行为两块，材料分析题每年的考点都集中于 2008 年版《中小学教师职业道德规范》的六条内容，简括为“三爱二人一终身”。

文化素养部分覆盖的知识点内容非常广泛，题量约为 9 道单选题，因该部分考查范围甚是广泛，考生难以在短时间内全部掌握，建议大家在备考过程中每天抽出固定时间，认真浏览文化素养知识，形成印象记忆，以便在考试过程中选择正确答案。

教师基本能力部分的考题所占分值比例最大，涉及阅读理解、逻辑思维、信息处理与写作四部分。阅读理解 1 道题，以阅读理解类的材料分析题呈现，分值 14 分；逻辑思维和信息处理各 2 道选择题；写作 1 道题，共计 50 分。因此这一部分是需要考生多花费些时间和精力去充分备考的。

“综合素质”科目的考试题型为单项选择、材料分析和写作题三种，接下来我们分别介绍。

一、选择题

选择题的考试内容历来属于散点式考查，对于大家知识记忆的精准度要求比较高。有些选择题的答案是固定的，如对作家作品的考查，要求信息点必须精准；有些考题则较为灵活，通过实际生

活经验判断就会得出答案。

【真题】《国家中长期教育改革与发展规划纲要（2010—2020年）》提出了学前教育发展的政府职责。关于政府职责的说法，下列选项中不正确的是（　　）。

A. 制定审核幼儿园的章程　　B. 建立幼儿园准入制度

C. 制定学前教育的办园标准　　D. 完善幼儿园收费管理办法

【答案】A

【解析】《国家中长期教育改革与发展规划纲要（2010—2020年）》第二部分第三章第六条明确职责中详细叙述了政府的职责，其中唯有A选项不符合政府宏观职能，答案选A。本题考查的是书本中固定的知识点，这种类型题需要对书本中固定知识进行准确的把握，才能够正确作出回答。

二、材料分析题

材料分析题的回答有其固定的答题逻辑与模板，各位考生需要做的则是迅速在材料中找到材料所对应的书本中的知识点。答题时一定要有理有据，抓住关键的知识点展开论述。书写时，首段为答题的理论知识点，然后围绕这一知识点进行论述。论述过程应适当联系生活实际，用实际事例作为阐述观点的材料。选用的事例要与观点统一，阐述时需注意语言的条理性，知识点的表述要层次清晰、详略得当。

【真题】

建构游戏开始了。樊老师对孩子们说："你们喜不喜欢西安啊？"小朋友们齐声说："喜欢！"樊老师又说："那你们都来说一说西安都有哪些著名的建筑？"

林晓英抢着说："老师，我知道，西安有城墙。"贺子涵接着说："老师，还有大雁塔。"孩子们你一言我一语地说着。于是，樊老师提议："那我们大家一起把这些建筑搭建出来好吗？"孩子们兴奋地去积木区选择自己需要的材料。

一开始，贺子涵将大雁塔搭得上下一样宽，有小朋友反对说："这个不像大雁塔！我见过大雁塔，下面大一些，上面尖尖的。"贺子涵立刻说："我还没搭好呢！"接下来，他通过几次调整，将"大雁塔"的底部变大了，"大雁塔"稳固了不少。林晓英在尝试搭建城墙的过程中，最先采用了垂直堆高的方法，不一会儿工夫就摆放到位，她骄傲地站在城墙边，邀请小朋友观看。樊老师发现孩子们都没有注意到城墙砖块交错的方式，于是拿来一张城墙的照片，说："孩子们快来看，城墙的砖块是怎样摆放的呢？"孩子们通过观察图片，一下子就发现了砖块交错摆放的秘密，很快做出修正。

问题：请结合材料，从教育观的角度，评析樊老师的教育行为。

【参考答案】

材料中樊老师的教育行为体现了素质教育观的具体要求，具体表现如下：

(1) 素质教育要求教育要面向全体幼儿，促进学生的全面发展。该材料中的教师针对全班的孩子们设置了此活动，以孩子们感兴趣的游戏活动为主线，调动了孩子们的积极性的同时，也满足了大家的共性需求。

(2) 素质教育以培养幼儿的创新精神和实践能力为重点。素质教育是以培养幼儿的创新精神和实践能力为重点的教育。题干中的教师在提问幼儿关于西安的建筑后，给予幼儿充分的时间和机会去创新"大雁塔"的搭建方法，在这个过程中充分尊重幼儿的创新精神和操作的能力。

(3) 素质教育强调要尊重幼儿的主体性和主动精神。该教师从传统的"教育者为中心"转向"以学习者为中心"，给幼儿提供了自我感知和自主操作的机会，充分尊重幼儿的主体地位，调动了幼儿的主动性，并改善学生的学习方式。题干中的教师变"要我学"为"我要学"的方式，鼓励幼儿自己动手操作，从理论的学习转变为"从做中学"。

(4) 素质教育促进了幼儿个性的发展。材料中，不同的幼儿说出了各自不同的想法，教师并没有制止，而是为他们创设了一个宽松的环境支持幼儿的探究行为；教师在幼儿表达各自观点后，并没有给出具体的意见或建议，而是将幼儿的表现"尽收眼底"，并提出了启发性的探究问题"城墙的砖块是怎么摆放的呢"，使得每一个孩子既说出

了自己的想法，又借助材料进行了表现。

(5) 素质教育注重幼儿的探究过程而非结果，从教会幼儿知识转向教会幼儿如何学习，在这个过程中更多地重视游戏的搭建过程，给予幼儿时间和空间进行探索和交流，从重视结果转向更加重视过程，从关注到建构游戏的学习到关注到游戏中的人即幼儿的发展。

总之，材料中教师的做法是值得学习和提倡的，在活动中践行了素质教育的内涵和正确的实施方式。

【答题解析】材料问题明确要求用教育观的知识去回答问题，先找出教育观所涉及的关键词：素质教育的全体、全面、创新、实践、个性等。也就是说，材料中体现了教育观中的哪个关键词，就要把哪个关键词所体现的知识点答上。另外，该题的参考答案是按照总分总的结构进行叙述，最开始做了总述，其次进行论点分述，最后结尾做总结点题。在论点分述的过程中，主要分成两部分，前半部分做理论阐述，后半部分做材料分析。这样这道题目的回答就堪称滴水不漏。

三、写作题

在“综合素质”科目的考试中写作部分的比例分值大，要想拿到高分，更应充分准备。从历年试卷反馈中发现，跑题、偏题屡见不鲜，考生因此而得不到高分。那应该怎么做呢？

动笔之前：审清题目，理解题干，通过材料，确定立意；

动笔之后：布局结构，匹配素材，卷面整洁，规范书写。

【真题】近日，南京地铁运营公司发布检修数据，发现95%的自动扶梯右侧梯级链磨损严重，这再次引发公众对于自动扶梯“右立左行”规则的反思。

有人认为：安全重于效率，为了安全应该改变“右立左行”的规则。

有人认为：在效率至上的年代，高效就是一切。磨损严重就要加强检修，别把问题甩给大众。

有人认为：没有哪一条法律允许在高速路拥挤时废除应急车道来提高效率，规则的存在是有道理的。

综合上述材料所引发的联想和感悟，写一篇论说文。

【答题解析】

(1) 审题：本次考试作文类型为材料作文，从立意来看，题目要求立意自定，我们可以通过抓关键词法、明辨关系法等角度明确立意。据此，我们可以了解到，本材料主要是围绕“安全”和“效率”的关系来展开讨论，且各方的论述观点都各有侧重点，这就需要我们确定一个角度进行立意写作。

(2) 延伸立意：由于这是教师资格考试，“安全和效率”最好是能够联系到与教师相关的内容。所以可以通过类比想象，把材料中的已知内容和观点与教师的相关教育内容由此及彼地联系起来考虑，找出其中的相似点。从材料中获得的观点是多角度的，因此在写作前，需要抓住材料中表达的关系，明确立意后，确定从一个角度来表达论述。

(3) 从文体来看，建议写议论文。议论文的结构比较好把握，五段三分式或者起承转合式都可以。

图书在版编目（CIP）数据

幼儿园综合素质/《幼儿园综合素质》编写组主编．-- 修订本．-- 北京：中国人民大学出版社，2020.3
（国家教师资格考试丛书）
ISBN 978-7-300-26695-4

Ⅰ.①幼… Ⅱ.①幼… Ⅲ.①教师素质－幼教人员－资格考试－自学参考资料 Ⅳ.①G615

中国版本图书馆 CIP 数据核字（2019）第 028552 号

国家教师资格考试丛书
幼儿园综合素质（最新修订版）
《幼儿园综合素质》编写组　主编
You'eryuan Zonghe Suzhi

出版发行　中国人民大学出版社
社　　址　北京中关村大街 31 号　　**邮政编码**　100080
电　　话　010－62511242（总编室）　　010－62511770（质管部）
　　　　　010－82501766（邮购部）　　010－62514148（门市部）
　　　　　010－62515195（发行公司）　　010－62515275（盗版举报）
网　　址　http://www.crup.com.cn
经　　销　新华书店
印　　刷　北京宏伟双华印刷有限公司　　**版　　次**　2016 年 4 月第 1 版
规　　格　205 mm×280 mm　16 开本　　2020 年 3 月第 2 版
印　　张　16.25　　**印　　次**　2020 年 3 月第 1 次印刷
字　　数　458 000　　**定　　价**　49.00 元
